FACILITATE BUILDING
A MANUFACTURING POWER

TYPICAL CASES
OF ENGINEERING PERSONNEL TRAINING
IN FUJIAN PROVINCE

助力制造强国

福建省工程人才培养典例

于岩 ◎ 主编

清华大学出版社
北京

版权所有，侵权必究。举报：010-62782989，beiqinquan@tup.tsinghua.edu.cn。

图书在版编目（CIP）数据

助力制造强国：福建省工程人才培养典例 / 于岩主编. — 北京：清华大学出版社，2023.12
ISBN 978-7-302-65090-4

Ⅰ.①助… Ⅱ.①于… Ⅲ.①工科(教育) – 人才培养 – 培养模式 – 研究 – 高等学校 Ⅳ.①G642.0

中国国家版本馆CIP数据核字(2023)第235788号

责任编辑：冯　昕
封面设计：李召霞
责任校对：欧　洋
责任印制：宋　林

出版发行：清华大学出版社
　　　　　网　　址：https://www.tup.com.cn，https://www.wqxuetang.com
　　　　　地　　址：北京清华大学学研大厦 A 座　　邮　　编：100084
　　　　　社 总 机：010-83470000　　邮　　购：010-62786544
　　　　　投稿与读者服务：010-62776969，c-service@tup.tsinghua.edu.cn
　　　　　质量反馈：010-62772015，zhiliang@tup.tsinghua.edu.cn
印 装 者：三河市龙大印装有限公司
经　　销：全国新华书店
开　　本：185mm×260mm　　印　张：13　　字　数：367 千字
版　　次：2023 年 12 月第 1 版　　印　次：2023 年 12 月第 1 次印刷
定　　价：78.00 元

产品编号：103674-01

前 言

随着科技发展、产业创新升级进程加快和全球竞争加剧，新工科建设已成为高等教育的重要发展方向。新工科建设的关键是要提高人才培养质量，满足新兴产业和传统产业转型升级对高等工程科技人才的知识结构、能力和素养的需求，服务制造强国战略。为此，我们特别策划出版了这本全省高校新工科建设教学典型案例集，通过传播新工科建设的教学理念、方法和经验，为教师提供实用、生动的案例，以加强对工程科技人才的创新精神和实践能力的培养，注重学生的综合素质教育。

自教育部开展新工科建设以来，福建省积极凝聚共识，主动增强服务国家战略和区域发展的责任意识和使命担当，将新工科建设作为强化质量意识、推进质量革命、打造质量品牌的引领性力量。《福建省全面振兴本科教育实施意见》26条的出台，吹响"以本为本""四个回归"号角，探索建设新的专业、新的培养模式、新的标准体系和新的解决方案，实施实验班、创新班改革项目，遴选福州大学、福建理工大学（原福建工程学院）作为新工科示范校，引领全省新工科建设改革，在新工科建设工作中取得了一定的成效。

福州大学作为福建省新工科教育联盟理事长单位组织全省高校开展了新工科教育优秀教学案例征集、整理、评选、汇编工作。本案例集主要围绕新工科建设的理念、方法、实践和挑战等方面展开，通过典型、具体的人才培养案例，帮助各高校教育管理者和专业教师更好地了解和应用新工科建设的理念和方法开展教育教学工作，提质创新，提高教学质量，培养更多具有创新能力和实践能力的高素质人才，助力全省乃至全国新工科教育高质量发展。

本案例集的创作团队由来自全省多所高校的教师组成，他们在各自学科领域有着丰富的教学经验和专业知识。感谢所有参与创作的教师，正是他们的辛勤付出和无私奉献，才有了这本有价值的案例集。我们衷心希望本案例集能够为高校教师提供有益的参考，能够对新工科建设和教育教学产生积极影响。同时，我们也期待广大读者能够善加利用这本案例集，从中获取灵感、汲取知识，并将其应用到新工科建设实际工作中。

由于编写组能力有限，本书难免存在不足和疏漏之处，望各位读者海涵。我们将在后续工作中不断完善和提升。愿本案例集为全省乃至全国高校新工科建设事业添砖加瓦，为培养更多具有创新能力和实践能力的高素质工程科技人才、助力制造强国战略贡献一份力量。

编者

2023年10月

目 录

第一篇 综合改革类

福州大学"四注重"扎实推动新工科建设发展 ... 2
"面向区域创新、产教深度融合"——地方本科高校新工科建设实践探索 ... 6
以"CTO训练营"为抓手的新工科应用型人才实训实战教学模式改革 ... 10
新工科校企"六融合"的协同育人模式经验案例 ... 15
新工科背景下智能制造专业群人才培养模式的构建与实践 ... 19

第二篇 专业应用类

新工科背景下网络空间安全人才培养模式的探索与实践案例 ... 24
"教学、科研、竞赛"三位一体的机器人工程专业人才培养模式 ... 28
新能源科学与工程新工科专业建设探索与实践 ... 33
"基于校企合作、产教融合"的食品科学与工程产业技术人才培养 ... 38
新工科背景下校际共建医工融合专业实践——以智能医学工程专业为例 ... 42
产业深度融合、多方协同育人的纺织工程应用型人才培养模式改革与实践 ... 45
三阶递进、三轮并驱、三维同育：化工类卓越工程师培养改革与实践案例 ... 48
无人机测绘技术在乡村规划中的应用 ... 53
新工科背景下机械专业创新人才培养实践与探索 ... 60
面向工程实践能力、创新能力培养的机械类专业实践教学改革研究与实践 ... 64
面向建筑业转型，"二对接二平台二融合"培养土木工程人才的探索与实践 ... 69
面向地方集成电路产业的电子材料复合型人才培养的探索与实践 ... 77

第三篇 课程建设类

新工科引领"机械制造技术基础"课程混合教学创新与实践 ... 82
"机械系统创新设计"教学案例 ... 86
"机械原理之齿轮系及其设计"课程教学案例 ... 90
新工科建设引领下基于OBE理念的"化工原理实验"课程改革与实践 ... 95
新工科背景下基于技能型实践人才培养的"食品分析与检验实验"教学改革案例 ... 98
多元融合，数字赋能，自主进阶——新工科背景下"食品生物化学"课程改革与创新 ... 103
工程地质课程"积木进阶"教学模式的构建 ... 107

基于工程素养培养的"1531"教学案例设计——以"混凝土结构设计"为例	111
"课堂-实践-竞赛"三位一体校企共育卓越工程师的新工科教学实践	114
基于"产教融合引领,校企平台支撑"的协同育人机制建设与创新实践	121
"工效学"课程教学创新与实践	124
以学生为中心、面向新工科多方协同全力打造金课建设——以"运筹学"课程建设为例	130
构建"e点"智联课程,培养"三联"智造人才	136
电磁学及光学理论课程的案例式可视化教学	140
新工科背景下基于贯穿式项目实现的"数字电子技术"课程建设	143
基于工程融入的"微波技术与天线"课程教学改革与实践	147
基于可见光通信的室内共享车位及高精度定位系统	153
成果导向、内外联动,面向新工科人才培养的"数据库原理与应用"课程教学	158
互联网+AI智慧感知新工科实训体系与平台建设	164
新工科背景下基于课程目标实现的混合式"GNSS原理及其应用"课程建设	168
上下协同、理实融合,面向新工科人才培养的"测量学"教学探索与实践	172
新工科背景下"交通事故处理与预防"课程改革	179
筑梧育凤、久久为功——新工科教育视域下"家具结构设计"课程创新实践	184
数字媒体新工科背景下"三维造型与动画技术"项目驱动式赛教融合案例	190
"影视导演"课程思政教学设计案例	195
"口腔CAD/CAM技术"之修复体智造	198

第一篇

综合改革类

福州大学"四注重"扎实推动新工科建设发展

所属单位：福州大学
案例完成人：于岩
服务对象：全体本科生

作为福建省新工科教育联盟理事长单位，福州大学坚守理工结合底色，聚焦开放办学特色，主动服务国家重大战略和对接福建省"六四五"产业需求，注重系统推进、内涵提升、模式创新、平台打造，扎实推动新工科发展。

一、注重系统推进，构建新工科学科发展新体系

系统构建学科发展体系。学校秉承"优化结构、注重交叉、强化特色、打造一流"的原则，注重扶优扶强扶特扶新，构建了"1+6+11+X"学科体系，通过优化调整学科群、学部、学院，突破体制机制瓶颈，加强理工交叉、工工融合、工文结合的新工科布局，为新工科建设提供了强有力的组织保障，新增信息与通信工程、物理学等3个一级学科博士点，以及电子信息、材料与化工2个专业学位博士点。

推动应用理科向工科延伸。实施化学科学与工程世界一流学科群建设行动，瞄准科技前沿和关键领域，以化学世界一流建设学科为核心，有机整合化工、材料两个一级学科"两翼"，推动理工交叉，依托全校7个国家级平台建设，协同促进环境、生物、药学、物理等学科"化学反应"，充分发挥世界一流学科整体"催化"带动作用，化学学科入选国家"双一流"建设学科，化工学科名列2021年软科世界一流学科排行榜全球第40名。

推动现有工科交叉复合。实施新一代信息技术学科群、智能建造学科群建设行动，分别以电子科学、土木工程为核心，有机整合计算机、信息、机械、电气、地质等学科，调整成立计算机与大数据学院/软件学院等3个学院，深化国家级示范性微电子学院、福建省首家人工智能学院、先进制造学院建设，聚焦高性能集成电路、超高清视频显示、先进制造装备等"卡脖子"问题，以科教融合、军民融合引领福建数字经济、海洋经济高质量发展。

推动工科与其他学科交叉融合。实施大数据与智慧管理学科群建设行动，以管理科学与工程为核心，有机整合大数据科学、数学统计、软件工程等学科，成立数学与统计学院，紧密对接数字产业、现代物流等产业需求，深化新时代"数字福建"建设；与福建省肿瘤医院共建医工交叉研究院，助力福建省医疗健康事业发展。

二、注重内涵提升，优化新工科专业建设新机制

聚焦产业急需，打造工科专业新结构。学校面向未来技术和国家战略发展需要，2020年以来增设人工智能、机器人工程、智能电网、储能科学等6个新兴专业，停招2个工科专业，与福

建医科大学联合创办智能医学工程专业，做好增量优化、存量调整，打造出以37个国家级一流专业建设点为先锋、21个省级一流专业建设点为腰身的优势突出、特色鲜明的新工科专业阵列，不断增强成规模、多层次培养各类急需和紧缺人才的能力。

聚焦提质增效，更新现有专业内涵。 修订专业培养方案，在国内率先将"品德修养"统一确定为全校所有专业毕业要求的第一个指标，将思政教育、三创教育、"数字化+"融入人才培养全过程，做精做强骨干核心课程，淘汰低度支撑课程，增设交叉学科专业方向，推动现有专业更新提质，以通过国家专业认证或评估的20个工科专业为蓝本，全面开展专业认证，强化培养学生的家国情怀、全球视野、数字思维、法治意识和生态责任。

聚焦产出导向，完善规章制度保障。 创新性地融合产出导向和课程思政理念，修订或制定出台了培养方案、教学大纲、课程考核、达成评价、实践教育、教材建设、教学督导等51个系列化教学管理文件，全面实施专业主辅修和模块化课程学习制度，建立"两制三化"教师集体教研制度和竞争上专业大课制度，形成了以提高人才培养效果为核心的质量文化保障机制。

聚焦技术发展，加快一流课程建设。 推广应用"价值引领、知识拓展、思维训练、能力建构"四位一体的课程建设理念，实施"卓越课堂计划"，将行业的最新要求、技术的最新发展引入教学过程，创新教学模式，精心打造一流思政课程，重点建设一流通识课程，扎实建设一流专业课程，灵活建设一流实践课程，建成了一批以25门国家级、148门省级一流课程为代表的、体现产业和技术前沿的高阶课程（图1）。

图1　本科生在超导量子计算实验平台开展实验

三、注重模式创新，拓展新工科跨界培养新途径

构建跨学科培养新模式。 学校以专业教育为主线、以思政教育为标线、以通识教育为基线、以跨学科教育为准线，首创了可推广应用的"井"型跨学科培养模式，成立课程思政研究与实践中心，通过筑牢"一元四阵地"价值引领、创建"一流四基础"校风学风、打造"一体四融合"服务体系等三全育人新举措，形成思政课程"一主多辅"、课程思政"五主合一"的专业教育与思政教育主标线紧密融合模式。

实施"通识+跨界"双线驱动。 以培养学生"宽厚理论素养+灵活通用能力+强烈创新意识"为目标，再造"大通识"教育课程体系，增设大学应用写作、英语系列专题、劳动创造等通识课程，实施"三大文化"教育工程，开设嘉锡讲坛、国学讲堂和博雅课堂，从通识基线上提高学生人文素养、科学精神、通用能力等；从跨学科准线上探索跨界联合培养模式，实施跨教学单位开设跨学科课程或项目的工作量核算与绩效调配等改革，组建跨学科教学团队，开设十大标志性跨学科课程，推行合作性学习、项目化研究、进阶式实践，培养解决复杂工程问题能力强的新工科人才。

建立"点一线一面"培养体系。 以11个教育部新工科、新文科项目实施为"引擎点"，组建数理综合班、嘉锡化学拔尖创新班、远志创业实验班、人工智能实验班、机器人实验班等11个各级各类实验班，串联形成独具特色的实验班"风景线"，辐射带动各学院探索开展跨学科、跨专业、跨界域的转型升级和融合创新，全力拓展工程教育"新局面"。土木、建筑、机械等学院以"项目制"为先导、"导师组"为保障、"顶石式"为手段开展跨学科专业联合的卓越毕业设计，物信、工艺美术等学院在课程设计的选题安排、过程管理、作品展示等方面体现技术与艺术的融合。

四、注重平台打造，开辟新工科协同育人新格局

健全政产学研协同育人平台。 学校牵头成立福建省新工科教育联盟，建立协同工作机制，通过师资共建、平台共用、项目共研、经验共享、资源共聚等途径，共同承担福建省创新型工程教育改革发展的历史使命。采用"引校入企＋引企入校"的方式，建成上杭教学基地、泉港校区、晋江科教园、国家大学科技园等，同时建立了紫金矿业学院、微电子学院等一批示范性现代产业学院、专业特色学院。行业企业深度参与人才培养全过程，实现卓越人才培养与高新企业"无缝对接"，与华为公司共建"智能基座"产教融合协同育人基地，目前已有3名学子入选"华为天才少年计划"。

打造新工科实践教育体系。 学校在"卓越工程师计划"长期实践的基础上，创新实践教育思想，融入全周期教育理念，系统集成和整体规划"实验、实习、设计、科研、竞赛、综合"六大新工科实践平台的功能定位，反向设计课内实践课程群和课外实践项目群的学习目标，构建了"两线结合、三阶递升、六平台协同"新工科实践教育体系（图2）。学校入选全国普通高校毕业生就业创业工作典型案例，在2017—2021年全国本科高校学科竞赛评估中名列全国第25。

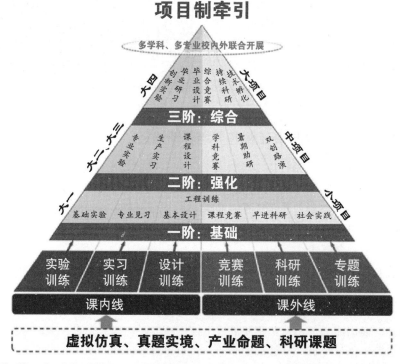

图2 "两线三阶六训"项目制工程实践教育体系成果获2022年国家级高等教育教学成果二等奖

搭建共享型工程实践基地。 通过平台开放奖补、项目资金池申请、信息平台建设等特色措施，系统搭建了"五大学生创新实践基地＋五大校内创业实践基地＋五十家校外孵化实践基地"的"5+5+5"创新创业创造教育基地，形成了"创新-创意-创客-创业"链式的共享型大学生科技创业孵化体系，八届中国"互联网＋"大学生创新创业全国总决赛共获11金22银34铜，获奖总数居全国地方高校前茅（图3）。通过科教联通、校企协同、师生共创等方式，融教育、培训、研发为一体，搭建了福建省人工智能教育科技创新共享型基地（图4），创建了机器人与智能制造、工业互联网与工业智能等六大主题实验室，以及远程虚拟实验室、共享平台云等综合研究探索环境，为面向未来的卓越工程科技人才培养提供高质量跨学科实践环境和条件。

图3　福州大学在第六届中国国际"互联网+"大学生创新创业大赛中获1金、2银、4铜

图4　福州大学人工智能创新共享平台

创设国际化培养培训平台。成立福建省首个双授学位中外合作办学机构——梅努斯国际工程学院，引进先进教学理念和优质教育资源，联合开设自动化、软件工程、数字媒体技术和电子信息工程专业。土木工程学院深入实施国家外专局和教育部的"国际化示范学院推进计划"，开展异地/移地教学、国际夏令营等实践活动，成建制招收老挝56名优秀学生，培养掌握中国技术标准和熟悉中国文化、满足"一带一路"基础设施建设的工程技术急需人才，为亚非国家开展技术培训300余人次，打造同福建"向海"禀赋相符合的国际交流合作高地。

"面向区域创新、产教深度融合"
——地方本科高校新工科建设实践探索

所属单位：福建理工大学
案例完成人：张积林
服务对象：应用型高校本科生

一、教学案例背景和重点解决问题

新工科建设是我国高等工程教育主动应对新一轮科技革命与产业变革，适应新技术、新产业、新经济发展的重大战略决策与部署。地方本科高校是区域经济发展的人才供给侧，为区域产业转型发展提供工程技术人才支撑，必然要将解决学科专业发展与产业结构变革的供需矛盾问题作为改革发展的重点。

福建理工大学（原福建工程学院）紧扣福建省主导产业和战略新兴产业发展需求，坚持"以工为主、区域性、应用型"办学定位，以深度融入区域经济发展和产业转型升级、多方协同培养有创新素养的工程技术人才为目标，积极探索"面向区域创新、产教深度融合"的一流应用型人才培养模式，为推动新福建建设高质量发展提供人才支持和智力支撑。

二、研究实践路径和主要举措

坚持以立德树人为根本任务，将新工科理念融入铸魂育人，构建"理念先行、学科引领、多元共赢"的新工科建设体系。

1. 理念先行，探索新工科建设联动机制

秉承"以服务求支持、以贡献求发展"的办学理念，学校-社会关系链、专业-产业联动链、教师-学生互动链环环相扣，形成"理念支撑、机制协同、专业分层、质量保障、产教融合"五位一体新工科建设联动机制，构筑"两点突破、三链紧扣、五位一体"的新工科人才培养体系。

2. 学科引领，打造新工科专业特色优势

对接新时代新福建的新需求，遵循"求优、求特、求新"原则，强化区域产业链、创新链客户端与产业端需求导向，建立新型学科专业交叉融合关系，分类推进专业集群建设，构建具有应用型特色的新工科专业体系。遵循"学生中心、成果导向、持续改进"的工程教育认证理念，打造"一个核心、两个统筹、三个对接"的新工科课程体系，深耕专业交叉融合，建立跨学科专业平台课程群，形成新工科内涵建设的强大动力。

3. 多元共赢，探索产教深度融合协同育人模式

以区域产业发展急需为牵引，多元模式建设现代产业学院。引企入校、引校入企，找准校企融合共同点，共建产学研服务平台与教学资源。深入拓展"校城融合""产城融合"，不断挖掘融

合热点和潜力，校企共建卓越工程师学院，共建多方利益共同体。

三、特色创新和改革成效

1. 树理念、优体系，构建"两点突破、三链紧扣、五位一体"新工科教育体系（图1）

系统性构筑"指南-支撑-主线-牵引"的新工科理念全融入模式。将新工科建设写入学校"十三五""十四五"发展规划和年度计划，发布《福建工程学院新工科建设行动方案（2020—2025年）》，力促形成了"理念引领示范、理念创新工作、理念贯穿培养、理念深入师生"的工作机制。重塑"学校-社会"关系链，将人才培养与区域产业新发展紧密对接；打通"专业-产业"联动链，专业布局精准定位产业链空间；优化"教师-学生"互动链，围绕复杂工程实际问题开展研讨型学习，建立教师教学与学生合作实践新型关系。

2. 争一流、强引领，探索"建专业-优路径-改课程"应用型新工科人才培养机制

1）一流引领、面向区域，构建"国家品牌-省级特色-校级优势"立体专业体系

主动对接福建省产业结构调整和经济转型升级，打造服务装备制造、电子信息、建筑业、现代交通运输、生态环保等产业的特色示范性八大专业集群，增设智能制造工程、智慧建造、智慧交通、人工智能等14个新工科专业，改造47个新兴专业方向。融入现代技术、智能技术、绿色技术，打造品牌优势专业，机械设计制造及其自动化、电气工程及其自动化、土木工程、工程管理等14个专业入选国家级一流本科专业建设点，材料成型及控制工程等24个专业入选省级一流本科专业建设点，获批专业数占总招生专业数45%，实现"引领-示范-推动-辐射"分类推进专业建设（图2）。

图1 "两点突破、三链紧扣、五位一体"新工科教育体系　　　图2 "引领-示范-推动-辐射"分类推进专业建设

2）四新六进、三评三化，全面践行OBE（成果导向教育）理念人才培养路径

采用"自顶而下、层层深入、面向产出、持续改进"的新工科人才培养路径（图3），将新技术、新产业、新业态和新模式全方位落实到人才培养目标，转化为毕业要求，通过"六进"实现回归工程实践，将工程教育专业认证、普通高等学校本科专业类教学质量国家标准及行业标准融合渗透到各教学环节，形成教学持续改进循环模式。

3）改课程、创精品，打造"一个核心、两个统筹、三个对接"新工科课程体系（图4）

以工程实践创新能力培养为核心，通过"学校对接地方""专业对接产业""课程对接岗位"，

统筹理论教学与实践教学，统筹通识课程与专业课程。实施一流课程"十百千"计划，建成国家一流课程 5 门、国家级课程思政示范课程 1 门、课程思政教学名师和团队 1 个，以及省级一流课程 103 门、省级课程思政示范课 2 门。

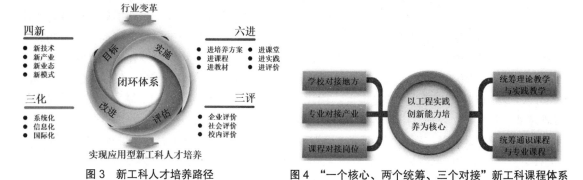

图 3　新工科人才培养路径　　　　图 4　"一个核心、两个统筹、三个对接"新工科课程体系

3. 促融合、优服务，创建"四个着眼"的产教深度融合协同育人新模式

1）着眼"六个面向"，建设多元模式产业学院

以深化产教融合、校企合作为目标，加强学科、人才、科研与产业互动，推进产教深度融合协同育人。面向福建省六大支柱产业需求，探索建设"政府主导型""行业牵头型""企业嵌入型""特需培养型"等四种模式现代产业学院（图 5）。

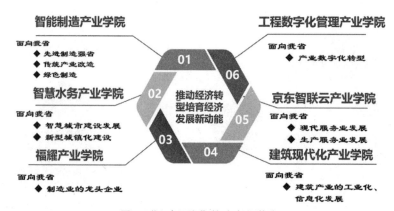

图 5　"六个面向"构建产业学院

其中，智能制造产业学院（图 6）获批首批国家级现代产业学院，工程数字化管理产业学院获批首批省级产业学院。

图 6　智能制造产业学院

2）着眼"五个共同"，推进校企合作共赢

依托产业学院，聚集校企合力，通过共同制定培养方案、共同设置专业课程、共同建设实习实训基地、共同打造师资队伍、共同开发专业教材，打造契合前沿科技和区域产业发展的校企合作平台，拓展教学资源。共建"工院-平芯"数字经济研究中心、"票付通"研发基地、福建省智联云供应链科技经济融合服务平台、福建省-肯尼亚丝路云联合研发中心等科技创新平台。近年来，与企业联合承担国家863计划重大项目、省科技重大项目等10余项，资助经费达2000万元，获批教育部产教协同育人项目166项；校企合作研发新产品，三年创造产值12亿，协同解决"卡脖子"难题。

3）着眼"一带一路"，再创产教融合新突破

主动服务国家"一带一路"倡议，打造具有国际化特色的互联网经贸类专业集群，其中电子商务专业成功入选第一批产教融合专业合作建设试点单位。学校与中电福富信息科技有限公司共建福建首家卓越工程师学院；同时破除学科专业壁垒，率先试点成立5个行业工程师实验班，培养具有宽厚基础、创新意识和就业创业能力、工程实践能力的应用型人才2000余名。

4）着眼"多元模式"，打造联合毕业设计

开展土建类BIM联合毕业设计（图7），同步"盖房子"；开展跨区域、跨院校"7+1""5+1"联合毕业设计竞赛；建立对接企业实际需求"工作营"，与福州市美术馆共同举办"掇菁撷华"师生作品展"晒成果"，获中国新闻网、海峡都市报、东南网等多家媒体争相报道。

图7　土建类BIM联合毕业设计

四、案例反思

地方应用型高校建设是一个长期探索的过程，是在实践中不断总结提升的过程。放眼未来区域经济与产业发展，学校将以"对接产业需求"为导向，以开展新工科建设为抓手，聚焦福建省"六四五"现代产业体系，推进学科建设反哺专业建设，持续深化人才培养模式改革，全力服务新发展阶段新福建建设。

参考文献

[1] 钟登华. 新工科建设的内涵与行动[J]. 高等工程教育研究, 2017(3): 1-6.

[2] 吴仁华, 张积林. 地方应用型大学新工科教育体系建设与实践[J]. 中国大学教学, 2020(12): 11-16.

[3] 童昕, 张积林. 地方应用型高校新工科建设模式研究[J]. 教育评论, 2021(6): 69-72.

以"CTO 训练营"为抓手的新工科应用型人才实训实战教学模式改革

> 所属单位：阳光学院
> 案例完成人：罗成立、林虹、程悦、陈琳、兰石财
> 服务对象：电子信息大类和计算机大类本科生

一、教学案例背景和重点解决问题

1. 案例背景

人工智能（AI）、5G 等信息技术的快速迭代和深度交融，推动了产业需求急剧变化与快速转型。新经济、新业态、新产业快速涌现，对高校应用型人才培养提出了更高的要求。高等教育在新工科背景下也在加速发展与转型，需要培养出具备更强的工程实践能力、跨领域知识、跨界能力、创新能力和职业综合素质的技术应用人才。

在此背景下，阳光学院人工智能学院遵循"树立全国一流应用型大学"的学校办学定位，以提升学生岗位实践与创新能力为突破口，面向电子信息类、计算机类及全校文法管艺理多学科，坚持"强技能、重创新、跨学科、拓视野"的实践育人理念，成立了福建省智能信息技术现代产业学院，率先以创立"CTO 训练营"的形式探索新工科应用型人才的培养模式，为本科生提供了灵活、弹性的学分置换规则，打破了学科之间的壁垒，力争成为地方性应用型高校在新工科教育方面的先锋者。

2. 重点解决问题

本案例重点解决如下三个问题：一是新经济、新业态及新产业导致了单一学科知识体系无法应对日益复杂化、综合化的行业需求，教学内容与行业应用出现脱节；二是传统的课堂教学中，学生真实的工程应用实践训练普遍不足，交叉融合且多样化的应用场景训练少之又少，学生岗位任职能力普遍偏弱，存在学做分离、学用落差；三是高校普遍存在学生学习能力参差不齐的现象，而一般的课程教学无法兼顾到较大规模的差异化学习需求，存在因材施教难以实现的问题。

二、研究实践路径和主要举措

为赋能"全国一流应用型大学"标杆建设，做强福建省智能信息技术现代产业学院，阳光学院人工智能学院搭建"CTO 训练营"做精实训实战教学，实现"项目 - 岗位对接，以能力标准强化实训实战育人"，助推人才培养"入门 - 进阶 - 抢手"升级之路。"CTO 训练营"为每位学生"量身定制"实训实战培养体系，构建"$N+1+3$"项目培养小组，致力于培养初级学徒实战技能和高级学徒的项目管理能力，达到"校招胜过社招"的人才培养目标。主要举措有以下三点。

1. 顶层设计"CTO 训练营"人才培养蓝图

根据当前市场的需要，设置了前端开发、后端开发、Python 数据分析、硬件开发、嵌入式开发、Unity 开发、3D 虚拟现实建模共计七大方向的岗位逻辑，不以学科为分类，以项目为纽带，助力学生在"CTO 训练营"真正完成从"入门"到"进阶"，在校内即可完成一站式岗位培训。

同时，为学生呈现在训练营中完整的学习发展路线，即学徒-助理工程师-兼职工程师，明确了校内练习项目（实训）与对外商业实战项目（实战）两种类型。训练营勾勒出来的人才培养蓝图，明确了学生的晋升路径，各级学员身份等级的权益、责任和升级要求，项目实训和项目实战之间的相互联通等。

除此之外，制定了一系列关于实训实战教学的规章制度，如人事考勤管理制度、人员管理制度、项目管理制度、绩效考核制度，用以规范学生日常行为，使学生各司其职、各尽其守，维护工作秩序，提高工作效率，使学生尽快成为一名准职业人。

2. 量身定制"N+1+3"实训实战教学体系

训练营有准入机制、分流机制和动态筛选机制。学生报名进入训练营前，实训实战导师通过与每位学员沟通和技能测试，分析学员的专长与能力，"量身定制"培养计划，安排不同的合适任务，过程中教师优先支持提供解决思路，不给具体办法。依此动态筛选真实肯学的学生，3 次未进行工作汇报的将自动退出训练营，后期不能再加入。

在此基础上，以项目培养小组形式，构建"$N+1+3$"实训实战教学体系。该体系的执行内涵是以导师为领队，形成 N 个不同项目培养小组，每个小组有 1 名高级学徒负责人结对 3 名初级学徒。项目培养期间，由师傅周期性安排组会，组内设计题目均不同却可以互相帮助，由高级学徒整体负责，形成"师傅-高级学徒-初级学徒"的捆绑式教学模式。目前已经开展的第一轮部分学生的培养计划如表 1 所示。

表 1 第一轮部分学生大一暑假培养计划

项目	负责人	学生	班级	学习方向	设计题目	培养技能	培养计划	效果验收
红外报警器	陈宗华	胡钰洁	电1	嵌入式硬件	ESP8266 最小系统板	• 硬件设计软件（立创EDA）熟练使用 • 掌握基本硬件布板的知识点 • 对产品设计有一个基本思路	• 为期两个月跟踪培养监督 • 一天一汇报，一周一线上会议汇报（2022.7.1—2022.9.1）	• 作品 • 项目总结报告（设计思路及分析）
		陈川军	电1	嵌入式硬件	热释电红外检测电路	• 硬件设计软件（立创EDA）熟练使用 • 掌握基本硬件布板的知识点 • 对产品设计有一个基本思路	• 为期两个月跟踪培养监督 • 一天一汇报，一周一线上会议汇报（2022.7.1—2022.9.1）	• 作品 • 项目总结报告（设计思路及分析）
		许世文	电1	嵌入式硬件	DODC+ 报警电路	• 硬件设计软件（立创EDA）熟练使用 • 掌握基本硬件布板的知识点 • 对产品设计有一个基本思路	• 为期两个月跟踪培养监督 • 一天一汇报，一周一线上会议汇报（2022.7.1—2022.9.1）	• 作品 • 项目总结报告（设计思路及分析）

续表

项目	负责人	学生	班级	学习方向	设计题目	培养技能	培养计划	效果验收
智能灯具	赵华磊	陈恒华	电1	嵌入式硬件	ACDC电源	• 硬件设计软件（立创EDA）熟练使用 • 掌握基本硬件布板的知识点 • 对产品设计有一个基本思路	• 为期两个月跟踪培养监督 • 一天一汇报，一周一线上会议汇报（2022.7.1—2022.9.1）	• 作品 • 项目总结报告（设计思路及分析）
智能灯具	赵华磊	苏翊鑫	电1	嵌入式硬件	DCDC恒流电路	• 硬件设计软件（立创EDA）熟练使用 • 掌握基本硬件布板的知识点 • 对产品设计有一个基本思路	• 为期两个月跟踪培养监督 • 一天一汇报，一周一线上会议汇报（2022.7.1—2022.9.1）	• 作品 • 项目总结报告（设计思路及分析）
智能灯具	赵华磊	李紫玄	电3	嵌入式硬件	ESP8266最小系统板	• 硬件设计软件（立创EDA）熟练使用 • 掌握基本硬件布板的知识点 • 对产品设计有一个基本思路	• 为期两个月跟踪培养监督 • 一天一汇报，一周一线上会议汇报（2022.7.1—2022.9.1）	• 作品 • 项目总结报告（设计思路及分析）
智能插座	张世纪	陈杰烽	电1	嵌入式硬件	辅助电源设计	• 硬件设计软件（立创EDA）熟练使用 • 掌握基本硬件布板的知识点 • 对产品设计有一个基本思路	• 为期两个月跟踪培养监督 • 一天一汇报，一周一线上会议汇报（2022.7.1—2022.9.1）	• 作品 • 项目总结报告（设计思路及分析）
智能插座	张世纪	陈嘉民	电3	嵌入式硬件	电量采集+控制	• 硬件设计软件（立创EDA）熟练使用 • 掌握基本硬件布板的知识点 • 对产品设计有一个基本思路	• 为期两个月跟踪培养监督 • 一天一汇报，一周一线上会议汇报（2022.7.1—2022.9.1）	• 作品 • 项目总结报告（设计思路及分析）
智能插座	张世纪	张文艳	电3	嵌入式硬件	ESP8266最小系统板	• 硬件设计软件（立创EDA）熟练使用 • 掌握基本硬件布板的知识点 • 对产品设计有一个基本思路	• 为期两个月跟踪培养监督 • 一天一汇报，一周一线上会议汇报（2022.7.1—2022.9.1）	• 作品 • 项目总结报告（设计思路及分析）

3. 自研教学管理系统实施实训实战教学

自主开发了一个小学期实训实战管理系统，赋能训练营的实训实战教学管理。该系统提供了一套完整的技术解决方案，使用了敏捷开发WBS分解严格进行项目管理。系统内设有"课程信息、题库信息、教室管理、教师管理、人员审批、考试管理、成绩录入"七大在线模块，提供了PC端学生选课及微信小程序学生报考功能。教师可通过网页登录小学期管理系统，进行课程创建、题库设计、录入学生最终 KPI 考核,真正做到"以终为始、结果导向";参与实训实战的学生则可以通过微信小程序进行课程考试的报名,根据设定的考试关卡,进行限时单人考核,有效识别学生真实技能掌握情况,实现精细的个性化培养。

训练营配套了 20 多位具备一线研发和管理经验的导师天团,担任项目培养小组的"师傅"。训练营的教学共分两个阶段进行开展:第一阶段教学是导师带领学生进行一对多教学,培养学生项目实训能力,迅速获得岗位技能,培育优秀的骨干学员,培养项目管理能力;第二阶段教学是以老带新,复刻已有项目作为学生实训项目,高级学徒(学生)结对多名初级学徒,使优秀骨干学员挑起大梁,发挥带头作用。

三、特色创新和改革成效

1. 特色创新

(1)人才培养机制创新。CTO 训练营聚焦校企/地、跨院系、跨学科的师生协作,探索项目化跨领域合作机制,促进全校多专业跨界交叉融合。设计了学徒 - 助理工程师 - 兼职工程师进阶路径,让 CTO 学员夯实专业的岗位技能,致力于提升学员项目管理及沟通能力;设计了"N+1+3"培养小组,让导师逐步由项目主导者变为"参与者",师生共同破解项目时间过程中的痛点、难点,凝练高效推动项目的方法论,输出具备项目管理经验的学生。

(2)教学方式创新。训练营配足技术管理导师天团,提供二十四小时实验室作为训练营的学习场所,打造了一个更广义的课堂,让工程应用实践训练随时发生、高质量交叉融合的场景锻炼高频发生。同时,CTO 训练营实训实战教学内容根据技术管理类岗位的胜任力模型进行设计,理论联系实际,提供创新、实用的项目化教学内容。训练营的学员以项目为纽带,组成师生社会服务团队,自然而然地形成一个"学习共同体",根据项目属性因材施教,自然而然地发生跨学科、跨专业的知识学习和技能训练,营建了健康且良性的竞争环境,激发了学生的学习内驱力。

2. 改革成效

截至目前,CTO 训练营的项目库数量不断增加,学生池不断扩大。据统计,现已累计有 50 多项项目,招收了 195 名学徒。其中,有 20 多名学生在第一期训练营中顺利晋升为助理工程师,显著提升了项目管理能力与团队协作能力。

CTO 训练营也成功孵化了多项优质的项目成果,如师生自主研发的"船政学堂元宇宙""K12 人工智能教育全套解决方案"等教育信息化产品,这些产品在第五届数字中国建设峰会展会上惊艳亮相,引发 CCTV、央视网、光明日报、人民日报等多家中央级媒体关注。训练营数十位"00 后"未来工程师参与了第五届数字峰会的产品介绍,对标市场为自主研发的产品实战营销,持续深化产品开发与营销实践。师生共同制定宣传策略,以"云游船政元宇宙"及"K12 人工智能教育全套解决方案"两大金牛产品为主线,扩展客户群体,改变以往"B 端"为主客户的策略,直接面向"C 端",与目标客户群体直接互动,吸纳 C 端潜在客户群体超百人。与此同时,师生统一销售话术,精准挖掘潜在客户,制定预售机制及潜在客户登记台账,数字峰会期间每日更新和分析进展情况。经统计,挖掘潜在意向客户 50 余家。

四、案例反思

实训实战项目以及 10 多位学生顺利进阶为助理工程师,标志着 CTO 训练营实训实战培养体系逐渐从雏形走向成熟,学生数量较少的小规模实验取得初步成效。但当学生池不断扩大时,存在如下问题:

(1)若没有足够的实战项目,学生该如何进行实训实战;

（2）若项目超量，"双肩挑"教师工作量也面临超负荷；
（3）训练营中学生和项目出现冲突时应如何平衡两者的关系。

基于以上问题，待学生池扩大后，下一步将采取以下措施进行改进：

（1）以老带新，复刻项目，再创新；
（2）鼓励更多优秀骨干学员挑起大梁，发挥作用；
（3）既要培养B岗，也要合理分配任务，同时要培养A岗的责任意识；
（4）扩大宣传，如训练营结业大会、宣传巡讲等；
（5）晋升难度下调，学生技能培养指标提升。

新工科校企"六融合"的协同育人模式经验案例

所属单位：集美大学诚毅学院
案例完成人：陈亚洲
服务对象：中软国际互联网学院全体本科生

一、教学案例背景和重点解决问题

1. 案例背景

教育部在《新工科研究与实践项目指南》中提出"推进科教结合、产学融合、校企合作"。早在 2011 年，我校的软件工程成为第一个产教融合、校企共建的试点专业，2013 年还获得了福建省教学成果一等奖。2015 年校企深度合作更上新台阶，集美大学诚毅学院和中软国际教育集团成立了中软国际互联网学院，在软件工程专业基础上，逐步把电子商务、金融工程和物联网工程专业都纳入校企联合培养范畴。经过多年的实践探索、研究和检验，现已总结了一套科学、成熟、有效且可推广的教育教学实践经验，即新工科校企"六融合"的协同育人模式经验。

2. 重点解决问题

（1）人才供给侧与产业需求侧衔接不紧密

目前高校的人才培养与区域产业的发展不够紧密，专业教学计划缺乏对产业发展的调研和分析，课程体系的设置仍旧传统，存在滞后性，灵活性差，很难跟上产业发展动态，使得高校培养出来的人才不能与区域产业的发展需求相匹配。

（2）协同育人主体的利益诉求不一致

新工科建设强调政府、社会、产业企业和高校等多主体的积极参与，涉及多方利益的再分配和再平衡，但由于各主体间的利益诉求不一致，很难达成共识形成合力，协同育人很难持续。

（3）新工科教学运行机制不够成熟

目前，新工科校企合作协同育人在执行层面方面的运行机制还没有成熟的可借鉴模式，在实际教学操作层面会碰到运行机制的差异等各类难题，在具体的操作细节上也会有各类的矛盾甚至是冲突。

二、研究实践路径和主要举措

1. 研究实践路径

通过"点—线—面—体"的形式逐步实践研究和完善，如图 1 所示。首先，点，以部分专业课程外聘的形式开展；线，以一个专业的形式进行；面，对专业集群开展联合培养；体，在面的基础上，专门成立校企共建二级学院（现代产业学院）进行校企合作协同育人。"点—线—面—体"的进程是逐步递进，广度上是专业合作数量的拓展，深度上是专业合作质量的延伸，形成了目前的新工科校企"六融合"的协同育人模式：纵向学生前三年在校内学习，最后一年在企业实训；横向校企联合贯穿校内外，根植于从产业人才需求调研、培养方案制定、课程体系设置、课堂教学、实践教学到就业创业推荐的全过程联合培养的协同育人模式。

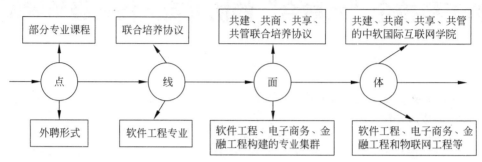

图1 "点—线—面—体"研究实践路径

2. 主要举措

1）高校与企业利益相融合

经过多年的实践研究积累，构建了以输送高质量的人才为主干利益，以经济利益、政策利益、社会利益和文化利益为分支的互利共赢的利益机制，形成校企之间和谐共赢的利益融合机制，并成立校企联合培养工作指导委员会（图2）。

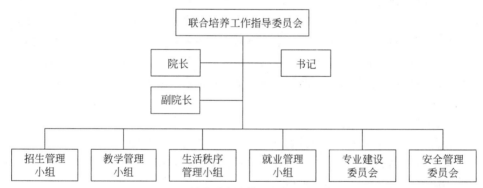

图2 校企联合培养工作指导委员会

2）专业与思政相融合

中软国际互联网学院坚持把立德树人作为中心环节，把思想政治工作贯穿教育教学全过程，构建了专业联手思政的多维协同机制，通过课程思政、日常思政、网络思政、文化思政、专业思政等内容的引导和服务，将思政工作贯穿于人才培养全过程和校企双方的师资建设，促进了专业与思政的深度融合，助推校企融合协同育人。

3）市场需求与高校培养相融合

围绕区域产业发展的市场需求，借助校企合作平台，中软国际互联网学院构建了中期和短期的市场需求与高校培养的融合机制。中期的融合机制是利用企业对接行业发展态势的优势，及时调整和优化专业的人才培养方案，及时把握社会需求发展节奏；短期的融合机制是利用最后一年学生在企业实训的实践优势，每年校企双方共同动态调整专业实训方案，以应对随时变化的产业发展的市场需求。

4）理论、实验和实训相融合

在教学计划的安排方面，在专业国家标准框架下，校企双方共同设计了理论、实验和实训相融合的教学安排。前三年在校内,每学期的前14~16周的课程都是安排理论与上机课程并行的排课,最后2~4周设置为课程设计,最后一年在企业,采用"5R"实践体系(5 Real:真实的工作环境、真实的实训项目、真实的项目经理、真实的工作压力和真实的就业机会)进行实战教学,以CDIO工程教育理念进行项目制实践教学,提升学生卓越工程实践经验。

5)校内师资与企业师资相融合

在师资建设方面,建立了校内师资和企业师资相融合机制,定期在每周三的业务学习时间,校企双方师资一起探讨教学、学科竞赛、科研项目申报、学生生活和学习管理;不定期在寒暑假或者空余时间会互派师资到企业和学校内进行培训,不定期共同深入到学生宿舍,了解学生各方面的情况等,以此加强双方师资的交流合作。

6)线上线下相融合

在线上线下教育教学方面,中软国际互联网学院利用智云枢智慧教育云平台(图3),构建了以"教、学、测、评、职、创"六个过程为一体的"互联网+教育"数字化教学平台,不仅实现了专业课的线上线下的教学相融合,还实现了实验实训的线上线下的实践教学。

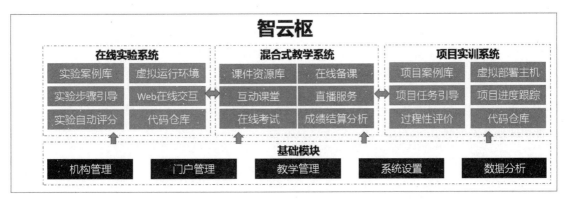

图3 智云枢智慧教育云平台

三、特色创新和改革成效

1. 特色创新

(1)真正实现了校企深度融合协同育人。基于新工科校企的"六融合"机制,从区域产业市场的人才需求,到教学计划的制订、课程体系的设置和课堂的教学,再到实训方案的设计和实施,以及到最后的就业推荐等人才培养的全阶段全过程,校企双方都实实在在地全部共同参与、研究和实施,实现了真正的校企深度融合协同育人。

(2)实践经验与理论研究相结合的创新。新工科校企的"六融合"协同育人模式,是以"点—线—面—体"的研究实践路径的形式,逐步地从开始的部分课程,到一个专业,到专业集群,再到最后二级学院的成立,体现了实践经验与理论研究相结合的创新。

(3)校企融合协同育人的全面性和完整性的创新。新工科校企的"六融合"协同育人模式,纵向涵盖了从顶层的利益平衡机制到执行层的协作机制等各层次的内容,横向涵盖了基于校企双方的优势资源共赢、共建、共享和共商的协同育人体系,体现了全面性和完整性的创新。

2. 改革成效

(1)就业创业成果显著。校企共建的四个专业的签约率,软件工程位居第一,物联网工程第三,金融工程和电子商务位列前十。2018年以来,大学生创新性实验项目共计有36项,学科竞赛包括"互联网+"大学生创新创业大赛省级以上竞赛获奖共计77项。

（2）校企联合申报的项目成果丰硕。申报国家级项目 3 项、省级项目 15 项（含获省级教学成果一等奖 2 次）。

（3）校企共建的课程资源显著。线上资源方面，共建 250 多门线上课程资源；线下资源方面，开发专业教学资源包 28 套，配套包括视频、课件、习题、任务书、案例、实训指导书和实验手册共计 3000 多套；出版教材 8 部。

（4）校企共建双师型队伍和双创实训基地。2015 年以来，校企双方各自互派 15 名师资进行双师型培训，校企联合共建校内外共计 2000 多平方米双创实训基地。

（5）校企"六融合"模式得到了积极推广应用。首先在各类的产学合作协同育人项目高峰论坛交流会上受邀请做分享，其次在新余学院、赣南师范大学、韩山师范学院、湄洲湾职业技术学院、福州英华学院、江西应用科技学院等院校专业中得到了复制和推广应用。

四、案例反思

（1）尽可能地将校企双方捆绑一起，以实现协同育人目标。校企双方的协同育人进程中，从顶层设计到执行层面，都要尽可能地将校企双方捆绑成利益共同体，以实现协同育人的目标。校企双方追求的差异，使得顶层设计需要平衡和分配好利益关系，执行层面需要将双方利益分配捆绑在一起，彼此才能形成最大最优的合力，应用于协同育人。

（2）始终保持有求同存异的意识。由于校企双方各自的运行机制、文化氛围、利益诉求等差异，校企双方在进行协同育人的实施过程中，往往会出现理解偏差、重叠执行、做法冲突等矛盾，严重阻碍着校企协同育人的进程，这就需要始终保持有求同存异的意识，尽可能地协调和沟通，才能快速地解决难题。

新工科背景下智能制造专业群人才培养模式的构建与实践

所属单位： 泉州师范学院
案例完成人： 杨惠山、吴丽双、陈木生、武存江、刘孝锋、林顺达、段亚凡、姚广平、潘玉灼
服务对象： 电子信息类、计算机类、机电类专业本科生

一、案例背景和重点解决问题

1. 案例背景

针对在教育教学中存在的理论与实践衔接不够，教学内容滞后于学科发展，多学科融合差、共享辐射弱，导致学生视野狭窄、知识结构单一、解决复杂工程问题的创新实践能力不强，应用型人才培养难以适应产业发展需要等问题，围绕我省电子信息和数字产业、先进装备制造产业的高质量人才发展需求，顺应建好建强地方应用型大学的定位，物理与信息工程学院以培养智能化、网络化、数字化的智能制造拔尖创新人才为核心，以电子信息、计算机科学与技术、通信工程专业为基础，融合电气工程与智能控制、机械设计制造及其自动化、光电信息科学与工程、物联网工程等4个新专业，构建智能制造专业群，开展了人才培养模式构建的研究与实践，如图1所示。

图1 智能制造专业群组织架构

2. 重点解决的问题

（1）解决培养方案与地方经济社会发展需要的创新型、复合型、应用型人才目标不相适应，毕业生专业素养与企业用人标准需求存在差距的问题。

（2）解决地方院校优质课程资源短缺，学生多渠道学习环境与资源不足的问题。

（3）解决地方院校实践教学资源难以支撑学生工程实践创新能力培养的问题。

（4）解决地方应用型本科高校师资力量不强，对教学重视程度不够的问题。

二、研究实践路径和主要举措

1. 实践路径

（1）挖掘组群专业优势，构筑一体化贯通培养体系。

（2）强化课程内容建设，提高学生创新实践能力。

（3）政校企行四位一体，构建"三结合、四协同"产学研深度融合育人新机制。

（4）以"五术"塑名师，提高教师职业素养。

2. 主要举措

（1）以培养"智能化、网络化、数字化"拔尖创新的智能制造人才为目标，以需求为导向，在保持各个专业特色的前提下，挖掘组群专业优势互补，专业之间相互渗透、融合发展，互为支撑、协同创新，创建以实践出真知为导向的融合素质与能力贯通培养模式。

（2）注重课程思政建设，提升人生观与价值观。专业群坚持显性教育与隐性教育相统一，探寻各门课程中真善美思政教育资源，深度挖掘生动有效的育人元素，与专业基本原理、前沿知识有机融合，把课堂变成思政与专业无缝衔接的金课，如图2所示。

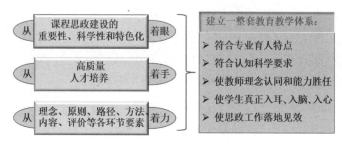

图2 课程思政建设思路

（3）推进政校企行共建共享课程，拓宽新形态教学资源。专业群以新技术运用加强教师培养培训，服务教师课堂教学，助力学生自主学习，促进信息技术与教学的融合。利用智慧教学平台资源、案例，根据学生个性化发展需求拓展内容，与科研院所、企业创新课程建设模式，创新教学组织形态，开展多层次的课外创新活动，构建教、考、辅的立体教学模式。

（4）科研反哺教学，提高实践教学质量。专业群定期组织智能制造教学内容研讨会，鼓励教师积极参与省级、国家级一流课程的建设，鼓励教师把最新研究成果引入教学内容，优化课程体系，构建多元化课程评价体系，提高实践教学质量。

（5）专业群坚持以育人为本、产业为要，构建"三结合、四协同"产学研深度融合育人新机制（图3）。面向产业急需，紧密对接产业链，坚持产学研转创用相结合，"政校企行"协同四位一体，同频共振、上下联动，协同并进共建支撑学生成长的创新创业教育实践平台。

图3 "三结合、四协同"产学研深度融合育人新机制

（6）教师是学生认知求真的引领者，是人才培养的关键所在。专业群积极响应当今社会对创新型、复合型、应用型人才的需求，以"五术"（图4）武装教学团队主动求变，建成一支由国家特聘专家为带头人、中青年博士教师为骨干的融教学、科研、创新、服务为一体专兼结合的应用型教学团队。

图4 "五术"塑名师

三、特色创新和改革成效

1. 特色创新

（1）挖掘组群专业优势，构建各具功能，又互相嵌套、互相支撑协同的智能制造专业群。专业群以培养"智能化、网络化、数字化"的拔尖创新智能制造人才为培养目标，以需求为导向，搭建专业知识建设网络对接智能制造的九大支撑技术，专业之间互为支撑、协同创新，相互渗透、融合发展，形成了有别于其他高校的对接智能制造产业链的应用型专业体系。

（2）政校企行共建共享课程，重构课程内容体系。深化产教融合，把最新研究成果引入教学内容，做好课程教学设计、重构，完善专业教学课程体系，与科研院所、企业创新课程建设模式，创新教学组织形态，开展多层次的课外创新活动，构建教、考、辅的立体教学模式。

（3）专业群探索"三结合、四协同"的产学研深度融合育人新机制，打造创新创业教育实践平台。

（4）专业群以"五术"塑名师，加强信息化技术应用，构建覆盖教师职业生涯的培训规划，提升教师教学力、科研力与创新力。引导教师倾心育人，把时间精力投入一线教学，培育一批立志于教书育人的大先生。

2. 改革成效

（1）以需求为导向，顶层设计培养目标发展定位，构筑一体化贯通培养体系。把创新意识、实践能力、工匠精神、协作精神等融入应用型人才培养体系，整合专业基础课、专业课、实验实践课，重构专业课程体系，形成突出实践能力培养的应用型课程群或课程模块，开展校企深度合作，推动课程内容与智能制造行业标准、生产流程、项目开发等产业需求科学对接。专业群获批国家级、省级一流课程10门，聘任行业导师28人，开设校企课程12门，共同编写教材和课程讲义8门。

（2）深化校企融合机制，智能制造拔尖创新人才培养效果明显。实施产学研协同育人，促进人才培养供给侧和产业发展需求侧深度融合。为学校向应用型示范本科院校的转型发展、实现"三步走"发展战略和泉州经济转型升级做出了应有的贡献。指导学生发表论文42篇，其中被SCI/EI收录13篇、学生申请发明专利24件。分别获批国家级、省级大学生双创项目10项和18项；获第七届福建省"互联网+"大学生创新创业大赛职教赛道金奖1项、主赛道银奖1项；获全国大学生电子设计竞赛、全国大学生光电设计竞赛等国家级奖项10项。

（3）融教学、科研、创新、服务为一体专兼结合的应用型教学团队建设成效显著。现有闽江学者讲座教授5名，桐江学者特聘教授3名、讲座教授2名，省高校新世纪优秀人才支持计划4名，省高校杰出青年科研人才培育计划4名。教学团队获省级教改项目立项19项。

（4）基于产学研服务平台，辐射带动作用突出，打造出融人才培养、科学研究、技术创新、产业服务、技能培训、学生创新创业等功能于一体的光电智造产业学院、泉州市智能制造公共实训基地、数字福建智能制造大数据研究所、福建省先进微纳光子技术与器件重点实验室、超精密光学工程技术与应用协同创新中心，受到福建省应用型本科先进制造专业类教学联盟的高度赞扬。

（5）本案例获得校级教学成果奖特等奖和一等奖各1次：① 杨惠山、姚广平、吴丽双、刘孝锋、武存江等，2021《"植基立本，回归教学本然"智能制造专业群建设与实践》教改项目，泉州师范学院教学成果特等奖；② 杨惠山、姚广平、刘孝锋、武存江、林顺达等，2019《政校企行四位一体智能制造专业群建设与实践》教改项目，泉州师范学院教学成果一等奖。

四、案例反思

经过智能制造专业群人才培养模式的构建与几年来的实践，人才培养质量显著提高，受益本科生近2万名，具有很强的实践性和操作性，对同类本科院校具有很好的示范作用和推广价值。在智能制造专业群及相关领域的人才培养过程中，要始终坚持以学生为中心，围绕培养目标和全体学生毕业要求的达成进行资源配置和教学安排，强调专业教学设计和教学实施以学生接受教育后所取得的学习成果为导向，以学生和用人单位满意度作为专业评价的重要参考依据。建立和完善内外部质量监控和持续改进机制，更好地持续跟踪改进效果，并用于推动智能制造专业人才培养质量不断提升。

第二篇
专业应用类

新工科背景下网络空间安全人才培养模式的探索与实践案例

> **专业名称：** 信息安全
> **案例完成人：** 郭文忠（福州大学）
> **服务对象：** 信息安全专业本科生

一、教学案例背景和重点解决问题

1. 案例背景

在新一轮信息技术革命的推动下，信息产业成为人类社会的重要支柱，信息安全形势也越发严峻。网络空间安全事关国家核心利益，已经被列入国家网络空间安全战略。福州大学信息安全专业建设的核心定位是为实施国家安全战略，满足海西区域经济社会发展需求，培养忠于祖国、忠于人民，具有正确世界观和价值观，具备广阔视野和应变能力，能从事网络空间安全领域相关工作的应用创新型高级专业人才。培育多元化、复合型、个性化，能够服务中国特色社会主义建设的安全人才。安全人才培养属于国家战略需求，需要积极探索网络空间安全领域人才培养机制。

2. 重点解决问题

本案例拟解决的问题包括：如何确保人才安全？如何实现多元化、复合型、个性化人才培养？如何提升人才工程创新能力、适应变化能力、实践能力？如何加强和推广校企合作协同育人机制？如何推动人才培养机制的持续改进？

面向未来、谋划未来、引领未来，网络空间安全人才培养需要进一步完善专业建设布局，以新工科理念和"学生中心、产出导向、持续改进"的质量思想为依据，对现有信息安全专业进行改革升级，持续深化与实践创新型、综合化、全周期、开放式的工程人才培养。

本案例的主要目标包括：

（1）实现思政元素与专业知识的有机融合，完成专业课程思政体系建设；
（2）利用交叉学科教学资源，通过辅修专业选修课程群模式，建立个性化人才培养课程体系；
（3）依托软硬件教学平台、资源和教学团队，建立课内外双向递进式实践教学体系；
（4）打造校企合作协同育人机制，建立多样化的校企合作人才培养模式；
（5）基于"学生中心、产出导向、持续改进"核心理论，建立科学合理的质量评价体系和持续改进机制。

二、研究实践路径和主要举措

本案例从强化课程思政建设、优化个性化人才培养课程体系、实践课内外实践教学体系、构建多样化校企合作模式和完善持续改进机制等五个方面探索新工科环境下网络空间安全专业人才培养模式。案例优化了信息安全本科专业课程体系，修订了专业培养方案，通过实践逐步形成了"正心、强基、专技、显能、实战"为主题的信息安全人才培养模式和面向"数字福建"战略的计算机类人才培养模式，通过了业界专家的认可和推荐，教改成果分别获得了福建省高等教育省级教学成果奖二等奖和特等奖。项目通过加强专业课程思政体系建设实现思政元素与专业知识的有机融合；充分利用交叉学科教学资源，建立个性化人才培养课程体系；通过课内外教学实践平台和资源，建立完善的实践教学体系；依托各级工程实践教育中心，打造校企合作协同育人机制，建立多样化的校企合作人才培养模式；深化"学生中心、产出导向、持续改进"教学理念，建立科学合理的质量评价体系和持续改进机制。

依托教工党支部的引领，及时贯彻党的教育方针，带动教师建设课程思政、立德树人。组织专业教师参加各类师资培训，强化课程思政意识和育德授课能力；组织专业教师进行课程思政建设工作研讨会，在校内开展"教学有道"课程思政建设系列研讨活动。将"品德修养"作为一条毕业要求加入专业培养方案，提出了"思政原理与专业知识相促互育的工科专业课程思政建设"思路，凝练出坚定的政治认同、家国情怀，正确的世界观、人生观、价值观，辩证唯物主义的科学精神，高尚的学术品格、职业素养等课程思政总体建设目标。深入研究基于产出导向的课程思政建设的建设路径、实施方案和迭代优化等，积极开展"课程思政进大纲、进教案"的专项活动，深化"每门课程讲德育、每位教师讲育人"，推广"价值引领、知识拓展、思维训练和能力构建"建课理念，规范本专业课程教学大纲，新增思政目标和相应思政元素。通过实践和探索申报并完成了课程思政教学指南、课程思政教学体系等教研项目，并完成了多个课程思政示范课程和案例，形成课程思政示范课程群；相关教学研究成果在省内外教研会议和在线平台上进行经验分享，并获得了较好的评价。

基于交叉学科课程资源、研究生教学资源，进行了学生意见摸底、师资资源统筹和用人单位人才需求调研。在现有培养方案基础上，融入了数十门跨学科课程和本硕博课程，确定了"程序设计类""计算机网络类"和"人工智能大数据"三个专业课程群，进一步拓展学生知识面的广度、深度和灵活度。在"网络空间安全评估系统设计与实践"等综合设计课程中，采用导师制小班教学，引导学生利用各类教学资源、在线资源和科研资源，增加高年级学生知识面的广度和深度，并使其能够应用在实践项目中。同时进一步加强网络空间安全基础知识的精品在线课程建设，增加课程的覆盖面和普及性。项目执行中在课程体系建设方面：以专业课程模块为基础，在专业选修课中建立多个课程群，同时引入相关周边专业跨学科课程，以拓展学生知识面的广度；引入硕博课程，将研究生核心课程作为可选课程，给学有余力的学生提供深入学习的渠道。目前建设有国家级一流线上本科课程"网络空间安全概论"，以及"模式识别""模式识别与机器学习""计算机视觉""移动机器人环境感知虚拟仿真实验"四门省级一流本科课程。不断优化课程建设，依托爱课程中国大学慕课平台和智慧树平台进行教学资源的共享，获得了学生和同行兄弟院校的认可。

推行递进式实践实战教学体系，由浅入深，循序渐进，课赛结合，依次从课内实验、综合课程设计、网络攻防演练、软件设计开发、毕业实习直至最终毕业设计，培养学生解决由简单到困难的信息安全领域复杂工程问题的能力。依托国家级实验教学示范中心，成立课程设计实践教学团队，结合教师的科研领域和学生的探究兴趣，在高年级安排研究型和工程型综合课程设计，提高学生解决信息安全领域复杂工程问题的能力。构建多个虚拟仿真实验课程教学平台，学生可以通过多种方式访问虚拟教学资源，完成日常的验证实验。成立信息安全竞赛教练团队，以课程为依托，助力竞赛，课赛结合、以赛代练、以赛促学，构建多层次、有纵深的学科竞赛平台，竞赛从校级、国家级到国际级层层向上，学生在教师的指导下参与各种不同级别的竞赛，稳步扎实提升实践综合能力。多次承办或主办安全类竞赛如全国大学生信息安全竞赛（华东南分区赛）、RCTF 国际赛和福州大学网络信息安全竞赛等，指导学生参加各类学科竞赛和护网行动并取得较好成绩。充分将课赛结合，采用模拟对抗演练的教学方式，提高教学质量，增强学生动手实践能力和创新意识。

构造多主体协同育人机制，采用多样化校企合作模式。根据本科生在不同培养阶段以及网络安全企业参与人才培养的需求，与校企合作企业建立不同人才培养模式。建立了合作企业基本的准入机制、企业导师的基本要求，确定了多种合作方案。认知实习教学团队每年带领低年级学生前往网络安全企业参观学习，了解专业的应用前景和企业工作实况，主要涉及本地知名互联网企业。组建企业实践教学团队，与企业导师共同指导毕业班学生在企业实践基地完成毕业实习和毕业设计，在完成企业培训项目的基础上参与实际项目的开发与实施。不定期深入企业走访，了解企业对人才培养的需求，探讨校企合作模式，拓展学生就业形势。新增了多个校企合作课程，如 IT 企业项目实训、专家系列讲座，以及华为"智能基座"产教融合协同育人基地合作课程 10 余个。根据学生、企业、学校多方需求拟定了校企合作共建实习教学基地框架协议书，修订了企业实践实施办法、企业实践考核细则等具体文件。通过校企深入沟通与双方认可，项目执行期间新签署了 8 个校企合作实践基地，累计已签约实践基地共有 33 个。

在人才培养过程中制定了一套规范的教学过程质量监督机制，建立了校、院、系三级教学过程质量监控保障体系，并制定相应的管理制度，对教学过程的组织、监督、评价和控制进行约束和规范。建立了各主要教学环节的质量要求，定期开展课程体系设置和课程质量评价，利用质量评价结果对教学环节实施持续改进。定期进行往届毕业生调查问卷反馈调研和分析机制、用人单位调查问卷反馈调研和分析机制，从而跟踪人才培养的教学和管理效果，检验办学的整体水平，适应经济社会发展对人才素质的培养要求，为进一步改革教育教学提供依据。组织用人单位、同行专家、优秀毕业生共同讨论培养方案的制定和调整。

本案例以信息安全专业课程模块为基础，充分利用了交叉学科课程资源、研究生教学资源和在线精品课等资源，实现了拓展学生知识面的广度、深度和灵活度的个性化人才培养课程体系。组建了课程设计实践教学团队和竞赛教练团队，实现由浅入深、循序渐进、课赛结合、课内外互补的双向递进式实践教学体系。构建了多主体协同育人机制，确定了多种校企合作人才培养方案，实现了本科全年段覆盖的多样化校企合作模式。

三、特色创新和改革成效

项目组通过新工科背景下网络空间安全人才培养模式的探索与实践，逐步形成了"正心、强基、专技、显能、实战"为主题的人才培养模式，构建出一套科学有效的专业培养方案，该成果 2020 年获得福州大学教学成果奖特等奖和福建省高等教育省级教学成果奖二等奖，获得了校内外专家的一致好评和推荐。同时该工作也探索出了面向"数字福建"战略的计算机类人才培养模式，于 2022 年获得福州大学教学成果奖特等奖和福建省高等教育省级教学成果奖特等奖，被校内外专家高度赞赏和向兄弟院校推荐，并被推荐申请国家级教学成果奖。通过培养目标再定位、课程体系重构和"五位一体"人才培养模式探索，福州大学信息安全专业申报并获批了 2020 年福建省一流本科专业建设点。为了持续推进和深化本项目相关工作，项目组陆续申报了涉及课程思政案例、课程思政教学体系、课程思政教学指南、人才培养模式等相关内容的教学研究项目，受到校内外专家认可，并获得立项。项目组建设的慕课课程"网络空间安全概论"，获批 2020 年首批国家级线上一流课程，开展了线上线下混合式教学、SPOC（小规模限制性在线课程）、线下校际授课服务等多种教学和推广模式，选课人数已经突破 5 万。

福州大学计算机与大数据学院承办了第十四、十五届全国大学生信息安全竞赛——创新实践能力赛（华东南分区），主办六届 RCTF 国际赛和每年的福州大学网络安全竞赛，在国内外信息安全领域具有一定的影响力。课程组教师在慕课联盟福建省工作委员会年会等多个教研教改会议上作报告，推广一流课程建设和专业建设经验。开展"教学有道"课程思政建设系列研讨活动，设计基于 OBE 理念课程思政建设路径探索与实践，研讨一流专业、一流课程、课程思政和专业认证的一体化建设。项目组在教学研讨会、"课程思政"交流会、新华网等平台上，分享和推广教研成果与经验，多门课程入选福州大学网上共享课程思政典型案例，完成的教学案例多次获奖。为了增强校企合作力度，新增校企合作实践基地 8 个，并签订了合作协议。

为了持续推进和深化本案例相关工作，项目组陆续申报并获批了涉及课程思政案例、课程思政教学体系、课程思政教学指南、人才培养模式等相关内容的教学研究项目。获批 1 项国家级一流本科课程、1 项福建省一流本科专业建设点、4 项福建省一流本科课程和 1 项新华网"新华思政"示范课，新增校企合作实践基地 8 个，发表教研教改论文 6 篇，出版教材 3 本。获福州大学教学成果奖特等奖 2 项、福建省级教学成果奖特等奖和二等奖各 1 项。

四、案例反思

"培养什么样的人、如何培养人、为谁培养人"是网络空间安全人才培养的重中之重。在实践中，不仅需要考虑人才培养目标，主要涉及经济社会的人才需求、所需人才的品德品质与价值观、人才的学术修养与综合能力等，还需要做好人才培养方案的规划和实施，在人才培养过程中为了提升人才培养质量和效率所需的教学措施与方法。为谁培养人则是强调培养人才要与国家发展、社会需求和人民利益相统一，这是人才培养中最重要的目标。培养的人才应具备对国家和社会的责任感，以及服务人民的意识，能够为国家、社会和人民的发展作出积极贡献。

"教学、科研、竞赛"三位一体的机器人工程专业人才培养模式

> **专业名称**：机器人工程
> **案例完成人**：张立伟（福州大学）
> **服务对象**：机器人工程、机械设计制造及其自动化专业本科生

一、教学案例背景和重点解决问题

1. 案例背景

目前在培养学生的过程中发现，学生没有学习动力，不知道该学什么、怎么学、目标是什么。因此，在培养学生的过程中，我们针对性地采取以科研成果提升教学水平和效果、以项目制提升学生基本素质、以竞赛成绩检验学生能力和培养成果的措施，形成"教学、科研、竞赛"三位一体的机器人工程专业人才培养模式。

2. 重点解决问题

案例重点围绕解决学生的目标动力、提升学生基本素质、提高学生动手能力三大问题。核心理念如图1所示。

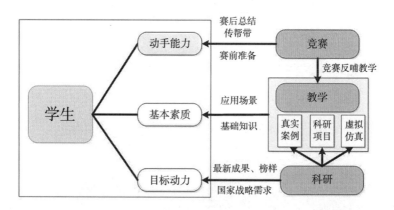

图1 "教学、科研、竞赛"三位一体的机器人工程专业人才培养模式

1）目标动力

学生本身在选择专业时并不了解这个专业，也不了解本学科的发展情况和学科布局，对职业生涯完全没有概念，因此导致没有动力，不知道该给自己设定什么目标。同时，很多课程基本以教材为主，大部分内容不会很快更新，最新的科研成果也不会直接带到课堂中来。

因此，在课堂内容设置和教学过程中，我们结合最新国家战略需求和科研成果，告诉学生哪

些领域和场景中需要机器人的核心功能和传感器。这样就解决了学生没有目标和动力的问题。同时，结合国家战略需求和我国机器人研发情况，提升学生对国情的了解，将思政融入到课程中。

2）基本素质

大部分学生不清楚职业生涯中应该具有哪些基本素质，例如：① 如何完成并提交高质量、格式标准的作业和报告；② 学术报告该如何写；③ 如何在给定课题情况下去查阅文献，撰写文献综述，结合实验结果进行分析总结；④ 如何使用 PPT 等办公软件将自己的想法和结果呈现出来。

针对这些问题，我们在课程授课过程中，设置 3~4 个项目制大作业，让 3~4 名学生分为一组，互相协作完成。完成作业以后需要提交电子版和纸质版报告，同时要在课堂上进行讲解（图 2）。通过 3~4 次的作业讲解，大部分学生认识到自己的基本素质的不足，能够在后面的作业中迅速改正并提升自己的基本素质。

图 2　学生参加竞赛讨论

3）动手能力

工科学生要有基本的动手能力，在教学过程中，我们发现很多学生在动手能力方面有明显欠缺：① 不知道如何给机器人充电；② 拿到一个项目或者任务，不知道如何去面对和准备相应的材料；③ 遇到不懂的问题，不知道如何去请教别人。

针对上述问题，我们通过参加和举办比赛来提高学生的动手能力，如图 3 所示。① 在赛前，先做动员，让学生充分了解通过竞赛，可以学到什么；② 比赛过程中，教师全程给予指导；③ 赛后，进行经验总结和赛后分析，同时请以往经验丰富的学生来现身说法，传帮带。

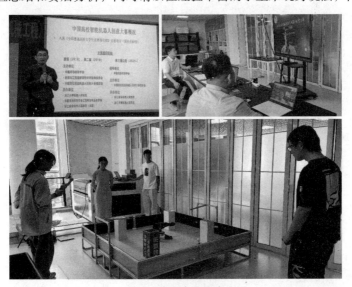

图 3　学生参加比赛

从 2016 年至今，已经组织学生参加了国际水中机器人大赛、中国高校智能机器人创意大赛、RoboCom 世界机器人开发者大赛等多项赛事，获得多项冠亚季军。2022 年，我们同时承办了第五届中国高校智能机器人创意大赛福建省区域赛，参赛队伍 97 支，福州大学有 38 支队伍参赛，最终有 8 支队伍获得国赛资格，经过激烈的争夺，斩获 8 个奖项，包括特等奖 1 项、二等奖 4 项、三等奖 3 项。

二、研究实践路径和主要举措

针对现有实际情况，我们从教材、课程、比赛三个途径开展教学活动与实践。

1. 编写教材

自 2016 年来，我们先后编写两部教材，将最新的机器人成果融合到课堂教学中。

（1）何炳蔚，张立伟，张建伟. 基于 ROS 的机器人理论与应用 [M]，科学出版社，2017.6 (ISBN：978-7-03-053057-8)。

（2）张立伟，何炳蔚，张建伟. 基于 ROS 的机器人理论与应用 [M]，第二版，科学出版社，2022.10 (ISBN：978-7-03-072620-9)。

2. 建设虚拟仿真和线上线下一流课程

我们同时积极参与线上线下教改项目和虚拟仿真一流课程建设。目前已经有省级虚拟仿真一流课程 1 门，校级线上线下教改项目 2 项，均已取得良好成果和反馈。目前，我们已经获批"2020 年省级一流本科课程——虚拟仿真实验教学一流课程"1 项、福州大学一流本科教育教学改革研究项目 1 项、福州大学一流线上线下混合课程 1 项。

3. 参加和承办机器人比赛

近五年来，课程组或项目组承办比赛 1 项，组织学生参加比赛多项。

（1）2022 年，承办中国高校智能机器人创意大赛福建省区域赛。全省有 97 支队伍报名参赛，福州大学 38 支队伍参赛。

（2）2021 年，共有 10 位学生参加 RoboCom 机器人开发者大赛（图 4），其中获得区域赛二等奖 5 项，三等奖 1 项，获得全国赛夺宝奇兵竞技赛半自动计时赛二等奖 1 项，夺宝奇兵竞技赛自动计时赛三等奖 1 项。

图 4 学科竞赛

（3）2020 年，福州大学机械工程及自动化学院学生参加中国高校智能机器人创意大赛，获得 7 项大奖，其中一等奖 2 项、二等奖 3 项、三等奖 2 项。

（4）2019 年，中国高校智能机器人创意大赛，获得一等奖 1 项（第二指导老师：梅恒权、吴耀航、陈家瑄、叶晓英），三等奖 4 项（4 个第二指导老师：①林莹莹、黄思远、邹洋艺、黄慧婷；②曾庆富、颜文信、樊户傲；③蒲萌浩、谢学鑫、吴泽钟、温杰；④郑冰莹、黄书华、韩恩豪）。

（5）2016 年参加国际水中机器人大赛，获得冠、亚、季军各 1 项，优秀指导老师奖 1 项（图 5）。

图 5 学科竞赛奖状

三、特色创新和改革成效

1. 特色创新

（1）以科研成果反哺教学

通过最新科研成果，可以让学生看到机器人领域的最新动态，同时也能了解自己还缺少哪些知识和素质；逐步建立学生的学习动力和职业生涯规划目标。

（2）以教学培养学生基本素质

通过项目制教学，在教授学生基础知识的同时，也让学生看到自己一些基本素质的不足。通过知识和素质的同时提升，才有可能在将来的职业生涯中获得成功。

（3）以竞赛提升学生动手能力

通过竞赛来检验学生的动手能力，同时通过教师指导，学长传帮带，起到提高学生动手能力的作用。

2. 改革成效

自 2017 级开始，我们在机械工程及自动化学院开设"机器人实验班"（图 6），同时结合学校开设的"人工智能实验班"，取得了良好效果。2019 年，申报机器人工程专业，2020 年开始招生，目前已经有在校生 150 人。

图 6 机器人实验班活动

以 2018 级机器人实验班为例，共有 47 人，升学 35 人，升学率达 74.5%。同时，这段经历也让学生体会深刻，获益匪浅。2018 级机器人实验班曾庆富同学写道："非常幸运能够加入机器人实验班，在这个班级里我认识了许多有趣并且优秀的小伙伴，回忆往昔，我与小伙伴们的酸甜苦辣仍历历在目。例如在张立伟老师 ROS 课上汇报时的胆战心惊、因为 Turtlebo 轮子打滑导致建图失败时的抓耳挠腮、撰写报告时对标点符号论文格式的小心翼翼……而正是立伟老师认真严谨的态度，使我在日后的学习生活受益匪浅。"

四、案例反思

要把学生培养好，需要学校、学院、教师三方同心协力，也需要充分的耐心和长期努力。希望通过上述举措和教学实践，能够为新工科建设提供经验和教训，也感谢参与新工科建设过程中努力付出的教师们！

新能源科学与工程新工科专业建设探索与实践

> **专业名称**：新能源科学与工程
> **案例完成人**：陈水源、黄志高、林应斌（福建师范大学）
> **服务对象**：新能源科学与工程、材料物理、储能科学与工程等工科专业本科生

一、教学案例背景和重点解决问题

2016年6月，我国正式加入《华盛顿协议》，工程教育专业认证体系实现了国际实质等效，中国高等工程教育真正成为了国际规则的制定者。2017—2018年期间，教育部、中国高等教育学会等组织召开了三次会议，针对如何培养具备更高创新创业能力和跨界整合能力的新型工程技术人才开展研讨，提出了"新工科"这一概念，形成了"新工科"教育的"复旦共识""天大行动"和"北京指南"，为高等工程教育的新发展提供了重要的指导。

为适应新能源战略性新兴产业发展，教育部于2010年设置了新能源科学与工程专业，新专业领域百业待兴，福建师范大学作为首批招收该专业学生的高校以及全国该专业联盟的发起兼副理事长单位，办学伊始就与厦门大学、北京海瑞克科技发展有限公司（海瑞克公司）等企事业单位深度合作，结合专业认证标准和卓越工程师教育培养计划，特别是新工科教育理念要求，共同思考并实践工科教育"培养什么人，怎样培养人"，针对新办新能源科学与工程专业在人才培养方案、实践教学体系和工科思政教育方面存在的突出共性教学问题开展研究与实践，形成了以"校-校-企"三方协同为载体、以一体化实践育人体系创设、以党建引领的匠心精神培育为抓手的新能源科学与工程新工科专业人才培养模式。

在新能源科学与工程专业建设中，存在以下3个主要的教学问题。

（1）**新能源专业缺乏引领性的人才培养方案**。开办高校中有双一流学科建设高校，但更多的是省属地方院校和新办本科院校，办学条件差异大，缺乏校-校、校-企协同对人才培养方案和教学体系的合作研究，难以形成对不同类型高校人才培养的有效指导。

（2）**实践教学体系缺乏一体化**。针对主要脱胎于能源动力、物理、材料类专业方向的新能源科学与工程专业，实践体系从零开始，缺乏经验，各校建立的实践体系呈"碎片化"，尤其是新办本科高校，缺少让学生获得系统性实验实践训练的一体化实践教学体系。

（3）**工匠精神培养缺乏创新模式**。在新工科和课程思政建设背景下，以大国"工匠精神"为核心的工程素养培养的重要性更加凸显，而对新专业而言还缺乏有效的思政教育创新培养途径，以支撑人才培养目标达成。

二、研究实践路径和主要举措

1. 建立校-校、校-企双轮驱动教改模式

建立"协同创新、产教融合"双轮驱动教改模式：福建师范大学（福师大）与厦门大学（厦大）

在2014年共建省协同创新中心，在2022年共建国家虚拟教研室，双方签订协议，在学科、专业、人才培养模式改革等方面开展校-校协同创新，实现高端引领；与海瑞克公司于2012年签订战略性合作协议，通过教改项目、成果转化、教学设备研发与推广等开展优势互补的校-企产教融合，实现立地示范。2012年以来，在对全国不同类型高校办学定位、办学条件、人才培养及社会需求等充分调研的基础上，系统研究了该专业人才培养方案，提出分类培养思想，构建适用于研究型（985模式）、应用研究型（省属重点模式）和产业应用型（新办本科模式）差异化的人才培养模式，并在厦大、福师大、黄淮学院等近50所高校开展应用实践。

2. 构建"一体两创三应用"实践教学体系

建立"课堂理论教学—实验探索创新研究—综合应用—中试工程化实训—企业实训"一体化实践教学体系，实现阶段化、层次化、系统性的实践训练；建设以学科交叉、产学融合和资源共享为支撑的立体化创新创业平台，实现创新创业能力培养；建设产教研一体化综合实践平台，应用于本科教学、"双创"教育和企业研发。构建起集教育研发、服务于一体的多功能化实践体系，如图1所示。作为样板，福师大先后投入4000多万元建成集"教育、培训、研发"为一体的锂电池、太阳电池、光伏发电和智慧能源4个有特色的综合实践平台，开设15个基础实验、20个综合实验、85个双创训练和4类大工程实训项目，开发200多个研究性实验课题，还通过科教融汇开发了2个国家级虚拟仿真实验项目。同时，以一体化实践教学体系为指导，与海瑞克公司合作开发53类新能源实验实训设备、编写400多个工程案例、制作120个光伏微课和16个虚拟仿真项目，填补了新专业建设的空白。

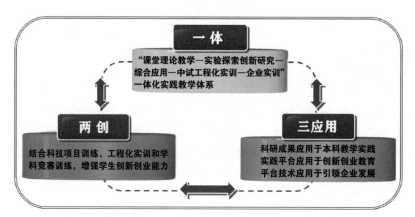

图1 "一体两创三应用"新能源科学与工程专业实践教学体系

3. 实施"党建引领、课程保障、典型示范"三位一体匠心塑造方法

充分运用所在专业全国样板党支部德育平台，将党支部的活动与教学工作相融合，通过党建引领，提升教师的思想觉悟和品德修养，做到样板立德；以14门国省级一流课程建设为抓手，编制所有专业课程的课程思政教学大纲，打造"党员名师+课程思政"的专业课程育人品牌，通过课程保障，把品格塑造默化于教学全过程，做到课堂育德；邀请一大批名师、劳模、工匠进课堂，通过典型示范，让学生感悟敬业、精益、专注和创新精神，做到名师传德。

三、特色创新和改革成效

1. 模式创新：构建双轮驱动的校-校-企协同育人新模式

基于新能源根植于前沿学科又直接面向产业应用的特点，通过与学科底蕴深厚的厦大开展协同创新，形成了校-校"黄金结合"；通过与厦门大学、海瑞克公司的战略合作，集三方在学科、教改和应用推广的优势特色，共建共享，形成了校-校-企"黄金结合"，并通过产教融合与科教融汇，协同开展专业建设与人才培养新模式。

如图2所示，上述校-校-企"黄金结合"，凸显了合作三方分别在学科、教改和应用推广方面的优势，建立起新工科建设的"高端引领"、教改成果的"立地示范"、人才培养过程的"工匠塑造"三者协调共进的新工科专业建设范式和人才培养新模式，引领全国新能源科学与工程专业的建设与发展。

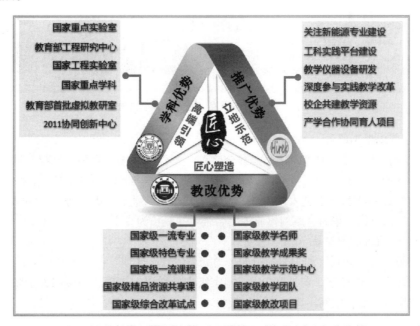

图2 校-校-企"黄金结合"，发挥学科、教改和应用推广优势

2. **体系创新：构建"一体两创三应用"工科实践教学体系**

"学中做、做中学"是工科教育的灵魂，"做"是提高工科学生创新与实践能力的前提。基于此，提出并实施从基础到工程化实践训练的一体化实践教学体系，把"动手做"贯穿人才培养的全过程；针对工科学生，除了要"做"好，还要通过"学"掌握扎实的专业知识。"三应用"是科教融汇、产教融合的精髓，如何结合新工科理念做好这"三应用"是关键。我们的实践经验是：精心建设一支高水平、懂工科、乐奉献的师资队伍，树立人才培养是第一要务的理念，将取得的学术成果转化为实践教学内容，并建成四个富有特色的融"教育、培训、研发"为一体的专业方向综合实践平台；以学生为本，把服务学生成长的实践教学工作用心抓到实处。

综上所述，可总结为实践体系创设的"做、学、特、实"目标。

3. **方法创新：探索"三位一体"的工匠精神培养方法**

运用党建融合业务发展思路，构建"党建引领、课程思政、典型示范"三位一体的工匠精神培养方法，如图3所示，在工科教育教学过程中提炼出具有能源工科教育特色的"绿色低碳、追求真理、勇攀高峰、工匠精神"思政元素，并润物无声地融入"储能科学与技术""光伏工程与技术"和"新能源综合实验"等核心专业课程教学之中。

4. **改革成效**

专业教育教学改革成效显著，特别是在人才培养、平台建设、质量工程及高层次师资队伍等方面取得丰硕成果，如图4所示。

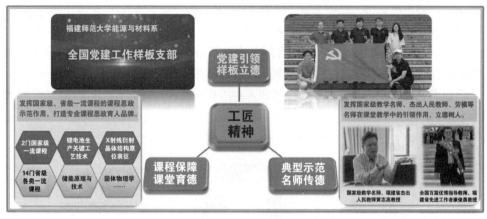

图3 "三位一体"的工匠精神培养方法

1）人才培养成果丰硕

学生获得全国大学生"互联网+"大赛金奖等全国性奖项100多项、授权专利56项；学生发表168篇SCI论文，其中本科生陶剑铭和真义超在PNAS期刊、武玉琪在EES期刊上均发表了高水平论文；近400名学生进入国内外一流高校攻读研究生，平均升学率达到45%以上；部分毕业生进入宁德时代、华为、厦门钨业等著名企业并成长为骨干。

2）教师教学改革成效显著

获评国家级"万人计划"教学名师1人、国家级"万人计划"青年拔尖人才1人、国家级新工科教改项目1项、国家级一流课程7门、国家级虚拟教研室1项（与厦门大学联合）；获评2项省级教学成果特等奖；编写出版5本本科教材。

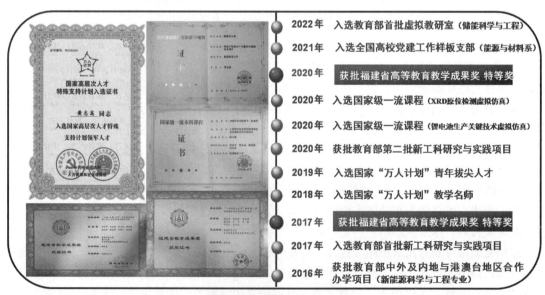

图4 专业教学改革主要成果

3）改革成果示范与辐射作用明显

积极宣传专业建设与改革成果，示范效果明显，成果辐射作用显著，如图5所示。

（1）引领性：在全国新能源科学与工程专业建设研讨会上做特邀报告，分享虚拟仿真、实践平台和课程建设经验；主办全国新工科背景下新能源专业建设研讨会；为70所高校开设300多场专业讲座，为124所高校提供培养方案、实验室规划等专业指导，有50多所高校到校交流。成果已被四川大学、华北电力大学、北京理工大学等50所高校借鉴，起到很好的引领作用。

（2）示范性：校企合作开发的53类3000多套实验设备在全国推广应用；建成的2门国家级虚拟仿真实验项目、3门慕课以及主编的《储能原理与技术》作为首部联盟统编教材等教学资源已被上海交大、同济大学、中山大学、哈尔滨工业大学、武汉大学等100多所高校的13多万人使用；实践平台为来自美、英共220名留学生提供暑期学校科训条件。

（3）媒体关注：教改成果被中国教育报、福建日报等多家媒体宣传报道。

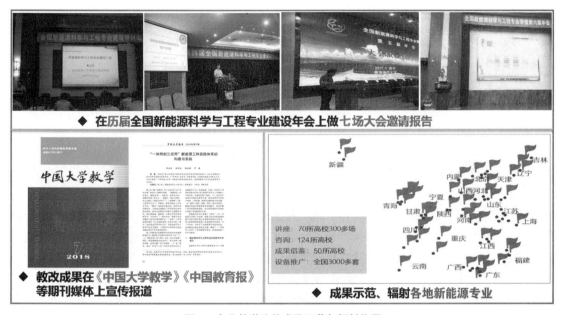

图 5 专业教学改革成果示范与辐射作用

4）服务地方经济和社会发展成效显著

实践创新平台的6项发明专利实现转让，转让总金额达到2240万元，并孵化3家高新技术公司；承担人社部专业技术人员高级研修项目，来自高校和企事业单位近100位专技人员参加；主办全国光伏实践教学师资培训，有全国35所高校75位教师参加培训；实践平台还承担其他社会各界约8500人的进修、培训任务，成为中小学科技教育基地。

四、案例反思

本案例展示了我们近年来在新能源科学与工程新工科专业建设方面的探索、实践与成效。但是，工科人才培养的产出导向、工程思维、产品思维培养仍有待进一步加强；专业产教融合联盟机制需进一步完善，进一步推动教育链、产业链、研发链深度融合，促进校企人才培养高度融合，提高校企合作层次，探索出更多样、更有效的校企合作形式，促进新工科专业建设契合学科发展、社会需求，提高工程人才培养成效。

"基于校企合作、产教融合"的食品科学与工程产业技术人才培养

专业名称： 食品科学与工程
案例完成人： 孙乐常（集美大学）
服务对象： 食品科学与工程专业本科生

一、教学案例背景和重点解决问题

1. 案例背景

为了提高人才与社会需求的适应度，根据卓越农林人才教育培养计划、新工科建设、工程教育认证、一流专业建设等人才培养文件要求，结合"建设海洋强国"的战略需求，集美大学与绿新（福建）食品有限公司等食品企业共建产学研合作基地，以"海洋食品产业技术人才培养"为案例，探索"校企合作、产教融合"人才培养。通过联合开发教学内容、共同制定人才评价标准、合作进行关键技术攻关等产教融合活动，构建产教融合长效机制，建设产教融合师资队伍，推进教学、生产、科研"三结合"，形成"双场景＋六融合"的产教融合人才培养模式，在人才培养、师资队伍建设、科研合作、企业核心技术竞争力增强等方面取得了显著效果。

2. 重要解决问题

（1）解决人才培养供给侧和产业需求侧结构要素融合问题。基于产业需求，共建产教融合平台，建立产业技术创新与人才培养全方位融合的协同体系，提高人才与社会需求的适应度。

（2）解决产业发展关键问题，提升核心竞争力。共同申报实施一批国家、省部级重大项目，以科技支撑为抓手，校企联动，攻克食品科学与工程产业产品价值低、生产过程污染大、能耗大等产业发展瓶颈问题。

（3）解决"产教融合"人才培养实施机制问题。通过人才培养及产业技术攻关"融合"措施，增加高校教师认识解决产业问题的能力，提升企业技术人员授课水平及技术攻关能力，为企业培养技术人才，提升企业核心竞争力。

二、研究实践路径和主要举措

1. 构建长效机制

（1）构建教学、生产、科研"三结合"长效机制。通过开展产教融合实践活动，以学生实践能力培养和企业技术研发、成果转化为抓手开展产教融合协作，培养学生实践创新能力，帮助企业解决技术难题，实现学生能力提升、学校毕业生与社会需求适应度提升、企业核心竞争力增强等"共赢"效益，构建校企共进、成果共享长效机制。

（2）构建资源投入常态化机制。校企统筹协作，保障教学场地、设备和学习生活场所及设施

的日常运行,安排人员为学生进行指导,做好安全保障服务工作。学校、企业分别以基地建设费、教学经费、技术成果有偿使用费等形式为基地运行提供资金保障,实现基地资源投入常态化。

(3) 构建人才培养程序化机制。以培养食品科学与工程专业创新创业型人才为目标,校企共同制定人才培养方案,完善人才培养过程中教学效果评价体系,建立学生在校内完成理论学习和技能训练、在企业参加生产实践和产品研发的"双导师、两段式、四层次"的校企联合培养模式,制订了校企合作的卓越工程师培育计划,校企双方联合开展"卓越工程师"校内实操汇报等活动(图1),评价、监控人才培养质量。

图1　2021年度"研起点"杯食品科学与工程专业卓越工程师实操汇报会

2. 产教融合人才培养资源条件建设

(1) 建设校企产教融合基地。学院根据人才培养需要,与绿新(福建)食品有限公司、厦门魔角兽科技有限公司等多家食品企业签订了实践教育基地协议,充分发挥双方的人才、技术、实验室、场地等方面优势,整合双方技术力量与资源,建立产教融合的协同育人机制。

(2) 开发"双场景"产教融合教学内容。针对人才培养需求,设置学校和企业"双场景"教学模式,理论课程在校内完成,在企业完成认识实习、专业实习、毕业实习、毕业论文、创新创业等多种教学,设置了产品技术研发、生产技术管理、产品质量管理等实习实践岗位,对学生进行分层次、分类别、分岗位、分流程的实践教育,培养学生实践技能、创新思维、职业素养及工程综合能力。

(3) 建立产教融合师资队伍。从集美大学及企业选拔教学导师,建设校企联合导师队伍。其中,高校导师均为长期从事海洋食品方面科研与教学的高级职称人员,包括教授4人,副教授7人,基地导师为相关企业承担生产管理、品质控制和产品研发的经理或主管,多为总工程师或技术总监,目前聘请的企业导师达20余名(图2),形成了保障有力的食品工程实践能力培养的产业导师队伍。

3. 严格产教融合培养过程

(1) 明确产教融合目标。通过完成专业认识实习、生产实习、毕业实习、创新创业实践等产教融合课程,培养学生形成良好的实践创新能力、敏锐的创新思维和强烈的社会责任感,达到能够胜任食品加工生产、质量安全控制、技术推广等能力标准。

(2) 创新培养模式。全面落实双导师指导,校企共同制定人才培养体系,学生在校内、校外"双导师"共同指导下,通过"校内培养综合技能、企业培养生产实践能力和研究创新能力"的"两段式"培养,递进完成"技能训练、生产实践、参与研发、主动创新"四层次的能力培养,在实

图 2　校外导师聘任牌匾

践中培养发现问题、思考问题和解决问题的能力，提高主动创新的意识和水平，建立"双导师、两段式、四层次"的校企协同育人的联合培养模式。学校导师全面负责本科生课程学习和实践教育，企业导师负责本科生在企业实践阶段的操作指导、实验方案商讨及实践过程监督，形成了"六融合"机制。

（3）培养过程严格管理。根据相关制度的规范要求，集美大学教师根据学生意愿，与企业协商后确定实践内容，经学院审核通过后，学生按照专业实践计划表到实践教育基地，在校外导师和校内导师共同指导下落实专业实践活动，实践活动期间，学生每天填写"实习日志"，专业实践活动结束后，完成"实践总结报告"；校内外指导教师根据学生的现场实践工作量、综合表现，开展产教融合课程目标评价，产教融合培养的学生不仅课程总分要达到 60 分以上，而且还要求达成各个课程目标的标准，才能取得相应的学分。

三、特色创新和改革成效

1. 特色创新

（1）教育内容个性化多样化。教育内容选择充分遵循学生的意愿，发挥学生的主动积极性和创造性。学生可以选择不同部门、不同内容开展实践，可开展认识实习、生产实习、毕业实习、创新研究、创新创业和毕业论文等多种实践形式，提高其产业适应度。

（2）培养过程双导师制。学院与企业通过反复讨论，共同制定实践内容、时间和环节。由企业指派一位负责实践教学人员，在实践学习期间专门负责与学校的联系协调工作，具体关注学生的实习、实训等基本信息分析，及时向学校反映学生的实习情况。学校指派专门教师与学生紧密联系，对学生的实践学习进行指导与跟踪，与企业共同指导学生。

2. 改革成效

自 2016 年起，集美大学与绿新（福建）食品有限公司以食品科学与工程产业技术人才培养为范例，广泛开展产教融合协作，截至 2022 年 12 月共培养学生 648 人，学生与食品产业适应度显著增加，2019—2022年近400名学生毕业后从事食品相关行业的工作，其中洪清林成为绿新（福建）食品有限公司研发经理。经过产教融合培养，学生创新创业能力迅速成长。

校企合作完成企业命题立项128项，学校自主立项124项，政府资助课题11项，其中集美大学联合绿新（福建）食品有限公司的子公司福建省绿麒食品胶体有限公司承担了科技部重点研发计划蓝色粮仓科技创新项目。建立企业核心技术6项，授权发明专利13项，显著提升了企业的核心竞争力，绿新（福建）食品有限公司也已在香港上市。

四、案例反思

在一些实践教学环节，由于学生个性化选择实践教学内容，同时缺乏统一的评价标准，导致学生能力难以进行一致性评价。针对该情况，之后将梳理认识实习、生产实习、毕业实习、创新创业实践、毕业论文等产教融合课程目标，制定课程目标评价标准，建立课程目标达成度评价机制，依据课程目标评价标准对不同教学内容进行评价，从而在课程目标达成度的层面上实现各教学内容考核评价的一致性。

新工科背景下校际共建医工融合专业实践
——以智能医学工程专业为例

> **专业名称**：智能医学工程
> **案例完成人**：沈晓沛（福建医科大学、福州大学）
> **服务对象**：智能医学工程专业本科生

一、教学案例背景和重点解决问题

1. 案例背景

智能医学是医学未来的发展方向，它是以现代医学与自然科学理论为基础，融合先进的大数据、云计算、人工智能、智能感知与机器人等技术，挖掘人的生命和疾病现象的本质及规律，探索人机协同的智能化诊疗方法和临床应用的一门新兴交叉学科。作为医工深度融合的学科，智能医学工程专业的建设需要兼具完善的临床医学体系和传统工学体系的支撑。它是我国首个也是目前第一个在医学门类中授予工学学位的本科专业，标志着工程对医学的支撑已经从早期的"医工交叉"、"医工结合"的层次步入了"医工融合"的阶段。

参照天津大学和天津医科大学联合办学开展专业模式，福建医科大学与福州大学在充分调研及共同协商之后，对合作共建智能医学工程专业达成一致，于2019年签订了《福建医科大学福州大学合作共建智能医学工程专业协议书》，打造强强联合的"医工融合"专业，集中两校优势资源和各方面的力量，共同合作创办智能医学工程专业。该协议奠定了双方合作共建智能医学工程专业的基础，并于2021年签订了《福建医科大学福州大学合作共建智能医学工程专业协议补充细则》，进一步补充落实了双方在人才培养方案制定、课程建设、教学安排、办学资源、专业实践、毕业论文、学生在校基本学习生活需求等方面的责任和义务。

本案例通过福建医科大学和福州大学合作共建智能医学工程专业的方式，以共建课程教学资源库及开展校际师资互聘、课程互选、跨校教学、学分互认、跨校本科生导师制等联合办学方法，进一步探索大学城教学资源共建共享的创新模式。

2. 重点解决问题

两校合作共建智能医学工程专业，需要重点解决的问题包括课程互选、学分互认、教学资源有机共享等。

（1）**课程互选**：需要加强统筹管理，优化课程设置与排课时间。大学城高校虽然地理位置毗邻，但如何在满足更多课程选择之外，花费最少的通勤时间来实现跨校课程，也将影响跨校选课的推进与实施。随着学生进入高年级阶段，工科课程逐渐增多，排课难度也越来越大。

（2）**学分互认**：需要不同学校教师做好课程质量的控制，保证不同学校授课学分的同等教学标准。

（3）**教学资源有机共享**：单纯的教学与实践平台资源共享比较容易，但是"医工结合"并不是"医科"和"工科"的简单相加，真正深度融合需要两校的教师更多的沟通和协作，在教师科研项目建立深度合作的基础上反哺教学才是最理想的方式，这种深度融合需要长期稳定的合作共建制度才可能达到，需要较长的建设周期才能实现。

二、研究实践路径和主要举措

1. 研究实践路径

福建医科大学和福州大学通过共建课程教学资源库及开展校际师资互聘、课程互选、跨校教学、学分互认、跨校本科生导师制等多种形式的联合办学，共同培养具有专业医学知识和工程能力的医学科学家，同时通过共建交叉学科专业，探索促进区域教育资源共建共享、加强高校间协同创新的全新模式。

2. 主要任务与主要举措

1）主要任务

整合两校优质教育资源，深化学科交叉融合，通过校际合作共建智能医学工程专业来探索大学城教学资源共建共享的模式。

校际合作开展本科人才培养，探索师资互聘、课程互选、学分互认、跨校教学管理、跨校本科生导师制和跨校教学实践的新模式。

2）主要举措

（1）教学资源融合

① 积极组织建立两校专家工作协调小组，共同制定和修订智能医学工程专业人才培养方案和教学计划。

② 建立智能医学相关教学资源共享库，一方面纳入两所高校已有的各自优势课程，另一方面积极推动新型交叉课程的设立，满足专业学生课程互选和跨校上课的需求。

③ 开放双方校园图书资料以及专业相关实践教学平台，使学生在导师指导下充分享有两所高校优势的教学和实践平台资源。

（2）人才培养模式改革

① 课程互选，学分互认。两所高校共同培养智能医学工程专业学生，双方认可该专业学生在对方所获得的课程学分。

② 实行跨校本科生导师制，特定方向可实行双导师制度，促进复合型人才的培养与校际师资的交叉融合。

（3）跨校管理模式探索

① 师资互聘。探索基于课时的授课费和基于教学工作量的教学津贴等多种绩效方案，推进师资互聘的实施。

② 双方高校为智能医学专业学生开放必要的办学资源，包括校园门禁、教学场地、图书馆借阅、实训基地等基本设施和相关服务。

三、特色创新和改革成效

通过福建省两所重点高校的强强联合共办智能医学工程专业既是深化高等教育教学改革的一次新尝试，也是大学城教学资源融合提升办学和人才培养质量的重要探索实践。一方面充分利用现有学科的教学和实践平台资源，加强资源共建和共享；另一方面在合作办学基础上强化学科的深度融合和突破瓶颈，促进了高校间的协同创新。

1. 整合区域高校现有优势"工科"和"医科"资源

作为传统医科类院校，福建医科大学具备非常完整的临床医学培养体系，又拥有多家直属附属医院，拥有良好的医院实践培养条件。同时，校内几乎所有的专业都是以医学为导向的，全校的教学管理上先天就有着极为鲜明的临床特色，为智能医学工程专业的建立提供了完整的医学支撑体系。福建医科大学于2020年获批了智能医学工程专业，由福建医科大学和福州大学组织相关专家共同制定了第一版的培养方案。首批学生于2020年9月正式入校，开启了福建医科大学和福州大学医工融合的新篇章。两校教务处前期做了大量基础性工作，福建医科大学将多位福州大学教师纳入本校教务系统，为教师互聘提供了有力保障，福州大学组织教师团队为智能医学工程专业制定多门专业课程，并进入福建医科大学授课。

目前智能医学工程专业已完成2023级学生的招生入学工作，第一届2020级学生已经开始第四学年的专业学习。在这段时间中，福州大学的教师给福建医科大学的学生开设了智能医学工程导论、智能医学电子技术、智能控制原理、大学物理A、计算机视觉导论和人因工程等10余门工程课程，其中智能医学电子技术实验、智能控制原理实践、大学物理A实验这三门实验课均在福州大学校内授课。在本科生导师制活动中，目前福州大学有5位教师担任本专业的本科生导师，10位学生加入福州大学团队进行本科生实践。

2. 智能医学工程专业人才培养收获

学生普遍反映能明显感受到医科教师和工科教师在授课风格和思维方式的差异，医科教师注重严谨和求实，而工科教师鼓励创新和实践。这两种不同思维方式的碰撞和融合，有利于学生在未来利用工程技术解决医学问题。

在三年多的专业建设过程中，智能医学工程专业学生在各类学科竞赛中收获不菲，获得2023年数维杯大学生数学建模竞赛创新奖和本科组三等奖、2023年美国大学生数学建模竞赛优秀奖、2022年亚太地区大学生数学建模竞赛二等奖、2022年全国大学生数学建模竞赛福建赛区一等奖、2022年第十一届"锐智杯"福建省大学生智能设计大赛三等奖、2021年APMCM亚太地区大学生数学建模竞赛三等奖、2021年全国大学生数学建模大赛福建赛区三等奖等。

总的说来，在两校合作办学第四学年年初，已经初步实现共同制定培养方案、共建新课程资源库、单方向师资互聘和跨校授课、本科生导师的跨校遴选，在小范围实现了两校教学资源的共建和共享。

四、案例反思

随着科学发展和技术进步，交叉融合成为大多数学科突破瓶颈创新发展的唯一途径。因此，福建医科大学和福州大学共建智能医学工程专业就是在发挥各自强势学科的优势，探索合作办学和协同创新的共同发展模式。一方面充分利用现有学科的教学和实践平台资源，促进区域高校教育资源的共建和共享；另一方面在合作办学基础上强化学科的深度融合和突破瓶颈，促进高校间不同学科的协同创新。可见以合作共建交叉学科专业方式或许能有效地促进大学城各个高校的发展，但是要在短期内实现具有一定的难度。

参考文献

[1] 吴岩. 新时代高等教育面临新形势[N]. 光明日报, 2017-12-19.

[2] 曹璐莹, 李雨. 新工科背景下智能医学工程专业人才培养探索[J]. 才智, 2020(15): 196.

[3] 杨润怀, 朱华庆. "新工科""新医科"改革下生物医学工程专业的医工融合教学创新[J]. 九江学院学报: 自然科学版, 2020, 35(4): 5.

[4] 何峰, 万亮, 明东. 智能医学工程: 新医科的探索与实践[J]. 中国高等教育, 2021.

产业深度融合、多方协同育人的纺织工程应用型人才培养模式改革与实践

> **专业名称**：纺织工程
> **案例完成人**：袁小红（闽江学院）
> **服务对象**：纺织工程专业类本科生

一、教学案例背景和重点解决问题

1. 案例背景

福建省纺织服装产业经济在全国排名第四，是传统优势产业和支柱产业，然而福建省纺织产业专业人才缺口明显，要提升福建省纺织业整体水平，高层次的纺织类技术人才是关键，因此对于纺织工程本科专业人才的需求显得极为迫切。闽江学院是福建省设置纺织工程本科专业最早的本科院校。纺织工程专业发展历史如图1所示。鉴于福建省纺织产业对纺织类应用技术型人才的迫切需求，闽江学院在习近平总书记提出的"不求最大，但求最优，但求适应社会需要"的办学理念指导下，融合了人才培养的OBE理念，先后通过7项国家、省、校级教改项目的连续探索，改革并实践服务地方产业需求的纺织工程专业高素质应用型人才培养模式。

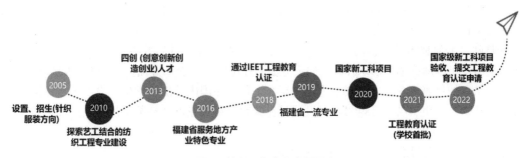

图1 纺织工程专业发展历史

通过多年的改革与实践，闽江学院纺织工程专业创新地构建了服务地方特色的纺织工程专业"一轴三能三融合四驱动"高素质应用型人才培养新模式（图2）。该模式立足于福建纺织经济发展，前瞻性地提出了通过纺织产业与高等教育深度融合、校企地多方协同推动纺织专业高素质应用型人才的培养。具体是以服务地方产业需求的纺织工程高素质应用型人才培养为目标轴，通过艺工、科教与产教三种融合为途径，实现学生工程实践、团队协作和创新应用三种能力的深度融通，贯通理论知识教学改革、创新能力项目训练、科学研究课题拓展、工程能力学科竞赛等四种驱动方式，形成持续改进的长效保障机制，培养适应地方纺织经济需要的高素质应用型技术人才。

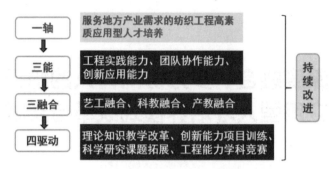

图2 纺织工程专业"一轴三能三融合四驱动"高素质应用型人才培养模式

2. 适应福建纺织产业需求，明晰纺织工程高素质应用型人才培养理念与目标

1）明晰培养理念，强化成果导向

本专业融合了"适应社会需要，求最优"和OBE人才培养理念，强化实践、协作与创新能力培养的成果导向，凸显工-理、工-艺多学科交叉优势和特色，确定了服务地方产业需求的纺织工程高素质应用型人才培养理念。

2）坚持立德树人，强化思政育人

育人先立德，将爱国敬业的家国情怀、工匠精神、团队意识和创新精神与课程体系全面融合，强调所有教师都有育人职责，所有课程都有育人功能。把国家的政策法规、优秀纺织文化等内容融入课程相关章节的背景介绍和综合讨论中；通过精心设计研讨主题，让学生在学习了解最新科技的同时，提升对专业的认可度与未来从事专业的信心，做到以行导人、管理育人、以事服人、以情感人、以文化人。创新培养纺织工程专业德智体美劳全面发展的教育体系，把思想政治工作贯穿纺织专业教育教学全过程，形成高水平人才培养体系，以及"全员育人、全程育人、全方位育人"的专业育人机制。

3. 改革融通式人才培养体系，强化学生创新意识和工程能力的培养

1）通过多学科交叉，强化学生跨学科创新意识的培养

根据福建省纺织产业发展需要，本学科选择了与工程学、设计学两大学科交叉融合的发展之路。在与工程学交叉方面，为学生开设应用化学、计算机应用基础、电工电子学、工程力学、机械设计基础、工程制图等课程，邀请化学、计算机、物理等学科的教师对学生进行授课与指导，引导学生通过工程理论创新纺织技术的研究方法。在与设计学交叉方面，本学科积极推进"技术＋艺术"相结合的培养理念，并开展了大量的研究工作，在国内首次为学生开设了艺术概论、图案设计、设计软件应用、纺织品色彩学等设计学类课程，在毕业设计环节增加纱线设计、纺织产品设计等，并鼓励学生参加各类设计类大赛，以培养学生的艺术素养及设计能力。

2）通过多资源并用，强化学生工程能力培养

为了提高学生的工程技术创新和应用创新能力，满足福建省纺织行业对工程型人才的需求，本学科从学科资源、科研资源和产业资源的利用做起。首先，利用闽江学院工科门类较齐全的优势，为纺织工程人才培养的工程类学科群提供全力支持，同时也为培养学生工程能力提供充分的实践条件。其次，科研选题的工程特色非常明显，学生在导师带领下开展企业相关的化纤纺丝加工、纺纱、提花织物与针织产品设计、功能与智能纺织品的研发等方面的研究。最后，福建省占优势的纺织产业经济以及集化纤、纺织、印染、非织造布、服装服饰等门类齐全的纺织工业体系，为纺织工程专业人才培养提供了丰富的产业资源。通过将这些学科资源、科研资源和产业资源合理、高效支配与利用，可以有效地强化学生工程协作和实践能力的培养。

4. 深化课程内涵研究，构建线上线下结合的高水平课程群

瞄准纺织科技发展前沿，面向福建纺织产业发展需求，借鉴国内外课程改革成果，充分利用现代信息技术，更新完善教学内容，优化课程设置，形成具有鲜明特色的专业核心课程群。探索以闽江学院纺织课程群（纺织材料学、纺纱学、机织工艺学、针织学）为主线的讨论式课堂教学方法；课堂教学以纺织工程实际问题为引子，以专业知识模块的讲授为方案，以教师、学生与企业工程师共同参与的教学为手段，实现了纺织工程课程教学从"知识输出导向"向以"工程实际问题"为导向的转变。

5. 进一步优化师资队伍，提升队伍整体水平

扩大教师规模，改善教师结构，强化集中一批、引进一批、培养一批的团队建设原则。优化师资队伍，培养教学团队和教学名师。一方面通过引进和培育专业领军人才和高层次人才，形成更为合理的专业学术梯队，另一方面持续锻造骨干教师，鼓励教师国内外进修、访学或下企业挂职锻炼，切实提高教师教学、实践及科研能力，形成以中青年学术骨干为主的学术团队，建成一支高素质双师双能型教师队伍，逐步使教师队伍在职称结构、学缘结构、年龄结构、学历结构等方面更趋合理。

6. 加强科教产教双融合，建立全方位协同育人机制

1）教学科研深度融合，形成科研反哺教学协同机制

产业科研项目融入理论教学，企业工程项目导入实践训练，教师科研成果和项目进书本、进课堂和进入毕业论文（设计），强调以项目为主导的研讨式、案例式教学方法实践，融入现代纺织技术最新前沿。编写了福建省优秀校企合作教材1本，开发了校企合作课程8门，其中获国家级资源共享课1门，获省级一流课程2门，建立了省级教学示范中心1个，切实推动了科教深度融合，有效地融通了学生的工程实践能力训练、工程团队能力协调和工程创新能力培养。

2）校企（地）紧密合作，协同培养服务地方的高素质应用型人才

充分利用福建纺织产业优势、企业和政府资源，通过建立校企一体、产学研一体的实习实训中心，共建教学团队，共同实施培养过程，共同评价培养质量，联合进行技术研究、新产品研发等，发挥专业服务地方、服务产业、服务设计的作用。目前已经与十几家大型企业建立实践教育基地和开展产学研项目合作。聘请8名企业高管和技术专家深度参与专业课程教学和指导毕业论文（设计）；加强双师型教师培养，双师双能型教师达80%。密切校地、校企等合作，与福建长源纺织有限公司、福建东龙针纺有限公司和春晖科技集团联合成立了现代纺织服装产业学院，针对长源纺织企业需求，成立了长源纺织班，实现了校企双方全程协同构建培养方案、改革课程体系、强化企业实践、指导毕业设计、修订考核标准，成功解决了本科应用型人才培养"接地气"的问题，真正实现为企业输送合格人才、服务地方企业的目的。

三阶递进、三轮并驱、三维同育：
化工类卓越工程师培养改革与实践案例

专业名称： 资源与化工学院相关专业
案例完成人： 李奇勇（三明学院）
服务对象： 资源与化工学院专业群教师及本科生

一、教学案例背景和重点解决问题

1. 案例背景

从2010年教育部发布卓越工程师教育培养计划1.0，到2017年推进新工科建设，工程教育成为高等教育高质量发展的重点。因应新能源、新材料、生物制药等新兴产业呈现的生产智能化、工艺绿色化和产品高质化趋势，工程教育必须答好时代命题、发挥引领支撑作用。三明学院化工类专业涵盖化学工程与工艺、材料化学、环境工程、资源环境科学和生物技术等关联专业，以服务氟化工新兴产业为特色，2013年化学工程与工艺专业获批教育部卓越工程师教育培养计划专业（教高厅函〔2013〕38号）。基于资源化工省级试点专业群，探索出"三阶递进、三轮并驱、三维同育"的工程人才培养模式，2022年获福建省高等教育成果奖一等奖。

2. 重点解决问题

地方高校由于办学历史短、条件弱，在培养化工类及相关专业卓越工程人才方面面临"路径怎么走、教学怎么改、课程怎么建"等问题。

培养路径不明晰，与工程需求的契合度不足。 化工企业实习环境高危，校企联合培养"联而难合"，培养方案优化与产业的快速高质发展有时差。

教学条件不先进，与工程实践的结合度不强。 推进双师型师资、全景式实训、信息化教学不到位，与"精、严、专"的化工教学规范有差距。

课程资源不丰富，与工程能力的耦合度不高。 地方高校化工类生源基础弱，课程资源在复合性、融合度、工程化等方面不足，难以满足复杂工程能力的培养要求。

二、研究实践路径和主要举措

遵从工程能力培养规律，以"三阶递进"（工程基础学习—工程综合实践—工程应用创新）优化育人路线图，以"三轮并驱"（做优实景式课堂教学、做实探究式社会实践、做强开放式师资队伍）贯通育人施工图，以"三维同育"（融合工程伦理的思政教育、融合工程基础的专业教育、融合工程思维的三创教育）绘就育人实景图（图1）。通过一流专业带动一流课程建设，卓越师资带动卓越人才培养，实现专业要求和行业标准、课程群和产业群、教学链和生产链的对接，构建地方应用型高校卓越工程师培养模式。改革成效被《中国教育报》、"人民网"、"学习强国"报道，

"以氟造福，服务地方，反哺育人"的建设成效获省市领导多次视察肯定。

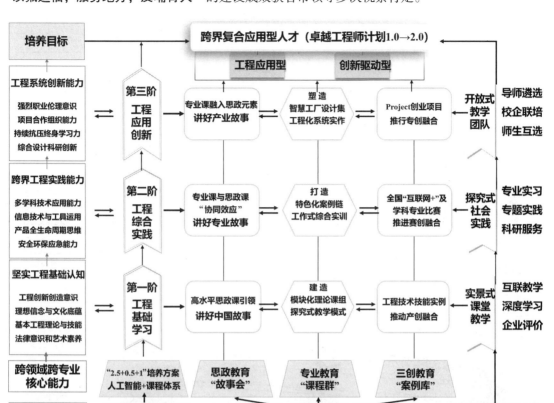

图 1　基于卓越工程师培养计划的化工类人才培养实施路径

1. 以工程需求为导向，构建三阶递进的培养路径

联合三明国家级高新开发区及新宙邦等 30 余家骨干企业共建新材料产业学院，投入 5620 万元，集认知与实操、设计与开发、中试与孵化于一体，建成以氟化工为特色的工程化全流程实训平台。基于 OBE 成果导向进行反向设计，**开辟"工程基础学习—工程综合实践—工程应用创新"三阶递进的培养路径**。在时间经度上，采用"2.5（学校基础研修两年半）+0.5（校企联合实训半年）+1（企业专岗培养一年）"弹性培养模式，以满足学生个性化需求。在空间纬度上，实行"校内综合实验+企业定向实习+社会专题实践"3 个培养层级，从基本认知、基础实践到系统实训、开发创新，从单一技术训练到多技术综合应用，从筑牢专业基础具化到解决工程问题深度和广度的递进（图 2）。

2. 以工程项目为牵引，构建三轮并驱的工程教学

以探究式社会实践项目为抓手，打通开放式师资队伍建设通道，采用任务驱动、工学交替、企业评价等多元化教学手段创建实景式课堂，变革**"课堂教学、社会实践、师资队伍"三轮并驱**为载体的工程教学，将"前期可研—工程设计—试车生产—竣工验收"等工程项目的全周期模拟流程，贯穿于"入校生—高年级生—见习生—定岗技术员"等卓越工程师的全周期培养过程，推进"基础实验案例化、工程设计项目化、综合研发中试化和专业训练车间化"（图 3）。

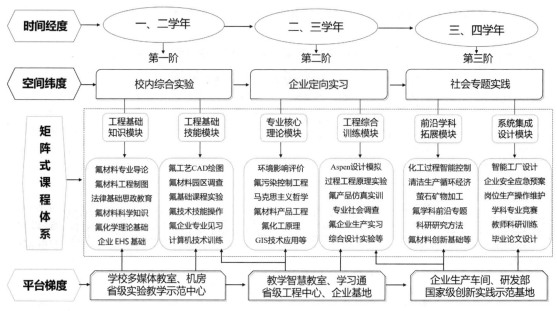

图2 OBE工程教育理念下的三阶递进培养框图

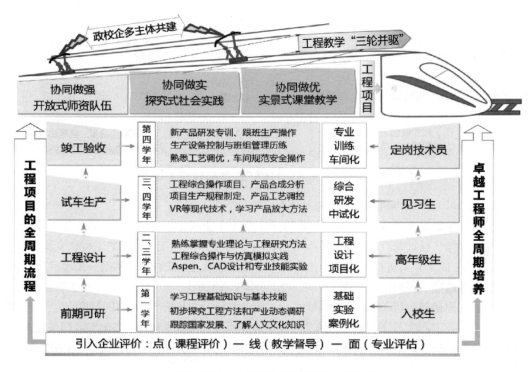

图3 基于企业实景的"全周期"工程教学

实践教学实行"双导师"制，按照行业设计规范，企业工程专家参与过程督导和成果评议。基于"点（课程评价）—线（教学督导）—面（专业评估）"等过程跟踪和大数据学情分析，及时发现教学薄弱环节，针对性辅导学困生。根据毕业生学情反馈持续改进跨学科、跨领域、跨行业的人才培养方案。

3. 以工程能力为内核，构建三维同育的课程资源

"大工程观"下工程教育革命的典型特征是注重工程能力、系统思维和人文精神的交叉融合。推动化工、环境、生物等多学科构成的资源化工专业群建设，将**思政教育、专业教育、三创教育**"**融入工程教育全过程**，校企联合开发"思政故事会、专业课程群、三创案例库"三维同育的课程资源（图4）。把基础实验、设计开发和安装运行等工程任务组合成若干个工程项目，分解到相应的专业课程，引入案例启发式、技术探究式、师生互动式等基于问题讨论的教学手段，以专业主干课程为核心建设高质量课程群，将形势与政策、环境评价、化工设计、系统工程、创新创意基础等课程组合为相互承接、梯次深化、多学科融合的完整知识链和能力培养架构。

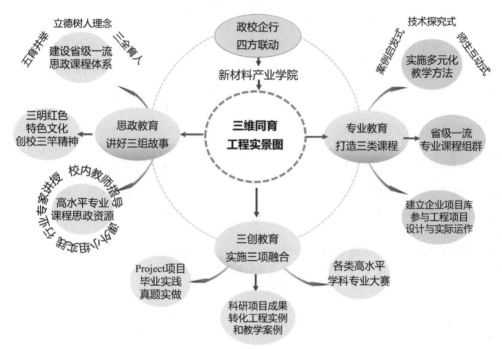

图4 以工程能力为内核的卓越工程师培养三维同育机制

三、特色创新和改革成效

1. 特色创新

1）构建"三阶递进、三轮并驱、三维同育"工程教育新模式

以服务氟化工新兴产业为特色方向，实现卓越工程师培养计划1.0到2.0跨越转型。获批全省资源化工类高校教学联盟牵头单位，组织制定全省资源化工类一流专业初评方案。**在全国本科院校中率先开展"应用化工技术"二元制学历教育**，校企联合制定氟化工领域**首个企业版培养方案**。在《国家教育行政学院学报》《中国教育报》等报刊或媒体发表教改论文65篇。

2）创立"全周期"工程教学新体系

以探究式小班化教学为抓手，创新校企联培，将"前期可研—工程设计—试车生产—竣工验收"等工程项目的全周期模拟流程，贯穿于"入校生—高年级生—见习生—定岗技术员"等卓越工程师的全周期培养过程。**建成高校首个无机氟中试实践基地**，开发六氟丙烯从实验合成、虚拟仿真到中试放大的完整实训模块，**突破氟化工实践教学禁区**。发挥获省属高校清洁生产技术咨询机构优势，**率先开展清洁生产技术审核工程教学**，获批福建省人社厅教学示范班。

3)创建基于"大工程观"的课程新资源

建成全省首个政校企深度融合的氟化工科教平台,集产学研用创一体,基于"工程能力、系统思维、人文精神交叉融合"的大工程观,推动资源化工专业群建设,将相关课程组合为相互承接、梯次深化、多学科融合的完整知识链和能力培养架构。2005年建成全省本科高校首个化学检验工职业技能鉴定站。获批20多项省级、校级课程思政示范项目,建成23门省级一流课程(全校占比超1/3)。

2. 改革成效

经十年建设,涌现出"中国大学生自强之星""全国模范教师"等优秀师生。建成福建首家氟化工科教平台,列入福建省"十四五"制造业高质量发展和战略性新兴产业发展等专项规划,连续五年写入《三明市政府工作报告》,获工信部批准建设"氟新材料校企协同就业创业创新示范实践基地"。获批福建普通本科高校向应用型试点专业群、全省资源化工类专业本科教学联盟牵头单位,实施国家级、省级教改项目28项,获批福建省首批硕士联合培养"材料与化工"学位点,化学工程与工艺、环境工程、生物技术等3个专业获批福建省一流专业建设点,在本科高校率先创办二元制"应用化工技术"专业。建成23门省级各类一流课程,师生自主开发教学装置并授权专利27项,获省部级教学、科技奖项15项。

四、案例反思

(1)我国工程教育表现为大而不强,多而不精,普遍缺乏创新性和实践性,如何通过对工程教育的研究与创新,着力深度解决工程教育与工业界脱节而带来的"工程性"与"创新性"不足的问题?

(2)我国工程教育的大环境导致工科学生与工业之间存在巨大鸿沟,培养了太多"从学校至学校,从未到过工业一线的人"。在卓越工程师的培养过程中,"卓越"应从何而来,又应体现于何处?

无人机测绘技术在乡村规划中的应用

专 业 名 称：测绘工程
案例完成人：仲涛（龙岩学院）
服 务 对 象：测绘工程专业本科生

一、教学案例背景和重点解决问题

1. 案例背景

本案例所采用的实验测区位于山东省济宁市邹城市太平镇，经度为东经 116.818692°，纬度为北纬 35.337416°，地处邹西平原，地势北高南低，境内最高海拔 42.7 m，最低海拔 36 m，总体上地势比较平坦，地形变化较小，主要采集的是刘庙村和秦河村的数据，刘庙村面积 0.9 km^2，秦河村面积 1.2 km^2。对该区域采用无人机倾斜摄影测量技术完成地形图测绘工作，原因如下：

（1）面积大，利用倾斜摄影测量技术可以迅速生产三维模型并基于模型绘制地图，节省人工；

（2）地形变化较小，无人驾驶技术不需要考虑地形高差的区域划分，节省了拍摄时间；

（3）测区位于广大的乡村地区，便于停车，也便于无人机随时降落。

2. 重点解决问题

1）航线规划

测区主要是在居民地和农田区域，地势比较平坦，所以采用结构简单、效率高的弓形航线进行飞行。弓形航线是一种常用的飞行路径规划方法，它将无人机的飞行路线划分成一系列前进和转向的小段，以实现需要全面覆盖某一区域时的高效率飞行。在弓形航线上，无人机可来回穿梭地飞行，以获取最大的航测覆盖率和影像重叠区域，同时避免漏测和重复测量，刘庙村航线规划范围如图 1 所示。

图 1　弓形航线规划范围

2）确定地面分辨率

可根据以下公式进行地面分辨率的确定：

$$H = f \times \frac{GSD}{a}$$

式中 H 为相对航高，f 为镜头焦距，GSD 为地面分辨率，a 为像元尺寸。DOP300 传感器的焦距为 35 mm、像元尺寸为 8.75 μm，相对航高为 100 m，求得地面分辨率为 0.025 m，推算模型精度为 0.075 m。根据规范要求，1∶1000 的成图比例尺对应的模型精度要优于 0.1 m，所求 0.075 m 的模型精度满足规范要求，此航线设计成功。选用低空飞行，可以避免云雾遮挡的影响。

二、研究实践路径和主要举措

1. 研究实践路径

实验测区基于倾斜摄影测量技术，使用飞马 D200 搭载 DOP300 传感器的技术方案进行外业数据的采集，数据采集后进行内业处理，运用 Context Capture 软件集群技术进行空中三角测量（以下简称"空三"）、建模，并在空三计算过程中研究出一些提高空三效率的办法，对重建后的模型应用 EPS 软件绘制 DLG 图，图 2 所示是完整的工作流程图。

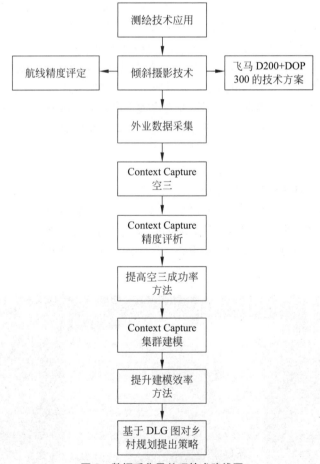

图 2　数据采集及处理技术路线图

2. 主要举措

1）倾斜摄影测量技术

实验测区所使用的技术方案是飞马D200搭载DOP300的传感器（图3），采用一个垂直、四个倾斜的五镜头传感器，全方位、高精度、高清晰地感受实验测区周围的环境，使所采集的数据能够直观地显示出地形的各个方面，从而保证了拍摄成果的准确性和丰富性。

图3　飞马D200飞行平台（左）及DOP300传感器（右）

2）空中三角测量

空中三角测量是立体摄影测量中，根据少量的野外控制点，在室内进行控制点加密，求得加密点的高程和平面位置的测量方法，其主要目的是为缺少野外控制点的地区测图提供绝对定向的控制点。空中三角测量一般分为两种：模拟空中三角测量即光学机械法空中三角测量和解析空中三角测量即俗称的电算加密。空中三角测量成果如图4所示。

图4　空中三角测量成果

3）应用Context Capture集群技术建模

（1）模型重建：在空三的结果上开启一个重建，点击右下角的"New reconstruction"按钮，新建模型；设置重建参数，空间参考系统为CGCS2000坐标系统，三度带，中央经线为117E，使用规则立体切块，输出格式选择OSGB格式，其他参数默认，进行建模。

（2）开启引擎：每一个节点都会利用CCSetting的设定引擎读取任务的路径，并且与工程中公布的任务路径一致，当启动节点引擎且引擎开始运转时，引擎会按照这个节点上的CCSetting

的路径完成任务。

（3）使用集群：影像路径的设定，确保影像在服务器的共享网络路径下，在新项目和 Jobs 发布时，每个节点的计算机都会在 CCSetting 中设置 Jobs 的位置，并在每个节点上会打开一个计算机工作台。通过使用集群生产，重建该实验测区 OSGB 格式的模型耗时 5 小时 13 分钟。

（4）成果展示：在大面积的地形测绘中，无人机倾斜摄影技术有着巨大的优越性，主要数据成果为实景三维模型，如图 5 所示。本工程项目中，采用常规方法采集控制点，采用误差分析法对无人机技术的成果精度进行检核。

图 5　三维模型重建成果

4）线划图生产

本文利用 EPS 软件制作 DLG 成果数据，首先选取 1∶1000 的数据库模板，再进行实景三维模型和正射影像的导入。首先，模型要进行格式的转换，将实景三维模型数据下的 Data 文件和相应的 xml 文件进行装载，将其转化为 DSM 索引结果，并将其与正射影像结果一起导入 EPS。对于平面地形，如道路、河流等，可以通过立体模型获取，如高程点、等高线等，根据 1∶1000 的标准，选择合适的地形。在获取等高线时，可以利用采集到的高程点布网，再利用三角网生等高线，或采取淹没法获取等高线，改变步长，获取等高线。如图 6 所示，对于房子，在收集的同时，也会对屋檐进行修正，如果样板拉花，不能精确地纠正屋檐，则需要在室外进行补测，以纠正屋檐。绘制完成的 DLG 如图 7 所示。

图 6　基于 EPS 软件绘制房屋线划图

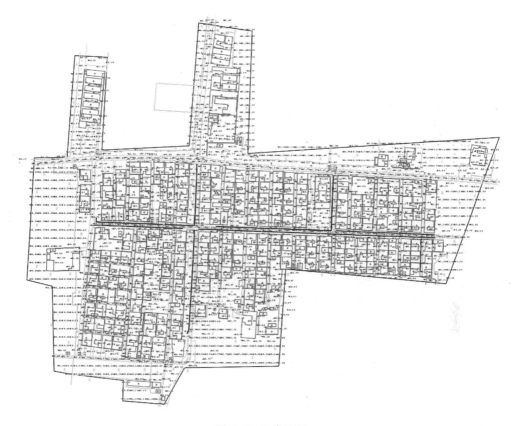

图 7　DLG 成果图

三、特色创新和改革成效

1. 提升空三成功率

该实验测区空三用时比较长，而且存在失败的风险，因此通过以下几点，提升空三的成功率。

1）Context Capture 软件版本选择

空三的效果比较 4.0>4.2>4.4.0>4.1>4.3，但是 4.4.6 之后引进了集群处理方法，虽然测试效果不如 4.4.0，但是优点是新版本的空三速度快，效率高。

2）修改空三参数

空三参数设置中，关于模型重建参数的应用中，"One-pass"和"Multi-pass"空三效果不同，"One-pass"效果比较凌乱一点，而"Multi-pass"效果比较整齐一点，一般选择"Multi-pass"，其效果更符合实际应用，图 8 为两种空三的对比。

图 8　One-pass 空三成果（左）及 Multi-pass 空三成果（右）

2. 提升建模效率

1）修改建模范围

根据空三结果修改需要建模的区域，可以减少不必要的数据运算，加快建模效率。

（1）使用软件自带的工具修改建模范围，或者导入 kml 文件进行修改，如图 9 所示。

图 9　设置模型重建范围

（2）使用第三方软件修改建模范围。在块中输出空三结果中的照片位置为 kml 文件，使用 Global Mapper 软件打开该 kml 文件，根据照片位置绘制多边形，导出格式为 kml。

2）设置瓦片划分方式及瓦片大小

（1）使用规则瓦片：设置好瓦片划分模式及瓦片大小后，需要注意内存使用大小不超过 21 GB，计算机内存 64 GB，这样建模效率比较好，所使用内存不超过计算机内存的三分之一，效率高。

（2）使用不规则瓦片：该功能在 4.3 以后版本中才增加，主要是由于现阶段部分平台对该种瓦片划分方式支持较差以及数据后处理难度较大，为了确保效率，目前建议不使用该种瓦片划分方式。

3. 改革成效

（1）随着智能时代的发展，传统测绘在实际生活中的运用比重逐渐减少，倾斜摄影测量的比重在逐步增大；而本文研究出了一套完整的倾斜摄影作业流程，使用飞马 D200 搭载 DOP300 进行数据采集，运用 Context Capture 集群技术进行空三解析和模型重建，最后使用 EPS 软件绘制 DLG 图。

（2）计算机技术的发展对倾斜摄影测量数据处理有很大的推动，案例中使用的集群技术，使得 Context Capture 模型重建的工作效率大大提高，由原来的一台计算机工作变成了一个机群工作，用时大大减少，原本几天的工作量现在只需要几小时了。

四、案例反思

其一，以上免像控的无人机测绘方案，在工程实践中广泛应用于 1∶1000 甚至 1∶500 地形图的绘制。但该方法究竟精度如何，有待学生进行亲自实测。建议利用 GNSS-RTK 或者地方 CORS 系统等实测手段，对地面坐标进行实地测量，将其与数字地形图上的坐标进行对比，计算平面位置误差与高程误差，用来评价该方法的实际测量精度。

其二，在经费允许的情况下，数据处理环节采用"无人机管家"专业软件，既有利于与无人机设备形成一体化解决方案，也有助于对国产软件的学习及应用。建议学院与相关企业开展产教融合的模式优化教学。

新工科背景下机械专业创新人才培养实践与探索

专业名称：机械设计制造及其自动化
案例完成人：黄卫东（福建理工大学）
服务对象：机械工程类专业本科生

一、教学案例背景和重点解决问题

制造业是立国之本、兴国之器、强国之基。福建省是东部沿海地区先进制造业的重要基地，装备制造业是我省三大主导产业之一。由于历史原因，我省装备制造业以传统机械装备为主，主体企业以中小型民营企业为主，企业转型发展任务非常艰巨。在新一轮科技革命和产业变革到来之际，福建装备制造业面临转型升级、提质增效的关键阶段，发展高端装备制造是我省装备制造业转型升级的客观要求。如何顺应当前我省装备制造产业转型升级的需求，培养一批应用型、复合型、创新型工程技术人才，服务区域经济发展，成为我省高校机械设计制造及其自动化专业（一般简称机制专业）建设必须面临的重要战略问题。

在这一背景下，教育部推动"新工科"建设，对我国高校提出了从传统工科专业向新工科专业转型的新要求，工程教育需要更深入的创新实践、学科交叉和产学结合，要更具备实用性、交叉性与综合性。

随着人工智能、物联网、工业机器人等技术的自主突破和相关新兴产业的发展，如何针对以机械产品智能化为代表的新专业能力、以人工智能等为代表的新专业技术以及以多学科交叉融合为代表的新专业特点等新工科机械工程类人才培养要素，完成从传统机械工程类专业向新工科专业转型已成为新时代高校人才培养的新课题。在新工业革命的浪潮下，从机械制造创新人才培养的角度来看，面向新工科的机械制造教育教学还存在以下亟待解决的问题：

（1）传统机械工程类专业人才培养模式与区域经济社会发展、装备制造业转型升级新需求不适应的问题；

（2）传统机械工程类专业的教学体系、课程内容与"新产业、新业态、新技术、新工艺"等新要求不相符的问题；

（3）学校构建的教育情境与产业转型升级后的企业生产实境不一致的问题；

（4）传统独立性教学方式与新工科专业转型的人才培养目标不适应的问题。

"产教融合、校企合作"是培养具有创新意识和能力的应用技术型人才的必然选择。2017年国务院《关于深化产教融合的若干意见》，鼓励企业依托高校设立"产业学院"。产业学院已经成为高素质人才培养创新的重要载体。福建理工大学紧密围绕国务院产教融合政策和新工科改革的推进，着眼"多学科交叉融合"，联合福建省机械工业联合会、省内智能制造企业共同组建集人才培养、科技开发、社会服务等功能于一体的智能制造产业学院，凝聚学校15年产教融合背景下的教育教学改革实践经验，探索基于现代产业学院的新工科背景下机械工程类专业转型升级新模式。基于文献分析和案例研究，通过实地调研、问卷调查和专家访谈，梳理现代产业学院模式下，大数据、互联网等新技术、新业态、新方式对机械专业的人才培养模式、教育教学资源配置、教育教学组织形态带来的变革，以及具有的特征。

二、研究实践路径和主要举措

1）精准对接产业转型对人才能力多维度需求，明确人才培养目标定位，构建"五共并举、四维对接"的人才培养模式

专业积淀"卓越工程师教育培养计划"试点、装备制造类专业群建设、智能制造行业工程师实验班建设人才培养探索经验，深度分析区域装备制造产业对工程师职业能力"四维度"要求：知识维度、复杂工程问题解决能力维度、通用能力维度、态度（观念）维度。依据产业对工程师的职业能力需求设定学校人才培养目标，细化12项毕业能力要求，构建课程矩阵进行复杂工程问题解决能力、非技术因素能力等全方位能力培养。依托智能制造产业学院组织模式，建立课程共建共享、师资互聘共培、资源互融共用、学生共育、项目共研的"五共并举、四维对接"人才培养模式（图1），培养适应产业高质量发展和创新需求的机械制造类高素质人才。

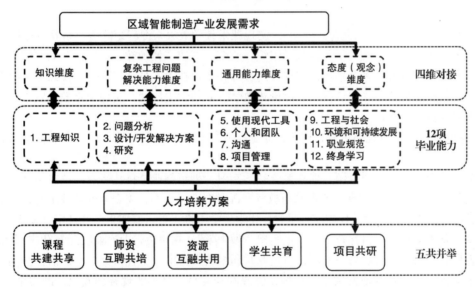

图1 "五共并举、四维对接"的人才培养模式示意图

2）立足智能制造岗位需求，将新技术、新要求融入专业的课程中，重构纵横贯通的理实一体化课程体系，构建嵌入式课程，促进课程内容与岗位要求相融合

结合智能制造产业对人才的多学科、多层次、多方面的能力要求，将人工智能、机器人、物联网技术、大数据、绿色制造等领域的新技术、新要求融入专业的课程中，并将企业基于岗位技术要求的培训课程进行分解、整合，嵌入到学校本科人才培养方案中，构建嵌入式课程体系（图2），实现课程内容与"新产业、新业态、新技术、新工艺"等新要求相吻合，课程结构不断优化。

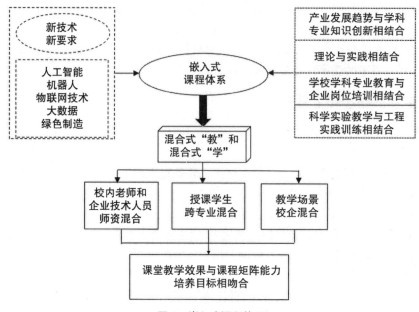

图 2 嵌入式课程体系

3）通过混合式"教"和混合式"学"，实现课堂教学效果与课程矩阵能力培养目标相吻合

混合式"教"与混合式"学"的教学组织，改变了传统"教师教、学生学"的"灌输式"单向教学，利用多种资源、多个平台，实现校内教师和企业技术人员师资混合、授课学生跨专业混合、教学场景校企混合。采取启发式、讨论式教学，鼓励学生质疑，实现课堂教学效果与课程矩阵中能力培养目标相吻合。

4）有效地嵌入多方优质资源，建设产学研多功能合一的实践基地，促进产业资源与教育资源融合

统筹行业企业多方优质资源，建立融合教学实习、创新创业、科技研发、技能培训等多功能合一的实践基地（图3），实现产业资源与教育资源融合。一方面，将企业的新技术与设备引入学校，构建具有企业实践环境的校内实训平台，让学生学习真正融入真实生产和技术开发工作环境，在来自企业真实案例的项目化教学中真正实现"做中学"，在解决行业产业实际复杂应用问题中，促进产教融合、科教融合。另一方面，与企业共同组建实验室、工程研究中心，依托协同创新平台，开展集体攻关，提高研发效率，在科技资源的开发与共享上实现叠加效应，助力企业发展，提升教师社会服务能力。

图 3 具有真实企业实践环境的校内实训平台

三、特色创新和改革成效

1. 特色改革

（1）学校、行业、企业多元协同共建产业学院，促进教育链、产业链、人才链、创新链有机衔接，助推产教融合办学组织模式创新；

（2）通过混合式教与学，培育师-生学习共同体，实现产业学院教学模式创新；

（3）按照"协同共生、互动共赢"的合作理念，建立"需求对接、设施共享、人才共用、信息互通"的紧密型校企合作长效机制，促进产教融合体制机制创新。

2. 改革成效

1）共建共赢，产业学院建设成果显著

2021年获批为首批50个国家级现代产业学院之一，2020年产业学院建设案例入选中国高等教育博览会"校企合作 双百计划"典型案例，2019年获批教育部"互联网＋中国制造2025"产教融合创新基地。

2）多元协同，专业与课程建设成绩喜人

核心专业机械制造及自动化、车辆工程通过中国工程教育认证，并获国家级一流本科专业建设点立项。机械制造及自动化专业获批福建省高等学校服务产业特色专业，装备制造类专业群获批福建省应用型人才培养专业群。获批福建省线上线下混合式课程2门、福建省高校在线教育联盟跨校共享学分互认课程1门。

3）共育共培，学生创新能力显著提高

四年来，组织学生参加了全国大学生机械创新设计大赛、中国大学生机器人大赛等各类科技创新竞赛，共获得国家级奖项72项、省级奖项114项。每年来校招聘机械设计制造及其自动化等专业岗位需求人数与毕业生人数比平均可达1.7∶1，毕业生就业率达98%以上。

4）双向互动，教师服务区域经济能力不断提升

近四年教师承担各类科研项目和技术服务项目155项，科研经费达到2000多万元。与合作企业嘉泰数控机械有限公司合作的科技成果"数控机床创新设计及应用推广"获福建省科技进步一等奖，实现互动共赢。

四、案例反思

（1）如何突破机械工程类专业教学中学科交叉封闭，构建多学科有效交叉与融合、具有机械工程专业特色的新工科机械专业人才培养体系？

（2）如何破解高校工程教育内容明显滞后行业发展的问题？

（3）如何解决传统以"教师、教室和教材"为中心的集中式教学方式与以科学创新和工程应用能力培养为主的"新工科"教学不适应的问题？

参考文献

[1] 周济. 智能制造——"中国制造2025"的主攻方向[J]. 中国机械工程, 2015, 26(17): 12.

[2] 杨若凡, 刘军, 李晓军. 多方协同开展智能制造新工科人才培养的思考与实践[J]. 高等工程教育研究, 2018(5): 5.

[3] 姜潮, 杨旭静, 龙湘云, 等. 智造赋能传统工科专业升级转型的探索与实践——以机械工程专业为例[J], 高等工程教育研究, 2022(4): 25-30.

[4] 王书亭, 谢远龙, 尹周平, 等. 面向新工科的智能制造创新人才培养体系构建与实践[J], 高等工程教育研究, 2022(5): 7.

面向工程实践能力、创新能力培养的机械类专业实践教学改革研究与实践

> 专业名称：机械设计制造及其自动化、机械电子工程等
> 案例完成人：潘应晖、林权、陈丽军、刘其南、林铮、郭波、邵海龙、叶希梅（武夷学院）
> 服务对象：机械类专业本科生

一、教学案例背景和重点解决问题

在机械类专业创新应用型人才培养实施过程中重点需要解决以下问题：第一，缺乏独立的创新实践活动平台，没有针对性培养创新实践能力的培养计划以及教学团队；第二，地方本科院校机械类专业学生都普遍存在创新意识和团队协作能力不足的问题；第三，机械类专业学生实践动手能力弱，普遍存在机械工程素质偏低和应用技术能力匮乏的问题；第四，目前教学仍然重理论传授轻技术应用，虽然发展学科竞赛，但学科竞赛与创新人才培养缺乏衔接模式，知识与实际应用缺乏舞台，高校与市场缺乏衔接，难以实现知识、实践应用、创新能力一体化；第五，课程设计与毕业设计，存在选题难，论文质量不高或偏理论缺乏实际应用等问题。针对上述问题，武夷学院机电工程学院开展面向工程实践能力、创新能力培养的机械类专业实践教学改革研究与实践。

二、研究实践路径和主要举措

机电工程学院提出通过创建"一平双线、五定七步"实践教学模式，采用"平行式＋阶梯式"，双线培养机械类创新应用型人才，如图1所示。该模式以学科竞赛赛项资源为源头，构建了"学科竞赛—课设实践—毕设实践"与"学科竞赛—大创训练—科研实践"实践教学双线，前者以工程实践应用为轴线，采用"平行"培养方式，后者以创新能力培养为轴线，采用"阶梯"培养方式，双线培养机械类创新应用型人才。

1. 主要举措

1）创建机电科技创新实践教学平台

（1）创新实践平台基础建设。通过对机械工程实训中心进行实验室改、扩、建等项目，建立完善"独立、专用、开放"导师负责、学生自我管理的机电科技创新实践基地。基地内设学习工作室、设计研讨室、加工制造区、电控区、装配区以及一系列专用设备等，使用面积约600平方米，仪器设备总值500多万元，每年运行经费约10万元，平台资源向校内师生全面开放。

（2）组建实践教学团队。在多年的教学改革与实践中，创建了一支教育观念新、创新意识强、特色鲜明的创新应用型人才培养实践教学团队，现有专业教师13名，其中副教授5名，占师资比例为38.5%，具有企业挂职锻炼经历的教师有10位，占师资比例为76%，团队教师专业与研

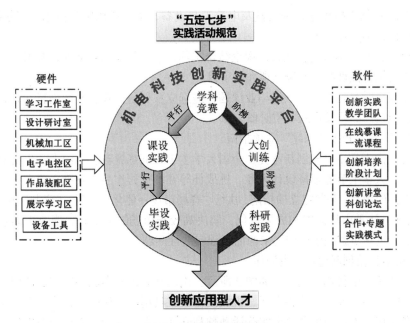

图 1 创新实践教学模式

究方向交叉互补，专业有机械类、电气类、电子类等，研究方向有机械传动、先进制造技术、数控技术等。团队主要工作任务如下：① 机电科技创新平台建设与管理；② 创新人才培养阶段计划制定与实施；③ 研究制定创新实践活动规范；④ 学生创新团队组建指导；⑤ 机电科创讲坛组织，科创论坛建设指导；⑥ 创新实践中机械设计与加工、单片机、PLC 技术、机电控制等技术技能指导，科创平台设备管理维护；⑦ 机械类专业学科竞赛组织；⑧ 遴选和指导学科竞赛作品申报大创项目，优选大创项目升级为科研项目；⑨ 大创训练项目、科研项目实践活动指导；⑩ 相关课程设计、毕业设计实践工作指导；⑪ 学术论文撰写与专利申请指导；等等。

（3）开展教育教学改革研究。围绕平台建设立项了省级教育教学改革项目 3 项，省级创新创业教育改革项目 2 项，校级教育教改项目 2 项。

（4）开办机电科技创新讲坛。为了解决机械类专业学生创新意识和团队协作能力不足的问题，机电科创平台开设了机电科技创新讲堂，组建了创新实践讲座团队，每个学期固定开展机电创新学术讲座，进行多方面的思维能力训练，从中激发他们的想象力和创造力，培养学生的创新意识。

2）制定"五定七步"实践教学规范

"五定"包括：① 定点，固定实践基地活动教学点；② 定时，固定指导讨论活动周学时；③ 定量，创意为先，严控项目组数和项目进度；④ 定责，指导教师集体负责制，结合模块分工制；⑤ 定标，制定合格标准，严格执行设计审阅、实物演示、作品答辩三个环节。

"七步"包括：① 需求剖析；② 选题论证答辩；③ 创意立项；④ 知识技能培训；⑤ 团队学习创作；⑥ 展示评价验收；⑦ 总结改进。

将"五定七步"实践教学规范贯穿于学科竞赛、大创训练、课设实践、科研实践、毕设实践中，实行赛题课题一体化。

3）制订机械类专业大学生创新能力培养阶段计划

大学一年级：参观了解创新作品，形成大学生创新意识；组织参加创新学术讲座及专业课程培训；要求熟练掌握多种绘图软件；初步了解多种加工设备；参加院系科技节活动。

大学二年级：通过参与省级、国家级专业学科竞赛，培养实践操作能力。要求熟练掌握慕课学习方法，要求熟练掌握操作多种机械及电控工具设备，灵活应用雕刻技术、切割技术、3D打印技术、数控机械加工技术等。

大学三年级：基于学科竞赛项目，理论结合实际，进行科技创新活动，开展集创新设计、加工制造于一体的综合性训练，遴选立项大创项目。

大学四年级：学科竞赛项目入选毕业课题；遴选立项科研课题，延续创新活动，争取使创新思维具体化，项目产品研发进入实质阶段。

4）制定"赛题"升级"课题"立项指南

通过遴选全国大学生机械创新竞赛、全国大学生工程训练竞赛、全国大学生机械产品数字化设计大赛、全国大学生节能减排设计大赛、挑战杯等赛事优秀作品，升级立项大学生创新训练项目和师生共创科研项目，并制定立项指南，执行"赛场市场一体化"机制。"赛题"变"课题"，"作品"变"商品"，注重市场需求和成果转化，解决高校与市场缺乏结合、毕业生创新应用技术能力不足的问题，进一步解决毕设课题来源的工程实践性问题。

5）建设机电科技创新论坛及资源库

开设了"武院机电科创"论坛，如图2所示，论坛开设机械类软件安装及使用、电子类软件安装及使用、电子硬件专区、问答专区、机械设备及工具用法操作区等，将"第一课堂"与"第二课堂"无缝连接，不仅为机电科创实践活动顺利开展奠定了基础，而且为新生学习提供了一个网络平台。

图2　机电科创论坛主页

三、特色创新和改革成效

1. 构建"一平双线"创新实践教学模式

1）"平行式"培养，以工程实践应用为轴线

首先依据赛题作品需求下达课程设计任务，保证任务真实性，避免课程设计任务的多年重复性与乏味性，加强设计与制造的结合，通过分组任务课设，进一步提升学生创新能力和团队协作精神；其次将课程设计作为毕业设计子系统，实现毕业设计与课程设计一体化，使学生在有限时间内，工程意识和工程设计能力得到提高，保证了实践教学过程的连续性，避免毕业设计选题时的盲目性。此举既可抓好课程设计同时也可提高毕业设计质量。

2）"阶梯式"培养，以创新能力培养为轴线

首先遴选优秀学科竞赛作品，升级"赛题"为"课题"，立项为大学生创新训练项目，进行集创新设计、加工制造于一体的综合性训练；其次注重市场需求，选拔优秀创新训练项目升级为师生共建科研项目，促进科研与人才培养相结合。结合学科竞赛、大学生创新训练项目、科研活动，将创新意识、创新思维、创新能力培养贯穿大学四年。

2. 首创"五定七步"实践教学活动规范

将"五定七步"实践活动规范全程应用于学科竞赛、大创训练、课设实践、科研实践、毕设实践中，发挥了重要作用，推进了创新实践教学改革。

3. 改革成效

1）学科竞赛方面

学生参加挑战杯学术科技作品竞赛、机械创新设计竞赛、工程训练综合能力竞赛成绩优异。在2016年省大学生工程训练综合能力竞赛中获一等奖3项，成绩位列全省高校第一；在2017年省大学生工程训练综合能力竞赛中获一等奖3项，成绩位列全省高校第一；在2018年省大学生机械创新竞赛中获一等奖7项、二等奖4项，其中4项晋级全国赛，赛事成绩再次位列全省高校第一；在2019年第八届福建省工程训练综合能力竞赛获特等奖3项，成绩位列全省高校第一；在2022年第十届全国机械创新设计竞赛中，获国家一等奖1项，二等奖3项，成绩位列全省高校第一。

2）课设实践方面

首先源自赛题作品的课程设计，保证了课设任务的真实性，避免课设任务的多年重复性与乏味性，加强设计与制造的结合，进一步提升学生创新能力和团队协作精神；其次将课程设计作为毕业设计子系统，实现毕业设计课程设计一体化，使学生在有限时间内，工程意识和工程设计能力得到提高，保证了实践教学过程的连续性，避免毕业设计选题时的盲目性。

3）大创训练方面

通过遴选优秀的学科竞赛作品，将"赛题"变"课题"，先后立项了30个大学生创新训练项目，其中国家级16项，省级14项。2017—2022年大创项目获武夷学院十佳优秀大学生创新训练项目奖3项，优秀大学生创新参展项目奖9项，入选国家创新年会经验交流项目1项。

4）科研实践方面

通过选拔优秀大学生创新训练项目，升级师生共建科研项目4项，获具有自主知识产权产品约50项，其中以学生为第一发明人获国家专利约20项。

5）毕设实践方面

学生毕设论文质量显著提高，2017—2022年武夷学院机电学子以第一作者发表学术论文近20篇，师生共同发表论文10余篇。

四、案例反思

面对当代机械类专业与自动化专业交叉融合、工程应用性强的特点，学生在解决复杂工程问题方面还面临挑战，尤其在智能制造方面，建设水平明显不足，在培养智能制造专业人才，带动相关行业企业数字化转型升级方面还待进一步研讨与实践。案例组建议学院可以从智能制造技术、智能产品、制造智能工厂、智能制造实训教学改革探索等方面进行针对性、系统性授课，全面深入地阐述智能制造的理论、技术与工程实践，为创新型智能制造人才培养提供助力。

参考文献

[1] 林权, 刘其南, 陈丽军. 应用型高校机械制造基础课程教学创新与实践[J]. 武夷学院学报, 2022, 41(06): 85-89.

[2] 刘其南, 林权, 林铮, 等. "一平双线, 五定七步"实践教学模式的创建[J]. 武夷学院学报, 2020, 39(12): 5.

[3] 林权, 潘应晖, 刘其南, 等. "一平三阶"机械类创新应用人才培养模式的创建[J]. 宜春学院学报, 2020, 42(06): 121-125.

[4] 林铮, 林权, 刘其南. 以共享模式指导机械类专业学科竞赛培养创新人才[J]. 武夷学院学报, 2019, 38(09): 88-91.

[5] 林燕, 林权, 刘其南. 基于校企合作模式促进大学生科技创新[J]. 科教文汇, 2018(28): 142-144.

[6] 林权, 方石银, 林铮, 等. 机械专业本科学生素质与能力的培养研究——以武夷学院为例[J]. 湘南学院学报, 2017, 38(05): 83-86, 109.

[7] 林权, 林燕. 基于合作学习模式进行科技竞赛和大创训练培养应用型人才[J]. 山东农业工程学院学报, 2017, 34(04): 162-164.

[8] 林权, 林燕, 余天游. 应用型本科机械专业教学改革策略研究[J]. 湖北函授大学学报, 2016, 29(24): 124-125.

[9] 林权, 何靓, 陈冲, 等. 专题性与创造性在机械工程实训教学中的应用[J]. 洛阳师范学院学报, 2013, 32(05): 120-122, 129.

[10] 林权. 创造性思考在高校实践教学中的应用研究[J]. 贵阳学院学报: 自然科学版, 2012, 7(01): 53-57.

面向建筑业转型,"二对接二平台二融合"培养土木工程人才的探索与实践

专业名称:土木工程
案例完成人:张飞、王逢朝、陈峰、郑国琛、郭金龙、陈晶、佘洁歆、朱艺婷(福建江夏学院)
服务对象:土木工程专业本科生

一、教学案例背景和重点解决问题

1. 案例背景

2016年9月,国务院办公厅出台《国务院办公厅关于大力发展装配式建筑的指导意见》;2017年6月,住建部出台《"十三五"装配式建筑行动方案》。国家大力发展装配式建筑,推进建筑工业化转型是对传统建筑业深刻而全面的变革。因此对整个产业链从业人员的知识、能力、素质提出了全新的要求,亟待对传统土木工程专业的人才培养模式进行改革。

2. 改革实施思路

福建江夏学院工程学院主动对接行业转型需求,围绕立德树人根本任务,培养服务新型建筑工业化的应用型人才。经过六年的探索与实践,形成了面向建筑业转型,"二对接二平台二融合"培养土木工程专业人才的新工科建设模式,如图1所示,取得了显著成效,具有普遍的示范意义。

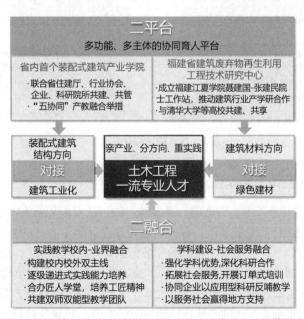

图1 "二对接二平台二融合"土木工程一流专业人才培养模式

1)"二对接"

结合自身学科优势,打造特色专业方向,实现建筑业转型下人才需求的精准对接。以"装配式建筑结构方向"对接建筑工业化的人才需求,以"建筑材料方向"对接绿色建材、区域混凝土材料实验师的人才需求,实现人才培养从学科导向转向以产业需求为导向。

2)"二平台"

以省内首个"装配式建筑产业学院"和省级"建筑废弃物再生利用工程技术研究中心"作为平台分别支撑装配式建筑结构和建筑材料方向的人才培养。联合省住建厅、行业协会、企业、科研院所,实施"五协同"的产教融合举措,打造集人才培养、师资建设、资源聚合、产学研合作、就业创业、社会培训等多功能的协同育人平台。

3)"二融合"

实施实践教学"校内-业界"的融合,聚集各方教育资源,构建认知能力培养—专业知识应用—行业技能提升的逐级递进式培养过程。协同业界开办了集"评、讲、会、比"四位一体的"匠人学堂",培养学生的工匠精神。实施"学科建设-社会服务"的融合,强化学科优势,以科研服务企业,开展社会培训,协同企业以应用型科研反哺教学。

3. 重点解决的问题

重点解决的问题及方法如图2所示。

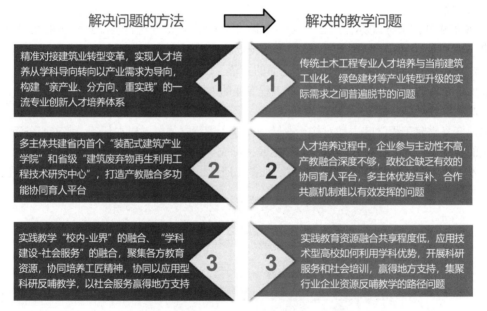

图2 重点解决的教学问题

二、研究实践路径和主要举措

1)精准对接,构建"亲产业、分方向、重实践"的一流专业创新人才培养体系

通过国家政策解读、行业企业调研,深入了解建筑业转型对人才的新需求。改革现有专业,打造对接建筑工业化转型下产业链人才需求的"装配式建筑结构方向";对接绿色建材、服务区域建筑材料实验师人才需求的"建筑材料方向"。通过优化培养方案、重构课程体系、更新课程内容和教学方法、强化实践教学等一系列教学改革,构建"亲产业、分方向、重实践"的一流专业人才培养体系,如图3所示。通过"整合、新设"的路径,将绿色建材、高性能混凝土、装配

式建筑结构、部品部件生产、BIM 技术等新型产业技术融入课程模块中。以企业实际工程项目、学科竞赛代替毕业设计，提升学生解决企业实际问题的行业技能。

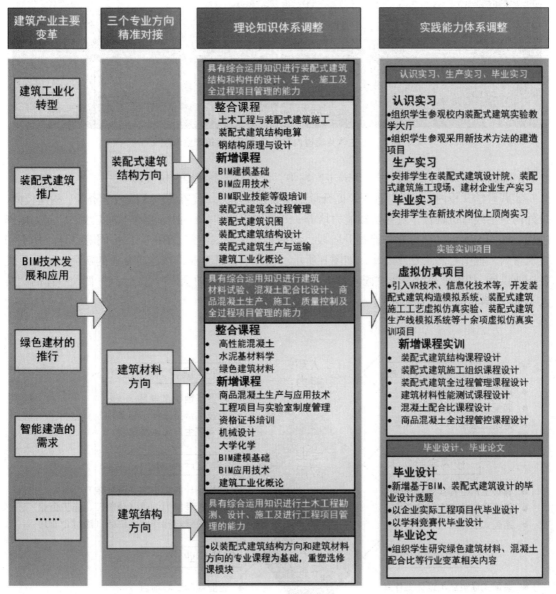

图 3 "亲产业、分方向、重实践"的土木工程专业人才培养体系

2）共建产业学院和工程技术中心，打造产教融合多功能协同育人平台

在与省住建厅签订《产学研战略合作框架协议》的基础上，联合省建筑产业现代化协会、福建建工、中建海峡等省内十余家建筑产业链龙头企业，共建省内首个"装配式建筑产业学院"，如图 4 所示。依托"装配式建筑产业学院"和省级"建筑废弃物再生利用工程技术研究中心"等平台，实施"五协同"的产教融合举措，包括协同实施人才培养、协同建设师资队伍、协同集合各方教育资源、协同开展产学研合作、协同开展产业培训，构建多主体多功能协同育人平台。

图 4 多主体共建省内首个"装配式建筑产业学院"

3）融合各方教育资源，协同培养工匠精神，以社会服务赢得地方支持

实践教学"校内-业界"融合，提升学生实践创新能力。统筹各方实践教学资源，构建校内、校外两条主线有机融合，贯穿认知能力培养—专业知识应用—行业技能提升的实践创新能力培养过程，如图 5 所示。在行业技能提升阶段，校内利用装配式建筑、BIM-5D 协同等设计工作室和建筑材料工程中心满足专业设计，如图 6 所示。校外学生进企业，以建筑企业的实际工程项目代替毕业设计，协同业界开办集"匠人评级""匠人讲坛""匠人协会""匠人比武"四位一体的"匠人学堂"，培养学生的工匠精神。

图 5 实践教学"校内-业界"融合模式

"学科建设-社会服务"融合，以服务促发展，以服务赢支持。强化"装配式建筑结构""高性能土木工程材料""建筑废弃物利用"三个特色学科方向，搭建服务地方产业的产学研合作平台，共同实施横向课题研究、科技成果转化、行业标准编制、科技进步奖申报等，如图 7 所示。一方面以科研服务企业，支撑引领行业发展，另一方面以应用型科研反哺教学，支撑应用型人才培养。同时还与行业协会、企业联合开展技能培训、职业资格认定等社会服务。

(a) 装配式建筑实验教学大厅　　　　(b) 装配式建筑工法楼
(c) 省级虚拟仿真实验教学中心　　　　(d) 匠人学堂

图 6　实践教学资源

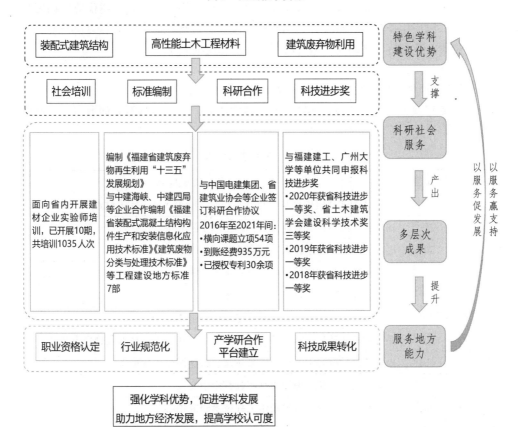

图 7　"学科建设 - 社会服务"融合模式

三、特色创新和改革成效

1. 特色创新

1）率先主动对接建筑业变革，提出"亲产业、分方向、重实践"的一流专业创新人才培养模式

在省内率先构建装配式建筑结构和建筑材料2个特色专业方向，主动对接建筑工业化、装配式建筑、绿色建材等建筑业转型中新兴产业链的人才需求，实现人才培养与产业变革的精准对接。在实践中摸索出一套紧贴行业需求，适应、支撑、引领行业发展的"亲产业、分方向、重实践"的土木工程一流专业创新人才培养模式，在省内急需的新型建筑工业化建设人才培养中起到了辐射和示范作用。

2）依托省内首个"装配式建筑产业学院"，搭建产教融合多功能协同育人平台，构建共建、共管、共享、共赢长效机制

通过产业学院共同制定人才培养方案、共同实施人才培养过程、共同检验人才培养效果，搭建集教学、科研、实践、创新创业、培训等为一体的多功能协同育人平台，构建多主体共建、共管、共享、共赢长效机制，有利于集聚行业产业的力量形成符合产业需求的工科专业建设新思路，有很好的代表性和引领作用。

3）统筹各方教育资源，打造多层次、多维度的融合模式

打造实践教学"校内-业界"融合模式，学生实践训练从校内为主转变为校内-校外融合，协同业界开办"评、讲、会、比"四位一体的"匠人学堂"，培养学生的工匠精神，并聘任院士担任"匠人学堂"导师。打造"学科建设-社会服务"融合模式，强化学科优势，拓展与区域企业的战略合作，以应用型学科建设支撑与引领产业发展，实现地方本科高校以自身实力集聚行业企业资源，赢得企业支持，推动应用型科研服务社会和反哺教学。

2. 改革成效

1）专业建设成果丰硕，在校内起到示范作用

通过六年的建设，在专业建设、实践平台、教学团队、一流课程等方面取得了丰硕成果，如表1所示。

表1 专业建设成果

类别	年度	专业建设成果
专业建设类	2020	1+X装配式建筑构件制作与安装职业技能等级证书制度试点
	2019	福建省一流本科专业建设点——土木工程
	2019	福建省高校"三全育人"综合改革试点院系
	2017	福建省高等学校应用型学科——土木工程
	2017	福建省专业硕士培育点——土木水利
	2016	福建省高等学校服务产业特色专业——土木工程
	2016	福建省整体转型试点高校专业群——绿色建筑工程技术及管理专业群
实践平台类	2018	福建江夏学院院士工作站（聂建国、张建民院士领衔）
	2018	福建省装配式建筑虚拟仿真实验教学中心
	2017	福建省建筑废弃物再生利用工程技术研究中心
	2017	省内首个装配式建筑产业学院
	2015	福建省土木工程实验教学示范中心

续表

类别	年度	专业建设成果
教学团队类	2018	福建省本科教学团队——绿色工程技术与管理教学团队
	2018	福建省高等学校科技创新团队——绿色高性能混凝土材料与结构
一流课程类	2021	福建省一流本科课程（线上线下混合）——工程测量
	2020	福建省一流本科课程（线上）——土木工程概论
	2020	福建省一流本科课程（虚拟仿真）——堰流水力性能虚拟仿真实验

2）人才培养质量高，学生创新实践能力和就业竞争力表现突出

2019—2021年，学生参加各类学科竞赛人次占比依次为40.3%、50.8%、58.7%。仅2021年学生所获奖项包括：国家级特等奖1项、一等奖2项、二等奖6项、三等奖8项、省级一等奖3项、二等奖3项；大学生创新创业项目国家级3项、省级10项。其中学生获第十一届福建省大学生结构设计竞赛一等奖3项，获第三届全国大学生结构设计信息技术大赛特等奖1项、一等奖1项。土木工程专业2019—2021年就业率分别为97.9%、97.6%、98.5%，在全校排名第一，2021年作为就业典型在校内进行交流。学生进入中建海峡、中建四局、福建建工、福建一建、福建六建、福建省建科院、厦门合立道等企业就业的比例高，用人单位评价高。

3）学科特色明显，学校服务地方经济社会发展的能力显著提升

发展"装配式建筑结构""高性能土木工程材料""建筑废弃物利用"三个特色学科方向，获批省级高校优势学科创新平台（培育）、省级高校应用型学科。承担国家自然科学基金海峡联合重点项目1项、面上项目2项、省自然科学基金项目20余项；获省级科技进步奖5项，编制《福建省建筑废弃物再生利用"十三五"发展规划》，编制行业技术标准7部，如图8所示；授权发明专利30余项，横向课题到账经费900余万元，开展省内混凝土行业实验师实地技能培训10期，共培训1035人次，如图9所示。

4）办学得到社会与同行的高度认可

2018年11月，由中国工程院院士聂建国、张建民领衔的福建江夏学院院士专家工作站揭牌成立，如图10所示。聂建国院士受邀为"匠人学堂"导师，对学生的实践创新能力给予肯定并题词勉励。

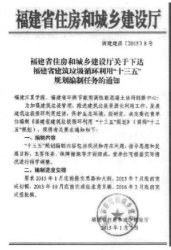

图8 科学研究成果

图 9 社会服务成果

图 10 福建江夏学院院士专家工作站

产业学院的运行机制、装配式建筑结构人才培养模式、产教融合措施等建设成果经验作为学校教学改革典型案例，吸引了福建农林大学、莆田学院、三明学院、武夷学院、江西新余学院、河南城建学院等兄弟院校进校交流学习，借鉴改革经验并进行应用。

四、案例反思

1）"双师"教师队伍建设机制

针对工科专业，具有业界经验的兼职教师和企业导师的比例偏低，行业与高校之间的教师互聘还未形成适合自身发展的最佳模式，双师教师的含金量偏低，"双师"素质和"双师"结构教师队伍建设的制度和机制需要进一步完善。

2）引入数字化技术，"虚""实"结合教学改革

引入先进数字化技术到教学中，如虚拟仿真、VR 技术、数字孪生等，解决专业实训项目难开展的难题。以真实工程为载体，采用"虚""实"结合的教学方式，通过数字模拟或 VR 沉浸模式，全方面地模拟建筑设计、生产、施工、管理和运营等全过程。

3）推动智能建造人才培养

根据 2020 年住建部联合十三部门印发的《关于推动智能建造与建筑工业化协同发展的指导意见》，推动智能建造与建筑工业化协同发展是抢占建筑业未来科技发展高地的重要战略选择。融合土木工程、工程管理、软件工程、机械设计制造及其自动化、物联网、大数据、人工智能等学科，培养具备跨学科发展能力以及在工程项目的智能规划与设计、智能生产与施工、智能运维与管理等领域的技术人才。

面向地方集成电路产业的电子材料复合型人才培养的探索与实践

> **专业名称**：集成电路科学与工程
> **案例完成人**：卢向军、张勇、谢安（厦门理工学院）
> **服务对象**：电子封装技术、材料科学与工程、微电子科学与工程等专业本科生

一、教学案例背景和重点解决问题

福建省特别是厦门依靠毗邻台湾地区的区位优势，将集成电路产业作为重点发展方向，已初步形成覆盖"芯片设计、材料与设备、晶圆制造、封装测试、应用"的全产业链布局。虽然国内各高校普遍设有微电子科学与工程和集成电路等相关专业培养集成电路人才，但由于师资力量和教学条件的限制，目前高校相关专业的人才培养以集成电路设计为主，使得集成电路制造和封装人才匮乏。由于涉及设计、制造、封装、测试和材料各个方向，集成电路制造和封装领域需要具有广阔视野和知识面的人才，这使得人才需求结构复杂，导致目前高校集成电路本科人才培养目标模糊、专业核心结构不明确，远远满足不了当前产业需求。秉持学校为产业服务的办学理念，厦门理工学院建立了如图1所示的"产业导向、宽专相济、多元实践"的集成电路产业电子材料复合型人才培养模式。

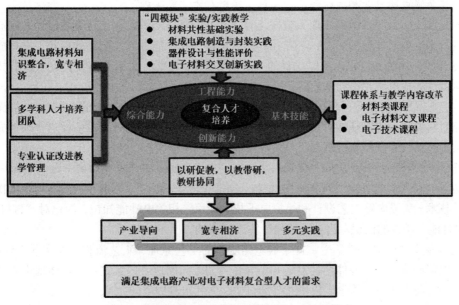

图1 集成电路产业电子材料复合型人才培养模式

二、研究实践路径和主要举措

1. 建立符合电子材料复合型人才所需的新课程体系和知识结构

围绕《中国制造 2025》和《国家集成电路产业发展推进纲要》等国家战略需求和地方产业对集成电路制造和封装人才巨大的人才需求，厦门理工学院材料科学与工程学院召开了第五届全国电子封装技术专业教学研讨会，成立了由产业界专家、校友代表、外校专家学者组成的外部咨询委员会。同时针对福建省集成电路产业电子材料复合型人才需求，电子封装技术专业教学团队调研了集成电路材料、制造、封装企业，明确了企业人才需求和专业新的发展方向。

围绕"集成电路制造"和"集成电路封装"两个核心教学内容，建立了"材料＋集成电路制造＋集成电路封装"的知识结构模块培养方案，以及符合集成电路产业电子材料复合型人才要求的知识结构和新课程体系。基于集成电路产业电子材料复合型人才培养的主干课程设置框架如图 2 所示，实现了在材料科学和电子科学与技术两方面能融会贯通的综合型、复合型人才的培养目标。

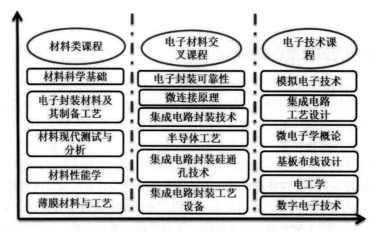

图 2　电子材料复合型人才培养主干课程设置框架

2. 提炼集成电路产业相关材料基础知识，实现人才"宽基础"

针对目前大多数集成电路专业人员缺乏材料性能的基础知识，在工艺参数设计和制造过程中往往忽视材料性能对器件的影响，一味在产品结构设计和性能方面找问题的现状，在集成电路电子材料复合型人才培养过程中，以材料的"组成 - 结构 - 性能"关系为主线，电子封装技术专业教学团队提炼集成电路用半导体、高分子、金属与无机非金属材料的共性知识（价键、分子结构、晶体结构、非晶结构、组织和形态）与性能（力学和物理）的共性理论和测试方法，加深学生对集成电路材料性能的宏观认知，逐步让学生识材料、懂材料、会选材，具备设定合理集成电路制造与封装工艺路线和发展新型电子材料的应用能力和创新能力。

3. 基于专业特色和产业发展，优化教学内容，实现"宽"与"专"的统一

以集成电路产业链关键"四要素"（材料 - 制造 - 封装 - 测试）为指导，整合半导体物理、半导体工艺技术、集成电路工艺设计和模拟电子技术课程等相关电性能知识，深化对"材料 - 制备 / 封装 - 电性能"关系的认识，为"专方向"发展打基础。

在现有专业课程中强化学生掌握集成电路制造的工艺原理、工艺流程以及实践操作的能力，熟悉集成电路产业链中半导体芯片制造和半导体封装方向的核心内容，特别是体现集成电路制造和封装的一些前沿知识，给学生提供充分的科学探索和求真的空间。

4. 通过"四模块"实验/实践教学，实现"四层次"能力培养

基于集成电路产业关键"四要素"（材料 - 制造 - 封装 - 测试），构建以材料共性基础实验、集成电路制造与封装实践、器件设计与性能评价、电子材料交叉创新实践为基础的"四模块"实验/实践教学，实现以基本技能（掌握集成电路产业链中材料、制造、封装和测试基础知识）、工程能力（具备集成电路制造和封装的分析、设计和应用能力）、综合能力（材料和集成电路融会贯通）、创新能力（创新意识、创新思维和创新技能）为基础的"四层次"能力培养，如图3所示。"四模块"实验/实践教学既保证了人才培养的基本规格，又体现了学科专业差异和个性化的需求，该模式具有纵向分层次、横向多模块的特点，能与大学生各类相关的科技竞赛、创新性实验、创新创业训练项目以及多层次的校企联合培养模式有机结合。

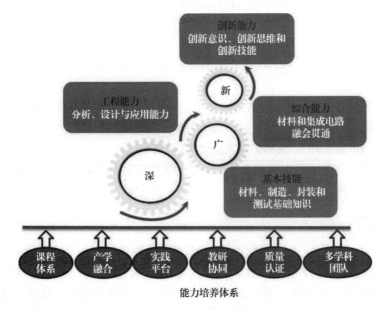

图3 "四层次"能力培养体系图

5. 产教融合育人

作为地方性院校专业，主动加强与福建省集成电路相关企业的合作，共同制定培养目标、共同设计课程、共同开发教材、共建教学团队、共同承担科研项目、共建实习实践实训平台、共同参与"卓越工程师教育培养计划"。与10余家企事业签订人才培养协议，搭建基于企业、行业协会、公共服务中心和校内教学科研实验室的多元实践平台，解决忽略产业实际情况、产教分离的问题。

6. 建设跨多学科的人才培养团队

近年来陆续引进具有电子信息、机械工程、微电子、物理和材料等背景的6名国内外知名大学博士研究生。鼓励教师到集成电路制造和封装企业开展合作科研、进行实践技能培训，增强教师的工程实践能力，解决了培养团队学科单一、知识体系和知识结构不完善、对其他学科知识掌握较少的问题，提高了专业教师的综合知识水平，建设了一支跨多学科的"双师型"人才培养团队。

三、特色创新和改革成效

秉持学校为产业服务的办学理念，推进产学研融合育人，解决了传统的人才培养模式下忽略产业实际情况、产教分离的问题；搭建了三维立体实践平台，推行基于真实环境的案例教学，解

决了重理论轻实践的问题；教学科研协调育人，解决了创新创业普遍游离于专业教育之外、专业课程与创新课程"两张皮"现象突出的问题；增强教师的工程实践能力，解决了培养团队学科单一和知识结构不完善的问题，建设了一支跨多学科的"双师型"人才培养团队。主要改革成效如下。

（1）教学成果获 6 项福建省省级教研教改项目支持。

（2）电子封装技术专业获批省级一流本科专业建设点。

（3）电子封装技术专业通过 IEET 工程及科技教育专业认证。

（4）主持召开第 5 届并在第 4、5、6、7 届全国电子封装教学研讨会就教学改革做典型发言。

（5）"材料科学基础"课程获福建省线下一流课程。

（6）《微电子系统热管理》教材入选教育部电子封装系列课程建设。

（7）"封装热管理"课程获福建省精品在线开放课程。

（8）构建的多学科教学团队中 10 余人次获省市人才项目支持。

（9）与 10 余家企事业单位签订人才培养协议，构建了基于龙头企业、公共服务中心和校内实验室的立体实践平台。

（10）学生参与的科研成果获福建省科技进步二等奖 1 项、三等奖 2 项，福建青年科技奖 1 项，厦门市专利奖二等奖 1 项，厦门市科技进步奖二等奖 1 项，漳州市科技进步奖三等奖 1 项。

（11）学生参与申请专利 30 余项，发表论文 40 余篇。

（12）学生初次就业率达到 95% 以上，80% 以上学生就职于福建省集成电路制造和封装企业，就业学生 80% 以上月薪达到 8000 元以上。

四、案例反思

集成电路制造与封装的庞大理论和实践体系与课时少的矛盾十分尖锐，对材料科学和电子科学间的融合还不够，学生掌握的 SiP、SoP、TSV、晶圆级封装、2.5D 和 3D 集成等先进集成电路制造和封装技术还需进一步加强。下一步将优化"材料＋集成电路制造＋集成电路封装"的知识体系，以更好地建立符合集成电路产业电子材料复合型人才要求的知识结构和新课程体系。

第三篇
课程建设类

新工科引领"机械制造技术基础"课程混合教学创新与实践

> **专业名称**：机械工程、智能制造工程
> **课程名称**：机械制造技术基础
> **案例完成人**：尤芳怡、黄辉、吴贤、颜丙功（华侨大学）
> **服务对象**：机械类专业本科生

一、教学案例背景和重点解决问题

本课程具有悠久的历史和传承，自1978年至今已开设近40期，是机械工程和智能制造工程专业的核心课。华侨大学是中央统战部直属普通高校，面向海内外招生，秉承"为侨服务"，助力"一带一路"建设。教学对象除了本一批的生源，还有基础较差的境外生和西部专项计划生，合班上课，学生中文及学业基础差异大，造成传统的教学模式不能满足不同学生的进度需求。在我国迈向智能制造大国的背景下，制造技术朝智能化发展，知识的快速更新造成教学内容不断增多与学时不够的矛盾。机械工程专业和智能制造工程专业面向东南沿海及响应"一带一路"倡议的企业培养能够适应新技术并解决工程多样化问题的专业人才，传统的教学内容和"师讲生听"的教学模式已不能满足人才培养的要求。

针对存在的问题，以建设新工科"智能制造工程"专业为引领，本课程融合CDIO（构思、设计、实现和运作）工程教育模式和OBE理念开展了系列改革。学生学习本课程应达到的目标：① 系统掌握制造技术基础理论；紧跟制造技术发展方向，了解学术前沿，具有国际视野；② 能根据需求选择零件的加工方法；使用数理统计的方法判断工艺系统的稳定性和工序能力、分析误差来源和大小，提出减小误差的方法；能针对给定零件制定工艺规程、设计中等复杂程度的夹具；③ 具备沟通、表达和团队协作能力；了解社会及环境因素，理解机械工程师应承担的社会责任；具备为智造强国奋斗终生的爱国情怀和使命担当。

二、研究实践路径和主要举措

1. 以学生为中心，基于OBE重构教学

根据课程对毕业要求的支撑，确定教学目标，梳理了绪论、加工方法、切削原理、工艺系统、工艺规程制定及加工质量控制六个模块的教学内容，以零件制造流程为主线帮助学生构建知识框架，培养系统思维（图1）。教学内容与时俱进，补充了增材制造、特种加工、现代机床与刀夹具数字化设计、智能制造技术前沿和企业工程案例以适应快速发展的制造技术，满足企业对人才的多样化需求。依托校企合作资源，邀请工程师进校讲解刀具设计制造、数字孪生技术，让学生接触最新的工程技术，明确学习目标。

科研成果融入教学，以芯片的"卡脖子"问题为切入点，介绍蓝宝石衬底及半导体材料的磨抛工艺；让学生到实验室开展精密切磨削综合实验，对比脆硬材料与金属材料的切削性能差异，拓展学术视野；理论与实践结合，配套开设综合实验，让学生在制造工艺实验室的先进机床设备上开展模块化综合实验，提高创新动手能力。

思政教育与课程有机结合。通过推送《中国制造2025》规划，使学生明确课程的重要性，提升学习动力；根据教学进度，引导学生阅读工匠技艺、大国重器等相关视频和文献；结合课程知识点以高速机床、精密制造等"卡脖子"问题开展线上线下讨论，让学生看到中外制造技术的差距与发展空间，明确将来作为机械工程师应承担的社会责任；塑造匠心的职业素养和爱国情怀。以团队项目驱动学生课内外合作学习，开展项目研究和汇报，提升团队协作及终身学习能力。

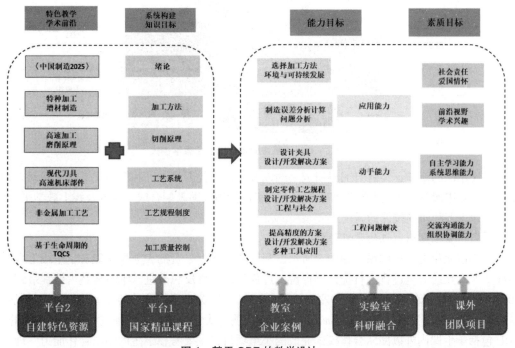

图 1　基于 OBE 的教学设计

2. 引进精品线上课程，自建特色线上资源，基于双慕课开展混合教学

以慕课的形式引进国家精品在线课程"机械制造技术基础"（太原理工大学，王时英），并参与线上课程管理与改进。完整的线上课程知识体系，让部分基础差跟不上课堂教学进度的学生可以课外反刍学习。自建可以动态更新内容的线上资源，以 SPOC 的形式根据教学进度推送相关的拓展视频和文献，扩大学生的知识面和学术视野。基于双慕课开展多维度混合教学，如图 2 所示。

3. 实施以学生为中心的五步法线上线下混合教学

课程共 54 学时，其中线上 18 学时（平台 1 占 12 学时，平台 2 占 6 学时），36 学时用于课堂讲解重难点，组织学生分组讨论及汇报。具体步骤为：① 线上自主学习构建知识能力；② 翻转课堂培养应用及分析能力；③ 线上反刍与自测实现提升应用能力、拓展知识面；④ 合作完成分组项目进行创新实践训练，提高动手能力，培养高阶科研素质；⑤ 最后在课堂开展项目汇报总结，锻炼沟通表达能力，培养批判思维。学生通过以上步骤完成每一个重点章节的线上、线下学习。

4. 多师协同开展课堂教学

课程理论知识日新月异，不仅涉及学科前沿，并具有多学科交融的特点。打破一名教师独立讲授一门课的传统模式，由长期在增材制造、精密加工等领域开展科研的优秀教师组成教师团队，

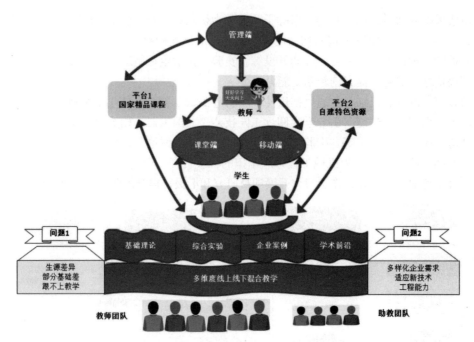

图 2 基于双慕课的多维度混合教学模式

分别讲授不同的章节，将各自的科研成果融入教学；现代刀具设计和智能化制造发展动态则邀请企业工程师进课堂，实现理论与实践相结合；年轻教师或助教配合线下辅导及线上教学平台维护。由此创建了多师协同授课的新模式。

5. 采用多维度形成性的学习评价

采用多元化的评价体系，如图 3 所示，利用两个线上平台的大数据功能对学生线上自主学习和线下课堂互动等全过程进行统计和评价，过程可回溯可反思改进。平时成绩占课程最终成绩的 40%，期末卷面成绩占 60%。其中平时成绩的 40% 设定为：平台统计的线上及线下学习成效各占最终成绩的 10%，PBL（Project-Based Learning，项目式学习）分组任务成绩占最终成绩的 20%。PBL 包括学生课内外以团队合作模式完成的小组项目，主要考核学生的团队合作能力、理论与实

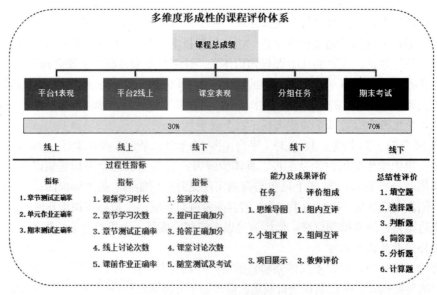

图 3 多元化考核评价体系

践结合的创新设计能力和综合表达能力。PBL的成绩由教师评价、组间互评和组内自评构成，权重为5∶3∶2，使学生通过参与项目及作业的评价，培养公平公正的品格。

三、特色创新和改革成效

1. 特色创新

1）基于双慕课的混合教学新模式

基于双慕课平台建立两平三端双融合教学环境，以学生为中心实施五步法线上线下混合教学新模式：① 学生线上自主学习基础理论；② 线下翻转课堂培养分析及应用能力；③ 线上反馈学习，拓展知识面，提升掌握程度；④ 课外分组项目培养工程创新素养；⑤ 课堂汇报培养表达与归纳总结能力。五步法教学实现了线上线下和课堂内外的多维度混合。其中移动学习端（学习通）的应用贯穿全程。课内以抢答、提问、启发式讨论和PBL分组任务、小组汇报等多种方式开展互动教学，激发学生的课堂活跃度，实现了课堂革命；课外，学生用手机利用碎片化时间学习和答疑交流，提高了学习热情和学习效果。

2）党建引领一流的教师团队，多师协同育人模式

围绕制造领域"卡脖子"问题，依托团队在精密切磨削领域的科研成果设计课程思政案例（芯片半导体的精密加工），帮助学生树立"大国崛起，技术先行，强国有我"的使命和担当；通过推送我国古今制造技术成果，增强文化自信，将思政教育贯穿教学全过程；校企合作的专家及校内教师团队协同育人。

2. 改革成效

实验班的学生考试成绩比普通班明显提高；科创获奖面大幅增多；基于学习成效，学生为多个企业提供了解决工程问题的方案并获得了认可和好评。

教师的教学能力提升，学生评教优秀，调查问卷满意度高。本课程教学团队入选省级教学团队及全国第二批黄大年式教师团队。教师团队参与国家一流线上课程共建与管理，同时持续改进自建的线上课程。本课程2020年获省级一流线上课程认定及省级一流线上线下混合课程认定。

基于OBE实施混合教学的多师协同育人模式应用于我校的课程群，获得相关的教改立项及教学成果奖多项，辐射省内外相关院校，并获得一致好评。

四、案例反思

1. 学情分析

课前、课后分别开展学情调查，根据学情即时改进教学，结课后调查显示学生对本课程两个线上平台应用的满意度均为"非常同意"或者"同意"。但是也有个别学生认为网课学习量有点大。每个学期，通过试卷分析课程教学目标的达成度，根据不足提出下一学期的工作重点。

2. 进一步建设教学资源

制造技术快速发展，新的工艺、机床、刀具及装备不断出现，跟进技术的发展更新及维护本地线上课程需投入较多时间，如何高效应用教学平台值得进一步研究。此外，学生使用昂贵的大型精密机床开展实验前需要耗费大量时间提前培训操作，如能开展虚拟仿真实验则既可避免实验危险发生，又能节省现场培训时间以保证每一位学生都能接受足够训练。这些有待开展的工作对教师的挑战及要求比较高。

3. 凝练并推广教学成果

本课程的教学成果有待凝练以申报更高级别的教学成果奖，并在更多同层次的学校针对性地推广本教学案例。

"机械系统创新设计"教学案例

> **专业名称**：机械设计制造及其自动化
> **课程名称**：机械原理
> **案例完成人**：方芳（集美大学）
> **服务对象**：机械设计制造及其自动化专业本科生

一、教学案例背景和重点解决问题

本案例针对课程内容"第13章 机械系统的方案设计"而设计。机械系统的方案设计是人类创造各种各样机械的基础，是机械创新设计的重要环节。通过对机械系统方案设计步骤、机械工作原理拟定方法、执行构件运动设计及机构的选型和变异等的学习，使学生全面了解机械系统方案拟定过程，了解现代机械系统的国内外最新研究动向，具有国际视野，进而明确未来学习方向，从宏观角度体会机构和机器与机械创新设计的辩证关系，意识到创新是引领发展的第一动力。

1. 教学目标

1）知识传授

熟悉机械系统方案设计一般步骤和机械工作原理拟定方法，能基于连杆机构、凸轮机构、棘轮机构等常用机构以及组合机构的工作原理、运动特性进行机构选型、组合和变异，掌握机构创新设计的基本方法。

2）能力培养

通过上述知识点的学习，使学生能够依据预设复杂机械功能，进行机械方案分析，提出解决方案，初步具有机构创新和方案评判能力。

3）价值塑造

学习创新设计思维方法，厚植家国情怀，坚定制度自信；逐步建立分析解决工程问题的全局观和讲求实效的工程观；培养严谨认真、精益求精的工匠精神；建立同传工匠心、共赴中国梦的信念。

2. 特色创新

本案例通过"4资源""5结合"和"6平台"，充分激发学生学习兴趣和热情，满足不同层次学生需求，培养学生探索与创新的能力，将制度自信、家国情怀、国际视野、工匠精神、工程伦理、创新创业即机械类"六维度"精准课程思政元素与案例教学内容有效融合。通过线上与线下相结合、实践与理论相结合、实验与仿真相结合、思维与技能相结合、情感与能力相结合的"5结合"教学模式，充分利用课程"4资源"，将讨论、项目设计与实践训练等形成性评价过程有效融入，从而多元化综合培养学生的创新意识。

二、研究实践路径和主要举措

1. 实践路径

如图1所示,充分利用机械原理课程"4资源"和"6平台"开展线上线下混合式教学。通过线上课程资源平台发布视频教学案例、导学案例进行理论知识传授,线下结合翻转课堂和实验,开展项目化教学实践、学科竞赛备赛与参与,对学生进行机械类"六维度"精准课程思政培养和锻炼,达到以德育人的目标。

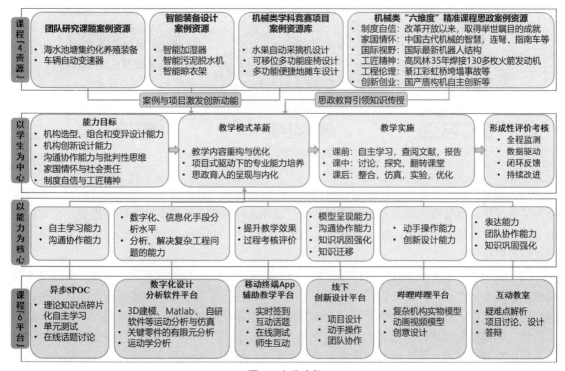

图1 实践路径

2. 教学设计

1）整体设计

灵活组织教学内容,融入课前测试、小组汇报、项目设计、实验、仿真等形成性评价过程,解决学生内驱力不足,以及工程实践能力、创新能力培养不够的问题。通过案例引入、分组讨论,激发学生学习兴趣,锻炼学生沟通能力;建立项目汇报、讨论、模型呈现机制,培养学生团队协作、创新意识和实践操作能力;将碎片化的知识点与典型工程案例、仿真相结合,进一步提升学生综合运用专业知识解决复杂工程问题的能力。

2）育人设计

通过分享学科竞赛获奖项目"智能加湿器",将机械类"六维度"思政元素中的"工匠精神""创新创业"有效融入案例教学,增强学生的社会责任感、创新精神和实践能力。

3）教学过程设计与实施

采用如图2所示的以教师为主导、以学生为主体的教学模式,使学生在掌握知识的同时,学会发现问题、思考问题和解决问题,培养学生创新能力和工程实践能力。

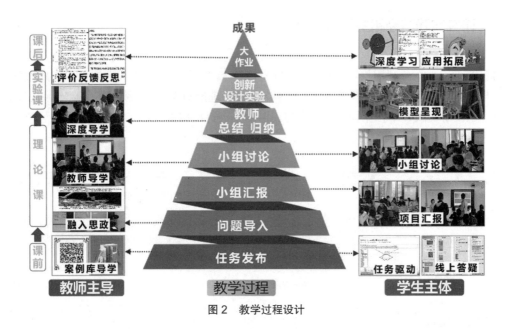

图 2　教学过程设计

（1）课前：线上布置仿生扑翼飞行器设计和冲压机设计二选一任务，学生通过预习，查找资料，了解现代机械系统的国内外最新研究动向，培养国际视野，完成测试和任务提交。模型库平台分享扑翼飞行器设计动画视频，拓展学生创意设计思路；引入手帕纸生产设备等案例，融入工程伦理等思政元素。

（2）课中：学生汇报，教师点评。针对汇报和提交材料中存在的方案设计问题，有选择地讲授机械系统方案设计相关理论知识，融入仿生法、类比法、推理法等"创造技法"设计案例，如缝纫机走针机构、洗衣机搓衣原理等，使学生在确定产品功能时能进行科学分析，以保证产品的可行性、先进性和经济性，设计时能发挥创造力、充分发挥"创造技法"进行创造、创新机构，以设计出新颖、灵巧、高效的机械系统为目标，为下一步进行详细的结构设计做好原理方面的准备，也为最终进行方案评价、选优、决策提供可行性、先行性等相关技术原理方面详尽的科学依据。引导学生积极思考，探究问题解决办法。引入中国空间站"天和"核心舱机械臂结构和盾构机自主创新的案例树立制度自信、爱国情怀和创新精神。图 3 为课中互动图片和含思政元素的 PPT。

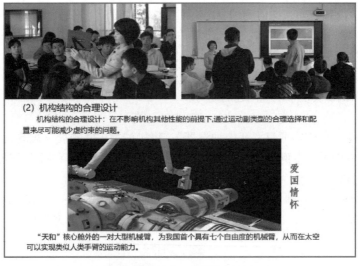

图 3　课中互动、思政元素 PPT

（3）课后：在线下创新设计平台呈现机构，在数字化设计分析软件平台完成三维仿真和运动仿真。教师导学，锻炼学生实践动手能力、协作精神，完成评价、反馈及反思。针对优秀作品，备赛对应学科竞赛，制作实物模型。图4为实验室模型呈现和仿真结果。

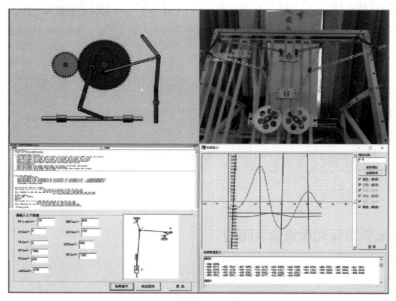

图4　实验室模型呈现和仿真结果

三、特色创新和改革成效

本案例是机械原理课程第13章的内容，目标是使学生能够依据前面所学机构知识，正确拟定机械系统设计，并判断是否合理，进而对机械设计方案的合理性进行初步评价。教学设计符合学生知识水平和认知规律，以任务驱动激发学生内驱力，以机械系统方案评价为主线，通过线上线下相结合展开教学内容。在整个教学过程中，教师起主导作用，提前进行教学设计、线上布置学习任务、开放模型库平台，同时开展线上答疑解惑，课后模型呈现与仿真，实现知识巩固与迁移；在课堂精讲过程中，以学生的自主探究为中心，以思政赋能、项目问题驱动为主线，在各个环节中不断地创设问题情境、设置悬念，并适时地进行点拨诱导，再通过分组研讨，充分调动学生的学习积极性；同时，在整个教学过程中，融入思政元素，对学生进行思政教育。课前通过查找资料，使学生了解现代机械系统的国内外最新研究动向，培养国际视野；通过分组任务，培养协作精神；课中融入中国空间站"天和"核心舱机械臂结构和盾构机自主创新案例视频，树立制度自信、爱国情怀和创新精神、工程伦理；课后通过创新设计平台、软件平台进行实物模型呈现、三维仿真、运动仿真等，培养学生创新意识、分工合作、团队协作的精神。课程结束后对实物模型进行改进，参加机械创新设计大赛，对三维模型进行完善，参加三维数字化设计大赛，一举多得，激发了学生参与教学过程的积极性。课程全过程坚持以学生为主体，在很大程度上实现了以学生为中心的混合式教学。

四、案例反思

为了使课程思政的开展更自然，使溶了思政"盐"的"汤"更有味道，需要进一步挖掘具有"闽南""工海"特色的思政新元素，持续更新思政案例，精细课程思政教学设计和创新课程育人途径。

"机械原理之齿轮系及其设计"课程教学案例

专业名称：机械设计制造及其自动化
课程名称：机械原理
案例完成人：童慧芬（闽南理工学院）
服务对象：新工科试点班本科生

一、教学案例背景和重点解决问题

1. 教学目标
1）知识和能力目标
知识综合及应用能力：了解轮系的分类方法，能正确划分轮系的类型；能熟练进行定轴轮系、周转轮系传动比计算和各轮回转方向的判定。

2）育人目标
引入工程案例，将爱国情怀、民族认同、社会责任感等方面的内容融入理论教学。

2. 案例背景
当前，在新一轮科技革命引发产业变革的新趋势、立德树人新要求下，深化我国高等工程教育改革，加快"新工科"建设与发展具有重大意义。与传统工科相比，"新工科"更强调学科的实用性、交叉性与融合性，要求培养跨学科、跨专业的创新型与复合型人才，对机械类专业学生的工程实践能力和创新创业能力提出了针对性的新要求。

以工科学生工程实践能力、创新创业能力培养为核心的教育改革，受到高校和教育工作者的普遍重视。对于理论性及实践性较强的专业基础课程机械原理，授课教师往往以板书和公式化的PPT为主导进行课堂教学，理论与实际脱节，缺乏实践应用能力的培养，课程教学质量以及效率无法满足新工科建设下的需求。

3. 重点解决问题
1）重点
本次课讲授的重点是周转轮系的传动比计算。
知识：定轴轮系、周转轮系的传动比计算。
能力：能够掌握轮系传动比计算的基本问题。
素质：技术方案设计中训练学生善于使用正确的思维方法去发现问题、分析问题和解决问题；培养学生的好奇心，善于提出问题，并且积极地去寻求答案。

2）解决方法
通过"自学＋导学＋评学"，结合课程思政的项目载体，将知识和能力的重点内容讲授融入工程问题中。采用以导带学、以练为主的教学方法，循序渐进，把抽象、复杂的轮系转化为具体、直观化的知识,有效地突破难点。

二、研究实践路径和主要举措

1. 实践路径

机械原理课程设置了理论课(含实验)、集中性课程设计和相关的创新实践活动。课程组改变了教学环节分散性实施惯例,将理论课内容模块化设计作为思政教育主线,植入思政元素的实践教学任务以项目载体的方式有效融入理论教学,实践环节作为能力迁移和素质拓展,体现课政融合、课训融合、课创融合(图1),实现学生知识积累、能力提升、素质提高的教学目标。

图 1　机械原理课程知识体系与实施过程

2. 整体教学设计

基于 OBE 理念优化全过程教学设计(图2),坚持以"学生为中心"教育理念、"产出导向"教学设计和"持续改进"质量观,从形式和内涵上实现了基于 OBE 理念的课程教学设计。教学活动围绕目标展开,以理论实践驱动、专业思政驱动为基础,采用课内-课外相融合、线上-线下相融合、课程-竞赛相融合,设计了全学程多元化学业评价,即课程评价、平时考核和期末考核相结合的评价方式。

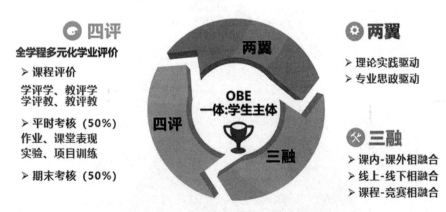

图 2　基于 OBE 理念优化全过程教学设计

3. 教学过程设计与实施

1）课前自主学习

通过学习通发布课件和指南针主体、手表（图3）工作原理视频，让学生思考、讨论轮系如何实现传动。采取问题导向的教学方式，将工程实际案例恰当地引入课堂，注重学生的问题分析能力、自主学习能力以及工程实践能力培养。

（a）指南针主体　　　　（b）手表

图3　轮系工程应用实例

2）课中导学训练

回顾单对齿轮传动的传动比计算、方向判定，导入课程内容，讲授轮系的定义及其分类。在此基础上融入启发式教学模式，联系工程实际案例，演示视频（如滚齿机、汽车后桥锥齿轮差速器、电动螺丝刀等），并结合多媒体技术、师生教学互动环节等丰富的教学手段，讲授轮系传动比计算。以车床溜板箱、三股搓绳机为项目任务驱动，小组展开实践练习，由小组长负责组织活动并开展成果分享会，教师再点评。根据学习记忆规律优化教学手段（图4），搭建"导、学、练、展、评"的学习平台，将被动学习有机融入主动学习中；充分挖掘课程思政元素，将爱国情怀、民族认同、社会责任感等方面的内容融入理论教学，实现知识学习、能力培养、素质提高的递进式培养。

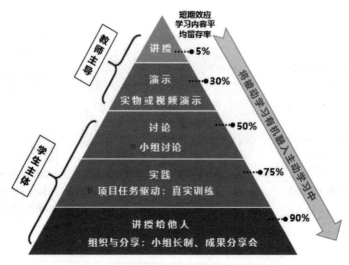

图4　根据学习记忆规律优化教学手段

3）课后能力迁移

引导学生搜寻我国航空航天设备（机器）的相关图片和信息，例如我国神舟十六号与空间站的对接（图5），分析其中轮系的作用。充分利用互联网技术，开拓学生的视野，提高学生的学习兴趣，巩固教学效果，同时融入科技兴国、民族自信等思政元素。

图5　我国神舟十六号与空间站的对接

三、特色创新和改革成效

1. 特色创新

1）体现"两性一度"

（1）高阶性：以工程实际案例导入，实现知识和能力的融合。

（2）创新性：运用现代信息技术，将思政元素、学科前沿、工程案例等内容，通过生生互动、师生互动的教学方法融入教学中，使课程内容反映前沿性和时代性。

（3）挑战度：需要学生利用课外时间通过网络搜寻我国航空航天设备（机器）的相关图片和信息，分析其中轮系的作用。

2）贯彻 OBE 教育理念

打造"导、学、练、展、评"的知识传授和能力培养的融合课堂，营造学生主体、教师主导的学习氛围。

2. 改革成效

（1）引入生产生活实际相关轮系案例，提高学生学习兴趣。

（2）相对于传统教学，融入启发式教学模式，联系工程实际案例，学生先思考、分析，教师再点评，提高了学生发现问题、分析问题、解决问题的能力，同时深感该知识点的实用性。

（3）需要学生利用课外时间通过网络搜寻我国航空航天设备（机器）的相关图片和信息，例如我国神舟十六号与空间站的对接，学生自发分小组查资料、讨论，将爱国情怀、民族认同、社会责任感等内容融入理论教学，提升学生思想政治素养，实现教书与育人相统一。

四、案例反思

首先谈一谈课堂中的"得"：本次课采用了以教学训练为主线、学生为主体、教师为主导的三为主原则。在课堂教学方面主要以启发式来引导学生，融入工程实际案例，提高了学生发现问题、分析问题、解决问题的能力；将爱国情怀、民族认同、社会责任感等方面的内容融入理论教学，提升了学生的思想政治素养，实现教书与育人相统一；课堂气氛较活跃，教学任务圆满完成。

反思课堂中的"失"：通过这两节课，我也看到了自己的不足之处，如复习内容的安排不太紧凑，时间过于仓促，以至于没有足够时间让学生思考，课堂的完整性也受到了一定影响，这是我今后必须改进的地方。

轮系传动犹如知识的传授，需要前续课程的铺垫，这样可以使学生的学习心理过渡自然平稳，增强学好该部分内容的信心。

新工科建设引领下基于 OBE 理念的"化工原理实验"课程改革与实践

> **专业名称**：应用化学（工学）、化学工程与工业生物工程
> **课程名称**：化工原理实验
> **案例完成人**：林进妹、徐娟、郑楠、陈艳梅、申大志（闽南师范大学）
> **服务对象**：应用化学、化学工程与工业生物工程专业本科生

一、案例背景和重点解决问题

1. 案例背景

成果导向教育（outcome based education，OBE）是工程教育专业认证和新工科建设的核心理念。以 OBE 理念指导化工原理实验教学改革，需要明确学生的学习成果。

根据我校教学型大学的定位，化工类本科人才培养的要求是培养具有扎实的理论基础，具有较强工程实践能力、科学研究能力、创新意识的应用型工程技术人才。故制定课程目标如下。

（1）知识目标：掌握典型化工设备原理和操作；验证、掌握和运用有关化工单元操作理论。

（2）能力目标：掌握化工原理实验基本操作技能，掌握处理工程问题的基本实验研究方法，具备一定的实验开发研究能力；培养理论联系实际，分析解决工程实际问题的能力。

（3）素质目标：培养工程实践能力，提升科学探究与创新意识的素养；培养团结协作、严谨细致、安全文明的工作作风和实事求是、认真负责的工作态度等工程素养。

（4）思政目标：培养精益求精的工匠精神和树立生态文明建设责任感。

2. 重点解决问题

为了达成课程目标，本案例主要针对课程以下问题进行设计。

（1）动手能力培养不够：教学中学生一方面缺乏对仪器设备的深入认识，对其产生畏惧心理，不敢动手实践，害怕操作失误；另一方面缺乏对实验原理、实验方法及实验中可能出现的问题的深入研究，做一步实验看一眼指导书，实验流于形式，工程实践能力的培养薄弱。

（2）课程内容体系不完善，人才培养达不到工程认证要求：化工原理实验更多体现实训特征，对创新能力培养的支持力度不够。"新工科"建设背景下，工科专业发展要跟上时代步伐，专业建设需对标工程认证标准，构建合理的课程内容体系。

（3）实验评价体系不科学，不能充分保证学生在实验课程中的主体地位：原有的化工原理实验评价体系的评价方式比较注重结果的评价，忽视对实验过程的评判。这种方法很难客观公平地给出学生的实验成绩，同时也不利于激发学生对实验的兴趣。

（4）化工原理实验思政教学浮于表面，流于形式：在教学过程中，教师们往往偏重于知识的传授，而思政教育相对薄弱，无法达到思政教育的目的。

二、研究实践路径和主要举措

在新工科建设引领下，基于 OBE 教育理念，本案例针对课程教学存在的问题进行了改革与探索。

1.构建课程内容体系，紧跟工程认证标准

围绕化工原理最基本的理论，开设验证型、综合型和设计型实验。设计型实验设置了研究创新性实验，模拟实际生产过程要解决的问题来设置实验内容，学生根据设计任务进行文献检索，自主设计实验方案并进行实验探索和方案改进，经过实验结果分析与讨论，最终以论文形式提交设计性实验报告。

通过综合性、设计性实验，**培养学生创新和探索精神，提高动手能力，强化实践技能**。

2.构建以学生为中心的合作学习型教学模式，提高教学效果

让学生亲近仪器设备，深入认识仪器设备是化工原理实验教学重中之重。本课程通过强化实验预习，对实验原理、实验方法、实验细节等进行深入探讨；充分利用实验室开放，强化对仪器设备的深入认识。教学中，教师既严格规范实验操作，又鼓励学生动手实践。通过对分课堂、分组学习的形式，构建以学生为中心的合作学习型化工原理实验教学模式，提升了学生的理论水平、实验操作技能、创新研究能力和团队协作能力。

3.学科交叉融合，虚实结合，助力复合型人才培养

本课程注重理论课与实验课的虚实结合，坚持"虚拟仿真"与"分组实验"的虚实结合，推进信息技术融入，实现分层次多维度的知识剖析，扎实学生理论基础并强化实践技能。

4.瞄准竞赛，提高课程挑战度

本课程的教学内容与"全国大学生化工实验大赛"高度匹配。为与大赛实现良好衔接，指导教师将竞赛标准融入教学过程中，提高课程挑战度，充分激发学生的学习积极性。

5.基于产出导向，完善评价反馈体系，激发学生潜能

本课程通过**建立"内外"兼修的课程学习评价体系**，建立了一套学习产出评估方法。对"内"，改革课程学习评价体系，采用多元化的评价方法。把仿真成绩列入评价体系；把实验操作成绩以较大的权重纳入评价体系，强化实验过程的考核，既考察学生的操作技术，也考察学生的团队协作情况（兼顾小组考核和个人考核）、安全文明作风等；调整实验报告评分细则，着重考察学生实验数据处理能力、实验结果分析能力及文字撰写总结能力。通过考勤、预习、提问、操作、报告等多个环节的详细评价，及时监督并了解学生学习成效。在成绩评定上保证了学生在实验课程中的主体地位，有效地激发学生实验中的积极性。对"外"，通过参加"全国大学生化工实验大赛"，激发学生斗志，以比赛成果评估教学成果。

6.开展课程思政，把科学素养、工匠精神、生态文明等元素融入教学

本课程将专业知识、思政教育以及工程人才的培养充分融合，践行立德树人宗旨。通过实验项目和考核方式的设置，培养学生创新意识和工程素养；在实验过程中着重培养学生严肃认真、实事求是、执着精进的工作态度，将工匠精神的培养融入每一个教学细节中；着重引导学生建立化工安全意识、环保意识，增强学生投身生态文明建设的责任感与使命感。

三、特色创新和改革成效

1.特色创新

1）课程内容创新，建立完整的立体化实验教学体系

遵循"两性一度"的标准，整合实验教学内容，将部分综合提高性实验提升为**研究创新性实验，以任务驱动的方式**开展实验。引导学生自己查阅资料、独立设计实验方案、科学预测并合理

分析实验结果。通过合理、有梯度地设置不同层次的实验项目，体现教学内容的**高阶性、创新性和挑战度**。

2）教学模式创新，强化学生实验预习效果

注重学生学习成果的达成。利用**虚拟仿真平台**预习并熟悉实验内容，再通过现场预习实现对实验设备的感性认识。采用**对分课堂**的教学方法，教师针对实验中存在的重难点问题进行讲解，引导学生进行交流讨论，加强师生互动、生生互动，线上线下教学互融，加深知识的内化。同时采用组长轮流制，激发学生主观能动性。

3）课程评价创新，突出各个实验环节重要性

围绕工程教育认证理念，以学生为中心，科学设计过程性评价环节。**增加过程性评价环节并提高该项成绩占比，细化评价方法**，提高对实验报告内涵的要求，通过综合评价，检验课程学习效果和教学质量。

2. 改革成效

本课程及时总结、反思与持续改进，课程通过校内评分和校外竞赛两种方式进行评价。本课程评教结果优秀，平均分在 95 分以上。课程反馈显示，通过严格的实验训练，学生实践能力及综合素质都得到极大提升，提高了对本课程的喜爱程度。

近年来应用化学专业学生先后获得"全国大学生化工实验大赛"全国二等级、一等奖的优异成绩（图 1）。改革成效显著，教学案例有示范性，在化工原理实验课程方面具有较强的可推广性。

图 1 获奖证书

四、案例反思

进一步改革的方向如下。

1. 加强教学资源建设，推进信息化发展

（1）完善《化工原理实验》教材建设，做到实验教材与理论教学相配合、与新的教学实验设备相适应，在符合教学大纲要求的前提下，兼具创新性与综合性。

（2）强化虚拟仿真平台的预习作用，录制实验教学视频，进一步丰富实验习题库，增加学生线上学习时间。

2. 增加设计性和研究性实验，探索个性化教学方式

利用现有实验装置，将部分实验内容适当扩展，设立必做项目、选做项目和研究性项目。引导部分学习能力较强的学生，将化工原理实验与开放性实验相结合，与教师科研课题相结合，与生产实际相结合，提高学生解决复杂工程问题的能力。

新工科背景下基于技能型实践人才培养的"食品分析与检验实验"教学改革案例

> **专业名称**：食品科学与工程
> **课程名称**：食品分析与检验实验
> **案例完成人**：赵峰（福建中医药大学）
> **服务对象**：食品科学与工程专业本科生

一、教学案例背景和重点解决问题

党的二十大报告中提出要"增进民生福祉，提高人民生活品质"。食品安全是关系民生的头等大事，对"推进健康中国建设，保障人民健康"意义重大。食品检测行业是伴随着国家机构改革而迅速发展壮大的新兴行业，也是国家质量基础设施（NQI）的重要组成，对保障国家食品安全、生态环境安全、产业升级、技术创新、国际贸易等均发挥了重要作用。我国检验检测行业自2013年来年均复合增长率达14.94%，至2021年市场规模更是已经突破了4000亿元。

食品检测岗位属"质量技术工程专业"，职称序列包括：助理工程师、工程师、高级工程师、教授级高级工程师。随着科学技术快速发展，"检验检测"已经发展成为了一种知识密集型的"技术咨询服务业"，对高素质复合型人才的需求也越来越大，要求从业者"在掌握基本检测技能的前提下，熟悉食品安全标准和食品监督管理法律法规，了解产品加工工艺，并能根据检测结果分析问题原因，帮助和服务企业改进提高产品质量。"诸多上市的第三方检测机构，不惜高薪（20万~50万）聘用高素质的食品检验人才。但与之形成鲜明差距的是，现行的教材内容相对陈旧，教学方式依旧较为传统，导致用人缺口较大。

新工科的核心教育理念是培养具备专业知识、能够解决复杂问题的专业人才。"如何适应产业及市场需求"，笔者作为一名具备多年食品检验一线从业经验的高校专业教师，在所承担的"食品分析与检验实验"课程教学中，有针对性地进行了部分改革实践，汇报如下。

二、研究实践路径和主要举措

1. 教学案例

1）设计思想

（1）仿真模拟检验岗人员实际工作流程开展实验教学，基本流程包括：检验方法标准检索、检验方法选择和确定、实验试剂配制、材料准备、样品前处理、实验操作、数据处理、数据质量评价。

（2）贯彻"戴明环"质量管理原则，以发现问题并改进为教学重点，以学生"自主决策，主动试错改进"最终获得准确实验结果为目标。

（3）重视现代工具手段的融入。如介绍"食品伙伴网"、介绍使用 Excel 和 SPSS 等软件进行数据统计分析。

（4）重视工作过程仿真，在实践教学中模拟岗位实践中会遇到的问题，重视学生遇到问题时解决思路的引导。

（5）注重与生活的结合，调动学生实验兴趣。如检测样品由学生自主提供，测定奶茶、牛奶、咖啡中的蛋白质含量。

2）教材分析

选用的教材为中国轻工业出版社 2017 年出版的《食品分析》（第三版）；教学内容涉及教材第十章第二节食品蛋白质定量方法。

本章对食品蛋白质的测定原理进行了详细介绍，共涉及 11 种蛋白质测定方法原理，其中 3 种方法（凯氏定氮法、双缩脲法、杜马斯法），是现行 GB 5009.5—2016 标准涵盖的方法。而教材中涉及的其余检测方法，如福林酚法、考马斯蓝比色法、紫外吸收法、近红外法等，也能够在现行国家标准方法体系中找到相应的检验标准。

3）学情分析

本课程的开设时间为食品科学与工程专业本科生大三上学期，学生已经修完"分析化学""无机化学"等专业基础课，能够独立阅读和理解教材中的相关原理介绍。本章的教学重心为通过对操作关键步骤意义以及不同样品适用检验方法的选择依据的讲解，帮助学生理解如何将检验基本原理与方法中关键操作步骤注意要点结合，即理解操作中为什么要这样做，它的原理是什么。

4）教学目标

掌握凯氏定氮的基本原理，能够独立开展食品蛋白质含量的测定；熟悉凯氏定氮装置（含自动定氮仪）的结构、操作和日常维护；了解蛋白质测定的其他方法（如分光光度法和燃烧法）的适用范围。

5）重点难点

蛋白质消解终点的判断；玻璃凯氏定氮器的清洗；自动凯氏定氮系统的基本构成和操作；标准盐酸溶液的标定；硼酸吸收液滴定终点的判断；蛋白质折算系数；理解和运用分析过程，数据质量控制措施。

6）课前准备

（1）文献检索。授课前，要求学生通过"食品伙伴网"进行自主文献检索，了解现行国家标准体系中蛋白质含量测定的方法，学习标准中对分析方法原理的阐述，并熟悉操作步骤。

（2）标准的研读比较。阅读标准，整理、分析和比较哪些样品适合选用哪种蛋白质测定方法进行测定，为什么？哪些蛋白质的测定市面上已经有成套的自动化测定仪器销售，它们有什么具体性能，优缺点是什么？

（3）试剂准备。按照 GB 5009.5—2016 第一法 凯氏定氮法中 3.2 的要求，配制实验用试剂，该过程按照所确定的独立分组（3~4 人组成 1 个实验小组），课前完成（准备耗时约 0.5 天）。

2. 实验教学过程

（1）按照标准规定，称取样品于消解管（即固体 0.2~2 g，半固体 2~5 g，液体 10~25 g）。

教学要点：① 如何理解称取相当于 30~40 mg 氮的样品量；② 样品前处理要求（液体，称样前直接充分摇匀；含固体的液体，料理机粉碎后，摇匀称取；固体，粉碎过 80 目筛；粉末，混匀后称取。引导学生复习第二章 食品样品采集与预处理，延伸要求学生自主学习 GB/T 5009.1—2003 食品卫生检验方法理化部分总则中相关样品部分内容）。

（2）在消解管中加入硫酸铜（0.4 g）、硫酸钾（6 g）和浓硫酸（20 mL），混匀后，置于石墨消解炉消解至澄清。

教学要点：① 理解硫酸铜、硫酸钾、浓硫酸在消解体系中的作用；② 掌握空白实验；③ 了解如果没有配备消解炉，如何使用电炉进行直接消解；④ 了解如何正确环保地处理消解产生的酸雾，知晓如何在消解实验中做好个人安全防护；⑤ 了解使用和移取浓硫酸时的注意事项；⑥ 了解如何防止暴沸；⑦ 了解可以从挥发出的酸雾颜色判断消解终点；⑧ 理解和见证消解液透明澄清的标准，学会判定消解终点。

（3）消解结束后，放冷，转移至 100 mL 容量瓶中，定容。

教学要点：① 了解如何正确地转移和移取样液；② 了解含浓酸时，使用容量瓶定容的注意事项；③ 知晓对于无法消解的杂质（如：细砂）应如何处理。

（4）移取定容后的消解液适量（5~15 mL），于凯氏定氮器中，迅速加入 10 mL 氢氧化钠溶液，并立即水封，使用水蒸气进行蒸馏。

教学要点：① 学会如何检查装置密闭性；② 学会如何进行水封；③ 掌握单标移液管的正确使用方法；④ 结合实验原理，了解氢氧化钠溶液在反应体系中的作用。

（5）向三角烧杯中移取 10 mL 硼砂溶液，加 1~2 滴混合指示液，将冷凝管下端插入液面以下，开始收集蒸馏液。

教学要点：① 硼砂吸收液的作用，是否需要精准移取；② 为什么要让冷凝管下端插入液面以下；③ 混合指示液的显色体系是怎样的。

（6）蒸馏 10 min 后，将冷凝管下端移出液面，继续蒸馏 1 min 后，纯净水冲洗并收集后，以 0.1 mol/L 的硫酸标准酸溶液进行滴定。

教学要点：① 10 min 后需要将冷凝管移出液面继续蒸馏的目的是什么；② 集中解答学生在准备阶段，开展标准溶液标定过程中遇到的问题；③ 现场指导滴定终点判断，讲解如何通过空白实验，判定滴定终点颜色。

（7）按照标准中公式 6 进行结果计算。

教学要点：① 解释蛋白质换算系数 F 的意义；② 现场解答数据处理过程中发现的问题和错误。

（8）数据结果的质量控制。

教学要点：① 本实验组内，平行实验结果数据计算相对偏差值，应小于或等于 10%；② 计算不同实验组间，相同样品测试结果的偏差；③ 教会学生如何使用 Excel 和 SPSS 软件进行结果计算和统计处理。

（9）实验纠偏。对于出现异常结果的实验组，组织讨论，自我剖析存在失误的操作步骤，分析该过程可能造成结果的偏离幅度和偏离方向。

教学要点：① 帮助学生理解如何运用理论解决实际遇到的问题，贯彻和强调从实验原理出发的剖析研究，例如蒸馏装置密闭性不足，样品消解不充分，均可能造成结果偏低等；② 贯彻质量管理"PDCA"原则，终点强调纠偏措施有效性验证，大胆推断造成实验结果偏差（或错误）的原因，通过"复测实验"小心验证自己的推断分析和纠偏措施是否正确有效。

（10）实验器具清洗，台面整理及收纳摆放。

教学要点：① 训练良好的实验操作习惯；② 自主清洗，确保器具无污染；③ 通过实践，对学生进行劳动教育；④ 强调器具清洗和台面整理属于实验质量保证的控制性措施，列举因器具污染或清洗不到位导致实验结果产生偏差的案例。

三、特色创新和改革成效

（1）直接选用国家标准作为实验指导书材料。现行国家标准会随着社会技术进步和监管技术要求，保持持续更新；教师在教学中应充分理解和吸收，并将相关信息在教学过程中传递给学生；"现行标准"应该成为帮助学生把"知识向能力转换"的最好教材。

（2）鼓励和重视学生自主决策。改变原有的"保姆式"实验准备工作，充分调动学生的责任意识和主观能动性，体验"学以致用"和"知识转化能力"；让每位学生意识到，实验是一个需要"自给自足"的过程，关注准备过程和实验过程暴露的潜在知识缺陷，在现场有针对性地进行讲授。

（3）引入质量管理措施，鼓励"试错"，重视"改进"。"戴明环"，即"PDCA 环"是英语单词 plan（计划）、do（执行）、check（检查）和 act（修正）的第一个字母，它是质量管理的基本科学程序。实践教学应特别重视学生的"体验感"和"获得感"。"进步"是在学习过程中通过"试错""调整"最终形成"高效行为模式"的过程，学校是一个提供"低成本代价"试错的场所，应该重视并发现学习过程中存在的问题和不足，并采取合适的措施进行调整改进。

四、案例反思

为了便于理解和呈现改革要点，对案例进行反思，表 1 对本课程改革前后课程培养的关键措施和培养目标能力进行了罗列比较。

表 1　改革前后的关键措施和培养能力意图比较

序号	原有模式	改进模式	学生反馈集锦	培养目标能力
1	使用教材配套的实验指导书——凯氏定氮法测定食品粗蛋白	使用 GB 5009.5—2016 食品安全国家标准 食品中蛋白质的测定 作为实验指导书	① GB 5009 是什么，为什么很多食品方法标准都是 5009 开头的？② 什么是强制标准？③ 产品标准和安全标准有什么区别？④ 什么样的样品可以用燃烧法和分光光度法测蛋白质	同步了解现行实践的检验方法。熟悉标准结构，会正确使用和理解标准
2	教师选定实验器具并分发至组	玻璃仪器集中开放式管理，由学生根据检验标准自主确定选择合适的用具，类似"自选超市"	① 滴定管用 25 mL 还是 50 mL 的合适呢？② 什么是温度校正？什么是体积校正？为什么滴定要做校正呢？③ 三角瓶刚洗的没烘干，里面有水会影响结果吗	强化对各种仪器和器具适用性的理解和选择
3	统一配制试剂，共同取用	按组别独立配制溶液，独立使用，避免交叉污染，确保各自可进行质量控制	① 哪些试剂该用分析天平称，哪些试剂只要用普通天平？② 什么时候只要用量筒量取溶液烧杯直接溶解？什么时候要用容量瓶精确定容？③ 自己操作不慎污染了，下次注意，今天只好重新配溶液了	强化并理解"质量控制措施"，培养"实验精度要求意识"
	统一标定溶液，共同取用	标定试剂，各自进行质量控制和比对	① 分析纯和基准试剂，傻傻分不清楚。② 标定的工作量比实验大多了？③ 为什么我平行标定了 6 次，偏差依旧达不到标准要求	

续表

序号	原有模式	改进模式	学生反馈集锦	培养目标能力
4	全班统一分发一份样品，自己测不准，就按照其他同学的报告数据来写	多组盲样，由学生自主提供（但应确保每个样品必须有两组以上的组别采用，以方便进行数据结果比对），测试结束自主分析偏差（或错误）原因，纠偏并安排复测	① 为什么我们组和他们组的数据结果不一样？究竟谁对谁错？② 天哪，奶茶里的蛋白质含量居然这么低！茶叶里的蛋白质含量居然这么高	浓厚实验兴趣，营造讨论氛围；通过人员比对进行分析数据质量控制，帮助学生建立数据质量意识
5		样品类型多样，包括酸奶、乳粉、灭菌乳、鱼米。样品形状不同，需要按照检验方法标注分别进行前处理	① 液体样品应该量体积还是称质量？② 乳粉要先加水溶解，再进行前处理吗？③ 可以抓几个玉米粒，直接消化吗	不同种类样品消解终点判断的比较和强化性训练确保每组学生全环节地完成项目检测训练
6	全班集中统一消解样品	各组分别进行样品制备，称样消解（为确保实验安全，建议使用石墨消解仪消解）	① 什么时候算消解彻底了？② 浓硫酸好可怕。③ 这么高浓度的硫酸，怎么转移定容啊？好怕怕。④ 早知道选个好消解的，这个玉米消解的时间比酸奶长多了	
7	耗时4学时，在课程教学时间就可以完成实验	**课内耗时**：4学时。**课外耗时**：文献检索及分析比较学习，约2学时；实验试剂配制标定等准备工作，约4学时；实验纠偏验证，2~4学时	① 虽然一周只安排了1次实验，但我这周好像都在被这个实验折磨着。② 我越来越熟悉，实验室的器具摆放在哪里了，实验室不再是只有上课时才能进去的地方了。③ 要和分析实验室的研究生们处好关系，否则遇到问题和找不到东西的时候，没人帮忙	学习目标导向明确，创造学习环境，浓厚学习讨论氛围，促进学生间交流，培养学生主动利用外部资源学习，自主解决问题的能力
8	以完成今天的实验项目为目标，不管结果对错	以暴露知识理解欠缺，发现和解决问题为目标	这些检验方法标准，虽然看起来简单，但是为什么自己动手做起来处处是陷阱，唉！书到用时方知少啊	百折不挠，学会分析问题，锻炼和增强克服困难的自信

多元融合，数字赋能，自主进阶
——新工科背景下"食品生物化学"课程改革与创新

专业名称：	食品科学与工程
课程名称：	食品生物化学
案例完成人：	黄莹（福建农林大学）
服务对象：	食品类专业本科生

一、教学案例背景和重点解决问题

1. 案例背景

随着我国创新驱动发展，《中国制造 2025》、"互联网＋"等重大战略实施，以及"一带一路"倡议的提出，教育部积极推进新工科建设，先后形成了"复旦共识""天大行动"和"北京指南"，全力探索形成领跑全球工程教育的中国模式，以立德树人为引领，坚持问题导向，以学生为中心，以继承与创新、交叉与融合、协调与共享为主要途径，培养复合型创新人才。

民以食为天，食品产业是满足人民日益增长美好生活需要的民生基石，关系到人类生命与健康。食品领域中国工程院院士指出大食品时代已经来临，未来食品发展将走"生物技术、信息技术、食品技术"交叉融合的高技术产业之路。

"食品生物化学"是我校食品科学学院 3 个专业的必修专业基础课，探究食物营养物质重要生物大分子的结构、性质及其代谢规律，具有学科交叉强、研究对象研究领域广的特点。课程的教学工作必须在新工科理念引领下进行教学创新，充分发挥在知识能力素养培养方面的课程桥梁衔接作用，满足新时期食品专业人才培养要求。

在新工科背景下，本课程根据学校建成全国一流大学的发展定位，依托省高峰学科及教育部工程教育认证、国家级一流本科专业，坚持问题导向，以学生发展为中心，着眼"健康中国"战略实施，转化国家级省部级科教平台优势，紧跟食品产业发展趋势，引入信息技术，促进科产教融合，着力教学创新，2021 年课程获评省级线下一流课程。

2. 重点解决问题

（1）解决深层次的衔接融合问题：新工科强调产业实际融入、学科前沿交叉和价值观塑造。前置课程为科类基础课，学生对食品产业认知度较低，无专业知识储备及复合应用能力。专业人才培养目标的发展对本课程的桥梁作用提出了更高要求。

（2）解决主体作用发挥问题：虽然前期改革已经尝试了以学生为中心的课堂教学，但学生角色转变后主体作用尚未能够充分发挥，需要培养学生的自主学习进阶能力。

（3）解决学习驱动力转化问题：现实情况下分数是学生学习的主要驱动力，如何实现分数驱动转化为志趣驱动，需要结合新时期学生学习特点来进行教学设计和综合考评，赋能学生全面发展。

二、研究实践路径和主要举措

1. 优化课程目标

根据新工科理念，优化课程目标，为学生的多学科知识的理论应用打下扎实基础，对学生问题分析、团队协作等综合素养培养起到支撑作用。

（1）知识目标：掌握三大营养物质等重要生物大分子的结构与性质；掌握三大营养物质新陈代谢规律及相互联系与调节；熟悉各代谢反应与实际食品生产及科研的关系。

（2）能力目标：能运用生化基本原理分析食品加工过程；能初步判断食品生产方案的影响因素；掌握初步解决食品科研生产复杂问题的基本技能。

（3）素质目标：增强民族自豪感、食品产业自信和文化自信；提升大食品大营养大健康理念和专业责任感；增强科学思维、合作交流能力和创新精神等。

2. 重构课程内容

基于课程目标梳理知识内容，提取经典理论知识，增设理论教学内容第3块"生化基本理论在食品生产科研综合应用"，将生化知识与食品生产科研有效连接。在实验教学内容部分，依托我院的国家级省部级科教平台资源及国家级虚拟仿真实验项目，虚实结合，线上线下结合，开展综合性设计性实验项目，提高解决复杂问题能力，延伸拓展专业理论到产业实践。

3. 多元化教学方法/活动

（1）初阶学知识：针对学生因知识繁杂抽象而畏难的问题，灵活采用类比教学、实物演示、生活联想、3D仿真、案例教学等教学法。为了突破知识难点，引入信息技术，建成1套涵盖7个难点知识的3D仿真软件，使知识具象化，提高教学效率和学习效果，培养学生的空间思维。注重引导学生掌握学习方法，如用思维导图开展汇报，引导学生完成自我知识结构构建，增强应对复杂知识的系统思维。

（2）中阶强能力：根据新时代学生认知特点及学习方式，采用自主合作学习法开展多种形式小组活动，如小组研讨、"小老师"课堂、知识小视频评比、探究式主题汇报等，逐步增强食品生化知识从"内化"到"外化"的能力，提升知识综合应用水平。强化学生主体作用，提高其自主学习能力，培养学生解决专业复杂问题的基本技能、合作能力和科学素养。

（3）高阶悟创新：为了使学生能切实践行于食品科研生产，我们将专业理论学习与产业创新实践、学术前沿研究相结合，引导学生在第二课堂进行拓展创新。如组织学生积极参与省级食品创新创意大赛，设计符合行业发展趋势以及消费者新需求的"健康绿色安全"食品，或提前进入实验室开展学术锻炼等，从而增强实践能力、合作意识和创新精神，促进学生自主发展。

4. 优化考评方式

采用教师评价、生生互评、产业人员点评（图1）、软件评分等多种方式，结合课程小视频制作、思维导图制作、雨课堂小测、主题汇报、作业、实验、期末考试等环节，对学生的知识、能力、素质进行综合考核。过程性、多维度、多元化考核，给予学生即时的反馈和指导，提高学生知识、能力、素质目标的达成度。

5. 融入课程思政

课程思政贯穿教学资源建设、教学设计实施和考评全过程，促进师生共讲思政形成，不断提高课程的全程育人功能。

（1）教师融合专业讲思政：从点到面、从课前到课后、从理论课到实验课、从第一课堂到第二课堂，深入挖掘课程思政教育资源，同时将思政育人有机融入教学活动和综合性考核评价。

（2）学生切实体会说思政：学生从社会、历史、产业等角度挖掘课程思政内涵，如学生在"豆

图 1 专业教师和产业人员点评课堂活动

腐中的食品生物化学"主题汇报中,挖掘出"一清二白、吃苦耐劳、诚信"等豆腐文化内涵,实现思政教育的春风化雨、润物无声。

三、特色创新和改革成效

1. 特色创新

(1)构建"专业理论、科技前沿、产业应用"多元融合新工科课程内容,实现与时俱进,适应新时代食品专业人才培养需求。

(2)探索"学知识、强能力、悟创新"自主进阶教学模式,促进知行合一,强化学习共同体,促进学生主动发展。

(3)建设"过程性、多维度、多元化"综合性考评方式,志趣驱动发展,深化全程育人,产教协同育人,促进学生全面发展。

2. 改革成效

1)课程满意度评价较高

学生评教成绩平均93.2分,认可教师为"良师益友",认为课程的"多元化模式更能调动学生思维和积极性";问卷调查90%以上学生认为课程提升了工程教育认证所要求的"问题分析、个人和团队、沟通及终身学习能力"。

督导评价平均94.3分,认为课程教学形式多样,课堂互动和教学效果好,有效调动了学生学习兴趣和积极性。

2)学生专业能力素养提升

学生通过本课程学习后专业能力素养明显提升,课前课后学生自我评价显著提高。近5年,学生获省级以上竞赛奖项26项、100余人次,向食品产业提供食品创意20余项,参与发表论文15篇、申请专利9项。

3)课程建设成效良好

教师提升立德树人本领,**在省级校级教学创新比赛中获奖**,并获评校"教学名师培育对象"和"优秀教师"。**课程获评省级线下一流课程**,获评校首批课程思政示范课程、信息化示范课程,获校级教学成果奖。课程负责人受邀在教育部高等学校食品科学与工程类专业教学指导委员会全体会议等全国会议做课程内容建设的分享报告。

四、案例反思

(1)深化产教协同育人:在现有校外产业人员参与单一考核环节的基础上,引进更多的产业工程技术人员,加强对学生的多环节考核,使学生更加明晰食品产业对专业人才的需求,进一步提高对产业的理性认知程度,增强多学科知识的复合应用能力。

（2）深化数字化课程建设：根据教学应用效果和科技发展,更新迭代自制的 3D 仿真软件。对往届学生优秀知识作品资源进行整理加工,进行模块化建设,并匹配章节,打造学生成果展示和课外学习平台,形成更好的知识传承。以数字化转型驱动课程持续改革创新,赋能学生全面发展。

工程地质课程"积木进阶"教学模式的构建

> **专业名称**：土木工程
> **课程名称**：工程地质
> **案例完成人**：欧阳恒（福建理工大学）
> **服务对象**：土木工程、智能建造、城市地下空间工程、道路桥梁与渡河工程、交通工程等专业本科生

一、教学案例背景和重点解决问题

工程地质课程是福建省省级一流线上课程和一流线上线下混合式课程，主要研究工程建设中的地质问题，解决地质条件与工程活动之间的矛盾。

1. 课程内容

课程主要包括七大章节，可归纳为工程地质概论、工程地质条件与工程地质问题、工程地质评价三大模块（图1），主要涉及矿物岩石学、构造地质学、土力学、水文地质学、普通地质学、岩土工程勘察等多学科内容，具有内容广、概念多、实践性强的特点。

2. 课程目标

（1）知识目标：系统掌握工程地质的基本理论和知识，掌握各种地质条件和工程地质问题；了解工程地质勘查的基本内容、方法和过程。

（2）能力目标：运用工程地质相关知识分析和处理一般工程地质问题，并能正确运用勘查数据和资料进行设计和施工。

（3）思政目标：培养科学思维方法、创新精神、精益求精的工匠精神；建立和谐可持续发展建设观，激发学生的家国情怀和使命担当。

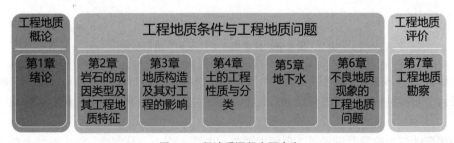

图1 工程地质课程主要内容

3. 学情分析

为促进课程建设，工程地质课程团队持续对学生进行学前调查、学中交流和学后反馈。

4. 重点解决问题

（1）混合式教学难实施：线上线下混合式教学对学生合理规划学习的自主能力、自控自律能力以及综合利用学习资源的能力都提出了更高的要求。由于学生对工程地质与专业的相关度认知不足，如何有效地提高学生的自主学习能力、养成自主学习习惯是需要深度思考的问题。

（2）探究式教学难推进：工程地质是学生最先学习的专业课程之一，学生专业知识储备少，探究式学习经验不足，教师过多地参与指导可能使学生的自主探究受到限制，而过少地指导，加之学生知识储备和探究式学习经验不足，可能使学生学习陷入无助状态。因此，在探究式教学中，如何组织规划教学活动、把握教与学的平衡对教师是极大的考验。

（3）课程思政难融入：大学生价值观趋于成熟，对社会认知更加丰富和理性，比较抗拒硬植入式的价值输入，如何有效融入课程思政，让学生真正接受教学过程中传达的价值理念和情感因素是课程思政需要厘清的问题。

二、研究实践路径和主要举措

1. 积木进阶教学模式的构建

1）创设"四合"学习社区——优化教学资源、筑牢进阶基础

教学过程打破时空壁垒，依托国家级虚拟仿真中心、省级实验教学示范中心、校企联合实习基地、省级一流课程平台，创设了多平台、多方式、多场景的"四合"教学环境，即线上线下混合、课前课中结合、理论实践融合、虚拟现实联合，实现了个体、小组、师生、生生的多向互动、即时交流、协作共享的社区型学习体验。

2）打造积木课堂——"三段六步"踏好进阶步伐

为让学生更好地开展探究式教学，结合课程三大模块知识层次递进的特点，将整门课程教学划分为三个阶段：了解适应阶段、刻意练习阶段和自主探究阶段（图2）。

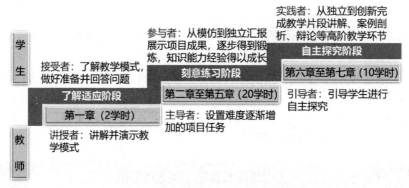

图2 积木进阶教学模式的"三段"进阶步伐

三个阶段的具体实现形式是积木课堂（图3）。积木课堂通过准备、建构、改进、展示、拓展、提升六个步骤进行探究式教学活动。每个积木课堂利用项目和项目+，让学生实现一个小的进阶。

整门课程的三个阶段共设置了7个积木课堂，由浅入深，由易到难，学生的综合能力得以全面提升，如图4所示。

在这个过程中，随着学生的进步，教师的角色由讲授者、主导者变为引导者，学生由接受者、参与者成为实践者，实现教与学的动态平衡。

图 3 积木课堂"六步"提升学生的综合能力

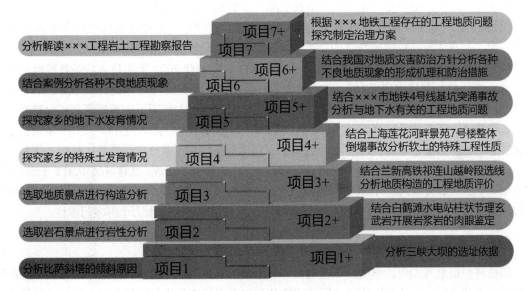

图 4 部分积木课堂项目设计

3) 甄选"四叶草"案例——融入课程思政实现情感进阶

利用"四叶草"案例将"价值塑造"自然而然地融入教学各个环节。案例需同时具备四个维度：① 反映学科前沿或经典；② 高度契合知识点；③ 具有挑战度；④ 蕴含深刻的思政元素。

"四叶草"案例主要有四个来源：① 选用能引起强烈震撼的学科经典案例；② 选用能反映前沿科技的超级工程；③ 选用教师科研成果，努力推进产教融合，以科研反哺教学；④ 吸收服务于祖国建设毕业生们反馈的工程案例，在建筑业转型升级的新形势下，主动聚焦区域产业发展和技术创新需求，注重将专业知识与行业发展紧密结合。

思政元素设计全面，包括尊重科学、家国情怀、建设者精神、工程伦理、可持续发展等，从多个角度丰富学生的心灵，培养社会主义核心价值观。

这些案例是知识与能力的载体，并且蕴含着丰富的思政元素。在教学过程中，通过对案例进行分析和讨论，学生能自然地体会、领悟到其中的思政元素，将"善与美"与知识的"真"有机相融，实现社会主义核心价值观的内化和情感的升华。

2. 课程评价

本课程采用过程性与终结性评价相结合，在量化考核数据基础上，辅以质性评价。

强化过程性考核，设置多项考核内容，从学习态度、自主学习能力、团队合作能力等多角度进行综合评价。其中，学生模拟出卷可以让学生主动进行深度学习，巩固课程的重难点，而且从他们的出题中还可以反映出他们关注的方向，我们每年会从中选取优质试题充实工程地质试题库。

三、特色创新和改革成效

基于详尽的教学分析，以学生为中心，以培养目标为导向，工程地质课程团队创新性地提出了"积木进阶"教学模式，利用由少到多、由易到难的积木思维，以搭阶梯的方式帮助学生提升综合能力。

"积木进阶"教学模式的构建使学生在课程目标达成度、自主学习能力、竞赛获奖等方面均取得了明显成效。教师依托产学研项目，指导学生开展大学生创新创业项目，助力高层次应用型人才培养。同时，学生还利用课程所学知识积极参加"三下乡"活动和科普活动，用知识回馈社会，服务地方建设，助力乡村振兴，并荣获全国"三下乡"优秀团队。

"价值引领"也是新时代教师和学生共同成长的"发动机"。工程地质课程负责团队于2022年荣获第二届福建省高校教师教学创新大赛副高组三等奖，教学成果"思政引领、实创交融、多元协同——城市地下空间工程专业实践教学改革与探索"荣获2022年福建省高等教育教学成果一等奖，课程教师获福建理工大学2021年度"匠心中国"课程思政讲课比赛二等奖、福建理工大学土木学院"超星杯"课程思政教学竞赛一等奖。课程负责人欧阳恒副教授荣获"福建省高校青年教学能手"荣誉称号、福建理工大学优秀教师、福建理工大学优秀班导师，2018年荣获首届福建省移动教学大赛二等奖，2022年荣获第六届福建省高校青年教师教学竞赛工科组一等奖。

工程地质线上课程从2017年9月开始在学银在线、中国大学慕课、优课联盟等多个平台开设，被山东大学、北京交通大学等136所高校使用，并被华南理工大学、安徽建筑大学认定为学分课，获得一致好评。"积木进阶"教学模式也逐步应用到本校地基基础、土力学等多门课程。

四、案例反思

团队将积极思考如何让学生将工程地质课程中学习到的思维方式和良好的学习习惯等延伸到更多课程以及今后的生活和工作中。团队正在和其他课程的教师进行密切探讨，拟开展现象式项目，使学生通过研究真实生活情境中的现象，联合多门课程，跨学科、长时间、以团队合作的方式完成项目。这样的方式不仅可以使学生的知识形成体系，聚焦产业发展，更能促进学生在课中、课外自主学习、深度学习、持续学习。

基于工程素养培养的"1531"教学案例设计
——以"混凝土结构设计"为例

> **专 业 名 称**：土木工程
> **课 程 名 称**：混凝土结构设计
> **案 例 完 成 人**：林晓东（莆田学院）
> **服 务 对 象**：土木工程专业本科生

一、教学案例背景和重点解决问题

1. 案例背景

莆田学院明确"应用型、地方性、开放式、特色化"的办学定位，致力于培养作为基层骨干、行业中坚的上手快、能吃苦、有后劲的应用型人才。为实现这一目标有必要对人才培养过程中"重理论、轻应用""重知识、轻能力""重灌输、轻引导"等弊端进行改革，解决人才培养和社会需求不太相符的问题，让学生尽快实现"毕业即就业"。因此，探索新工科背景下的人才培养思路，改革人才培养模式，解决人才培养的达成度与适应度就成为改革的关键。目前我国在建设行业实行注册工程师制度，它是一种执业资格制度，是国家对某些关系人民生命财产安全的执业人员实行的一种准入控制，要求从业工程师必须具备执业的基本技能。土木工程专业培养的是实践性很强的应用型人才，尤其需要加强人才的工程能力培养。

2. 重点解决问题

本案例结合"混凝土结构设计"课程的教学，以培养工程师的素养为导向，提高学生的学习成效。课程教学改革主要解决如下问题：① 以教师为中心向以学生为中心进行转变；② 教学内容融合工程实践；③ 借助信息技术改革教学模式；④ 提供更为丰富的教学资源；⑤ 改进单一评价方式。

二、研究实践路径和主要举措

1. 实践路径

结合课程特点，根据以上问题，提出"1531"教学法，具体含义如下。

1个中心：教学活动以学生为中心。

5种形式：采用课堂与网络相结合、理论与实践相结合、课内与课外相结合、仿真与实际相结合、见习与实训相结合等5种教学形式。

3环一体：连通课前、课中及课后3个环节，让教学过程"一体化"。课前发任务，重在督促；课中研讨、学习，重在互动；课后归纳总结，重在拓展提升。

1条主线：始终落实立德树人，把课程思政贯穿教学全过程。

2. 主要举措

（1）调整课程教学内容。在平时课堂的教学工作中，不仅讲授课程基本内容，同时结合课程进度介绍《混凝土结构设计规范》等标准的相关内容，让学生熟悉相关的构造规定、做法及验收标准等内容。

（2）改进教学方法。对于课程的重点章节采用案例式教学，如梁板结构设计部分、框架结构设计部分等，采用现场实物、视频、图纸等进行授课，提高学生的认知及理解程度，以实例进行分析、设计，用直观的工程感知代替理论教学。

（3）采用翻转课堂。如设计实际工程中的某根连续梁，让学生组成一个团队来完成整个设计工作，包括材料选用、截面选择、计算模型确定、荷载分析、内力计算、配筋计算，并结合《混凝土结构设计规范》的要求等进行施工图的绘制。在双向板楼盖设计、楼梯设计时也采用相同的方式来进行设计，提高学生的工程设计能力。完成后，还要求学生制作汇报PPT在班级内进行汇报，开展生生互评、师生点评等互动。

（4）训练工程设计能力。充分利用课程设计进行工程设计能力的训练，课程设计是训练学生实践能力的重要环节。本课程的课程设计要求学生根据任务书的要求进行某个建筑的方案设计，然后根据所拟定的方案进行结构设计，包括结构平面布置、材料选择、截面尺寸选取、计算简图确定、荷载分析、内力计算及配筋设计等内容，结合规范要求进行施工图的设计，最后对设计成果进行答辩。

（5）提高实训能力。充分利用土木工程实训中心、土木工程体验馆的设备进行工程训练，结合课程教学进度利用土木工程实训中心开展梁、板、柱钢筋等构造实训；利用土木工程体验馆进行钢筋混凝土结构的梁、板、柱等构件的施工工艺实训。

（6）加强学科竞赛。结合大学生结构设计竞赛、结构信息模型大赛等学科竞赛，培养学生创新、团队合作及沟通交流、解决复杂问题等能力。

三、特色创新和改革成效

1. 特色创新

（1）工程特性明显。教学案例采用在建工程或有较为详细资料的工程实例，可用多种方式来呈现，如视频、工程参观或参考其基本参数进行设计，然后对比。对于较为复杂的项目可以采用分小组的形式，共同完成项目，并制作成PPT进行汇报，不仅提升了学生的专业知识及实践技能，还可以训练学生的创新能力、团队合作及交流沟通等方面的能力。

（2）教学手段多样。设置不同的教学场景，利用校外实践教育基地或合作单位的资源，由不同的指导教师进行指导。如：到项目现场时可以请项目部技术人员进行指导；在实训时可以请校外技术工人来校进行指导；在体验馆实训时可以由有实践经验的教师来指导。

（3）教学模式更新。以工程教育认证的规范要求为指引，结合网络学习的优势，运用恰当的教学方法，优化学习，既体现教师的引导作用，又发挥学生的学习主动性、积极性与创造性，适时采用翻转课堂、轻混合等教学模式，提高学生的自主学习能力和工程素质。

（4）教学资源丰富。更新在学习通网络平台上的课程资源，优化课件、案例等，逐步完善课程题库、测验等。同时，土木工程体验馆、实训中心等可提供现场教学、实训等场所。

（5）评价形式多样。增加过程性考核的环节，如项目完成情况、学习过程表现、阶段测验等，提高过程性考核比例至50%，重点考核过程性的学习成效。

2. 改革成效

（1）工程素养逐步提升。学生对工程结构的基本受力性能有了明确的定性判断，对专业的基本知识有了明确的概念。学生在设计计算过程中，对自己的计算结果有了较大的把握，对所采用的方法、计算过程等较为确定，如为何要采用这种计算简图？为什么要采用这种方法进行计算？规范中对公式、计算方法有哪些限制条件？对常见结构、构件的构造要求较为熟悉。

（2）工程表达能力逐步规范。具备了较强的使用设计软件的能力，在各项作业及课程设计等成果体现中均要求使用相关设计软件进行施工图的绘制，训练了学生规范表达设计意图的能力。学生不仅会使用软件，且对软件计算的根据、结果具备判断的能力。

（3）专业知识整合能力逐步加强。学生在学完多门基础课、专业课后，具备了一定的专业知识，对建筑物的结构、构造等有了一定的了解，通过对工程实例的教学与练习，把所学的专业知识有机地组合起来，对结构的整体设计较为了解，熟悉常见结构、构件的设计方法及成果表现。

（4）工艺流程与工程经济逐渐理解。熟悉常见钢筋混凝土构件的施工工艺及流程，对工程经济有了初步的概念，对执行限额设计有大致的理解。

（5）职业伦理逐步培养。明确职业的义务和责任，培养良好的社会责任感及职业情操、创新精神、团队合作能力及顺畅沟通能力。

（6）人才质量逐步提高。学生在各项学科竞赛及国家、省、校级大学生"三创"比赛中成绩优异。近年来学生的就业率与专业对口率较高，第三方评估机构对本系专业教育教学的满意度也较高，表明用人单位对本专业培养学生的质量较为认可。

四、案例反思

（1）学习主动性的调动。学习主动性是决定学习效果的重要因素之一。主动性不强，则学习效果不好，对知识的理解也不能深入，没有进行较深层次的思考。这部分学生的学习成效无法得到保证。

（2）参与团队项目的积极性。团队项目的完成，需要每位成员积极参与，完成各自的任务目标，若有个别成员积极性不高，则整个团队的完成效果均受影响。

（3）教学设计的有效性。教学设计的合理性直接关系到课程目标能否达成。明确学生的中心地位，教师相当于导演，引导学生进行思考、解决问题，并进行总结、巩固，完成相应的工程训练。

参考文献

[1] 蒋宗礼, 姜守旭. 聚焦基本定位系统设计和实施学生能力的培养[J]. 中国大学教学, 2019(3): 40-44.

[2] 高文, 徐斌艳, 吴刚. 建构主义教育研究[M]. 北京: 教育科学出版社, 2008.

[3] 杨毅刚, 孟斌, 王伟楠. 如何破解工程教育中有关"复杂工程问题"的难点——基于企业技术创新视角[J]. 高等工程教育研究, 2017(2): 72-78.

[4] 陈朝晖, 王达诠, 陈名弟, 等. 基于知识建构与交互学习的混合式教学模式研究与实践[J]. 中国大学教学, 2018(8): 33-37.

"课堂－实践－竞赛"三位一体
校企共育卓越工程师的新工科教学实践

专 业 名 称: 城市地下空间工程
课 程 名 称: 基础工程
案例完成人: 郭力群（华侨大学）
服 务 对 象: 城市地下空间工程专业、土木工程专业本科生

一、教学案例背景和重点解决问题

2017年2月，"新工科"建设"复旦共识"指出，高校"新工科"建设要对区域经济发展和产业转型升级发挥支撑作用。2018年9月，教育部、工信部和中国工程院《关于加快建设发展新工科实施卓越工程师教育培养计划2.0的意见》提出，树立创新型、综合化、全周期工程教育理念，优化人才培养全过程、各环节，着力提升学生解决复杂工程问题的能力。2018年10月，教育部印发的"新时代高教40条"提出，要加强实践育人平台建设，加快发展"新工科"，探索以推动创新与产业发展为导向的工程教育新模式。华侨大学的学科特色与厦门市、泉州市战略性新兴产业无缝对接，为"新工科"实践教学改革提供了强有力的保障和生长的沃土。我校城市地下空间工程专业在此背景下，进行了"新工科"实践教学改革方面的探索。

现有的工科培养教育方案，以培养学生具有熟练掌握专业基础理论知识的能力为主。随着我国社会的进一步改革开放和现代化建设，急需一大批创新能力强、适应经济社会发展需要的高质量工程"新工科"人才，为国家走新型工业化发展道路、建设创新型国家和人才强国战略服务。为满足新时期新形态下的建筑业对技能型人才和培养卓越工程师的需求，迫切需要改变目前的教育模式，将教学重点转变为培养学生的自主学习习惯、知识创新、工程应用的能力，使培养出来的学生成为具有创新意识强，能面向工业、面向世界、面向未来的人才。华侨大学岩土与地下工程系构建了立足于"课堂+实践+竞赛"三个维度的校企协同育人模式，并在城市地下空间工程专业"基础工程"课程教学中进行探索实践。

二、研究实践路径和主要举措

1. 采用"翻转课堂"承载人才培养模式的课堂教学改革

工科教育教学方法的改革要注重启发式、探究式、讨论式、参与式教学，才能培养创新型人才。习近平总书记提出，要坚持灌输性和启发性相统一，注重启发性教育，引导学生发现问题、分析问题、思考问题，在不断启发中让学生水到渠成得出结论。岩土与地下工程系以"一流课程"建设为平台，开展基于线上资源（图1~图2）的"翻转课堂"教学改革。把包含理论与实践课程的教学贯穿于人才培养的全过程，岩土与地下工程系的基础理论、专业核心、专业实践等大部

分课程都可采用翻转课堂模式，将学习主动权交给学生（图3~图4），以教师为主导、以学生为中心，将知识传授转为知识获取，体现"给知识"与"要学习"的结合，打造高质量的课程内容与课程效果。

"翻转课堂"教学模式需要学生在课外完成较多的信息收集、分析等"传递"功能，而在课堂中"吸收消化"这些信息。课程所需要学习的知识建立在以课前学习为基础，以课堂研讨、解决疑难为核心的学习体系中。这体现了课前学习对学生自主能力的要求，更体现了课内学习教师对学生知识掌握的了解和评价。岩土与地下工程系提出以"土力学""基础工程""地下结构施工""基坑工程"为先修课程，采用"翻转课堂"模式进行课堂教学。通过改变上课模式、考核模式提高学生发现问题、分析问题、思考问题的能力。

图1　翻转课堂线上学习课程

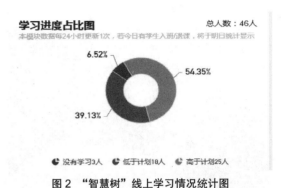

图2　"智慧树"线上学习情况统计图

图3　翻转教室上课　　　　　　　图4　学生汇报项目学习完成情况

2. 校企共建实践基地，培养提高青年教师和学生实践能力

为了满足专业课程教学的实践需要，地下系与20余家岩土勘察设计企业签订了合作协议（图5~图6）。聘请企业的工程师担任兼职教师（图7），以项目教学法培养学生实践能力（图8），深化专业知识水平。

打造一支能理论能实践的"双师型"师资队伍是工科院校提高人才培养质量的有力保障。随着基础工程新技术、新方法的发展，教师的专业实践技能也需要不断提高。校企共建实践基地（图9~图10）为师资培训提供了一个良好的平台，地下系要求青年教师每年利用假期抽出1个月的时间到实践基地、企业进行工程实践训练，深入到企业工作中，以参与企业工程设计、工程施工、科技难题联合攻关等方式，提升教师解决工程实际问题的能力和创新能力。

3. 组织、参加多层次竞赛，以赛促能

为了体现基础工程专业人才培养知识、能力、素质协调发展的原则，特别强调大学生创新思维、创新方法和科研创新能力的培养。土木工程学院成立了学生竞赛部，学生可以根据自己

图 5　实践基地授牌

图 6　中国建筑东北设计研究院有限公司实践基地

图 7　实践导师进行专业软件操作指导

图 8　项目教学法学生汇报

图 9　教师带队参观厦门管廊

图 10　学生参观厦门管廊基地

的兴趣加入结构设计、岩土工程设计、给排水设计、工程测量等专业技能小组，以及 MIDAS 和 ABAQUS 等科研软件兴趣小组。教师也可以吸收部分特长生参与教师的科研课题，培养学生科学研究的基本素养，通过本科导师制、学生专业社团等形式，组织学生跨专业参加结构设计、岩土工程设计、给排水设计、工程测量等专业竞赛活动（图 11~图 12）。

通过竞赛激发了学生主动参与创新和投身专业的热情。从 2015 年至今，地下系主办了六届华侨大学岩土工程设计竞赛（图 13），学生三人一组跨专业、跨院系组队参赛，每年有 35~40 支队伍参加。迄今为止已参加六届全国城市地下空间专业大学生设计大赛和两届全国大学生岩土工程竞赛，斩获一等奖 3 项、二等奖 4 项、三等奖 2 项（图 14）。

图 11　学生参加第一届国赛现场

图 12　学生参加第三届国赛现场

图 13　华侨大学岩土工程设计竞赛现场

图 14　学生参加国赛获奖证书

4. 提炼"基础工程"课程中的德育元素，培养爱党爱国工程人才

没有思想难成大器，卓越工程师必须塑造独特的精神品质。卓越工程师不仅要有优良的专业素质，还需要有实业报国、敬业奉献、规范严谨、开放合作、精益求精的精神素养。新时期工科教育应该进行完善与发展，充分发挥社会服务性和为国家作贡献的功能。"基础工程"课程思政要解决如何将价值引领与课程知识有机结合，并润物无声地传导给学生，让学生产生理论认同和情感共鸣，逐步塑造中国卓越工程师的风格和品质。着重做好以下思政工作：① 精心做好思政课程设计；② 潜移默化导入思政；③ 注重对中国情境的运用；④ 授课教师持续提高德育工作素养和能力。

教学团队紧密围绕"基础工程"课程的思政建设开展教学，深挖岩土专业知识点与思想政治教育的融合点，不断突破课程与思政的结合点，丰富课程思政案例，开发课程思政教学资源，打造课程思政"四线并行"的课程新形态：① 培养政治认同；② 培养专业自信心和职业道德素养；③ 深刻理解团队协作的重要性；④ 培养学生的辩证思维能力。

三、特色创新和改革成效

1. 特色创新

知识关注的是现成的答案、现成的公式、现成的历史事件的归纳，而智慧是在知识基础上关注未知的世界。培养智慧型的工程师人才，才符合我国新工科人才培养的要求。

（1）改革上课模式，采用翻转课堂的方式将学习主动权交给学生，以教师为主导、以学生为中心，将知识传授转为知识获取。引导学生批判性学习专业知识，强化基础知识的掌握。

（2）加强校企联合共建实践基地，带领青年教师和学生走进企业、走入实际工程，提供长时间观摩、思考的机会。

（3）组织、参加多层次竞赛，加强学生自主创新、创造能力的培养。学生本科期间以掌握基础知识、形成工程常识为主，但要培养新工科卓越工程师需要实现创新思维、创新方法和科研创新能力的飞跃。学生参加专业竞赛时受现有知识结构和水平的限制，需要"跳一跳"才能满足赛题的要求。在备赛过程中引导学生自主学习新知识、学习结构制作工艺，逐步培养学生学习能力、解决工程问题能力和创新思考能力。

2. 改革成效

（1）近年团队发表的教改论文被引用总频次达80余次，被下载频次近千次。

（2）人才培养成效显著，学生竞争优势明显。教学改革启动至今培养了300余名城市地下空间工程专业和土木工程专业（岩土方向）本科毕业生，为福建省一些主要勘察设计、施工企业输送了不少品学兼优的岩土工程人才。

（3）成果在省内广泛交流，产生了良好示范作用。我院先后与省内10余所高校进行多层次的经验交流，取得了较为良好的示范和辐射作用。

（4）在建设新工科和培养卓越工程师背景下进行的教学改革工作，成为华侨大学岩土与地下工程系获得福建省省级一流本科专业建设和专业认证工作建设的一个亮点，也在住建部专业认证中获得评估专家组的高度认可，有力地促进了一流本科建设和专业认证的顺利进行。

（5）师资队伍成长迅速，教学资源高效拓展。近年来教师团队承担省部级教改项目2项，发表教研论文10余篇。聘请工程教育顾问10人，设计机构兼职导师19人，建设实践教学基地20余个。

附录

（1）教学团队教学论文汇总见表1。
（2）教学团队教育改革研究项目汇总见表2。
（3）教学团队教学奖励汇总见表3。
（4）实践教学基地建设单位汇总见表4。

表1 教学团队教学论文汇总

刊名	论文名称	发表时间	作者
《普通高等教育土建、环境与安全类专业教学研究》	岩土工程本科毕业设计动态质量控制	2016.1	郭力群
《高等建筑教育》	岩土工程专业研究生岩体力学课程教学改革思考	2017.6	俞缙、蔡燕燕等
《西安建筑科技大学学报（社会科学版）》	提高岩土工程毕业设计质量的措施	2017.12	郭力群
《教育教学论坛》	城市地下空间工程专业本科毕业设计的共性问题及教改探索——以华侨大学为例	2018.3	蔡燕燕、刘士雨、涂兵雄、陈星欣
《福建医科大学学报（社会科学版）》	高校科技创新活动提升卓越工程师培养质量的路径探析	2018.8	陈捷、郭力群
《华侨高等教育研究》	岩土工程毕业设计全过程质量控制	2018.10	郭力群

续表

刊名	论文名称	发表时间	作者
《教育教学论坛》	高校课堂对话教学的类别探讨	2018.7	刘士雨、刘洋、蔡燕燕、涂兵雄
《高等建筑教育》	土木工程专业侨生土力学课程教学模式探讨——以华侨大学为例	2019.1	蔡燕燕、涂兵雄、刘士雨等
《华侨高等教育研究》	关于岩土研究生培养中理论和实践并举的思考	2019.6	蔡奇鹏、陈星欣
《潍坊工程职业学院学报》	课程思政视域下的土木工程专业教育教学改革	2020.1	蔡燕燕

注：加粗字体人员均为教学团队成员。

表2 教学团队教学奖励汇总

序号	奖励名称	奖励类别	奖励等级	本项目相关人员及排名
1	"土木工程概论"精品课程的立体化建设与实践	华侨大学第七届高等教育教学成果奖	二等奖	曾志兴、**郭力群**、林从谋、董毓利、叶青、陈荣淋
2	新成岩法透水性地基防渗堵漏处理关键技术与应用	2020年福建省科技进步奖	二等奖	**陈星欣**（排名第2）
3	地铁盾构始发和接收阶段近距离穿越地铁运营线路关键技术	2021年福建省科技进步奖	三等奖	**陈星欣**（排名第1）
4	2016年华侨大学首届专业教师教学课件制作大赛	华侨大学	二等奖	肖朝昀
5	2016年华侨大学第二届教师教学课件制作大赛	华侨大学	优秀奖	**刘士雨**
6	2017年华侨大学第二届教师教学课件制作大赛	华侨大学	三等奖	常方强
7	2021年华侨大学第九届青年教师"精彩一堂课"竞赛	华侨大学	二等奖	**蔡奇鹏**
8	2021年度福建省土木工程建筑行业协会科技成果奖	福建省土木工程建筑行业协会	一等奖	**郭力群、陈星欣、蔡奇鹏、蔡燕燕**
9	2017年中国岩石力学与工程学会青年科技奖	中国岩石力学与工程学会	银奖	**蔡燕燕**
10	2018年中国岩石力学与工程学会科技进步奖	中国岩石力学与工程学会	三等奖	赵洪宝、**蔡燕燕**、王涛、张欢、李华华、俞缙等
11	2020年福建省自然科学优秀学术论文奖	省级	三等奖	**蔡燕燕、陈青生、周亦涛、Nimbalkar、俞缙**

注：加粗字体人员均为教学团队成员。

表3 教学团队教育改革研究项目汇总

序号	项目类别	题目名称	负责人	时间/年
1	华侨大学本科教育教学改革重点立项项目	面向卓越岩土工程师的城市地下空间专业学生实践环节培养研究	郭力群	2016—2017

119

续表

序号	项目类别	题目名称	负责人	时间/年
2	福建省2016年专业学位研究生教学案例库建设项目	深大基坑工程典型案例分析教学案例库	郭力群	2016—2020
3	福建省中青年教师教育科研社科A类项目	面向卓越岩土工程师的城市地下空间专业学生实践环节培养与探索	郭力群	2017—2019
4	华侨大学2018年教师教学发展改革立项项目	利用生成性学习资源驱动设计课程教学改革研究	刘士雨	2018—2019
5	华侨大学2018年精品在线课程	工程地质学	陈星欣	2018—2019
6	华侨大学2019年精品在线课程	土木工程施工	刘士雨	2019—2020
7	华侨大学2016年百门精品课程	土力学	郭力群	2016—2017
8	华侨大学2017年百门精品课程	土木工程施工	刘士雨	2017—2018
9	华侨大学2018年百门精品课程	基础工程	郭力群	2018—2019
10	华侨大学2020年一流线下课程建设项目	土力学	郭力群	2020—2022
11	华侨大学2020年第二批新工科示范课程建设项目	工程地质学	陈星欣	2020—2021
12	华侨大学2020年第二批新工科示范课程建设项目	地下工程施工	刘士雨	2020—2021
13	华侨大学2021年第三批新工科示范课程建设项目	基础工程	郭力群	2021—2022

表4 实践教学基地建设单位汇总

序号	实践教学基地单位名称	序号	实践教学基地单位名称
1	中国建筑东北设计研究院有限公司	11	福建省岩土工程勘察研究院有限公司
2	福建省泉州市水务集团工程勘察院	12	福建建专基础工程有限公司
3	中国京冶工程技术有限公司	13	福建十八重工股份有限公司
4	中节能建设工程设计院有限公司	14	福建省五建建设集团有限公司
5	中国兵器工业北方勘察设计研究院有限公司	15	厦门华岩勘测设计有限公司
6	福建省力和勘察设计有限公司	16	福建顾祖炎结构设计事务所
7	江西省勘察设计研究院	17	闽东南地质大队
8	福建省地质工程勘察院	18	厦门工程勘察院
9	福建省建设科学研究院	19	福建泉城勘察设计院
10	核工业江西工程勘察研究总院有限公司	20	厦门辉固工程技术有限公司

基于"产教融合引领,校企平台支撑"的协同育人机制建设与创新实践

> **专 业 名 称:**建筑学
> **课 程 名 称:**专项建筑设计及其理论Ⅰ
> **案例完成人:**盖东民(厦门大学嘉庚学院)
> **服 务 对 象:**建筑学专业创新平台班本科生

一、教学案例背景和重点解决问题

1. 案例背景

"专项建筑设计及其理论Ⅰ"课程是我校积极探索产教融合教学模式、深化应用型本科教育教学改革探索创新成果、利用校企合作平台与建筑学院建设的福建省线下一流课程。"专项建筑设计及其理论Ⅰ"课程是专业必修课,授课对象为建筑学专业创新平台班四年级学生,在第四学年第一学期开设。通过本课程学习,学生能够系统地获得专项建筑场地规划与建筑设计的基础知识和基本理论的真实应用。本课程的主要特点为建立了由建筑学院参与的"产教融合"人才培养机制与产学研合作机制,平台班教学采用"设计院模式",面对"实际工程设计"场景,注重培养"双创型"人才,同时提高教师科研能力,增进科研成果积累。

2. 授课教师(教学团队)

课程团队包含课程负责人及团队其他主要成员共5人组成。课程负责人由我校校企合作平台主任盖东民担任,主要作为课程策划、设计及组织者。盖东民老师作为本课程第一负责人,主要担任建筑学院的建筑设计主干课以及相关理论课的教学,并于2017年开设建筑学专业四年级专业主干课"专项建筑设计及其理论Ⅰ(居建类规划与建筑设计)",承担本课程的策划、组织、设计、管理等多项工作。盖东民老师获得的奖励与教学研究成果有:2019年厦门大学嘉庚学院优秀教学奖。由平台副主任王青作为课程第二负责人,主要协助、参与课程建设,由建筑学院李冠群副教授、董立军讲师(高级工程师),以及建筑学院实践教学与毕业生工作组组长周忠长共同参与课程建设,同堂授课、分组指导,主讲本课程全部教学内容。

3. 课程目标

(1)提供模拟设计院工作模式的学习环境。通过本课程学习,学生能够直接获得类似工程设计的专项建筑设计及其表达的宽厚知识和高强技能。

(2)组织学生通过真实课题的设计训练,掌握对现实中建筑设计问题进行"专项研究"的能力。学生能够按照工程项目预定程序,规范而主动地展开工作,独当一面完成设计任务。

(3)建构具有类似"四新""一卓越"目标的专业拔尖人才培育机制,激励学有专长的学生成才。参加实际工程项目,使学生能够主动磨砺自己的创造思维、提升创新意识、锻炼创业能力,

脱颖而出，实现毕业与就业的无缝对接。

（4）加强高级技术专业人才培养供给侧结构改革。探索宽口径、多层次建筑学专业人才培养新途径，鼓励优秀学生考研或留学。

二、研究实践路径和主要举措

1. 课程建设及应用情况

1）课程建设情况

（1）课程教学机构——联合导师工作室：多年以来，建筑学院建筑学专业四年级实行导师工作室教学模式。在统一专业人才培养方案、统一课程教学计划与进度规约下，由年级组统领，授权课程指导教师一定的创新探索权限。于是其中诞生了侧重历史建筑保护工程的历史班和依托汉嘉平台注重设计院工作模式的平台班两个联合导师工作室。

（2）课程教学设置——专项建筑设计：建筑学专业学生由三年级进入四年级之际，通过"自愿报名，双向选择"机制，进入平台班学习。重点修读两门专业主干课程，即本课程及其后续课程："专项建筑设计及其理论Ⅰ（居建类规划与建筑设计）"和"专项建筑设计及其理论Ⅱ（公建类规划与建筑设计）"。

（3）课程教学团队——校企导师联合：在"汉嘉 - 平台班"，建筑学院与企业方选配最优秀的师资与工程师队伍，强强联合，组成导师阵容，制定专项工程项目，从全国公开招投标网站、竞赛网站自主选题，真题真做。强化学生的实践能力以及纵向、横向研究能力，培养学生的团队协作能力，提高人文、经济、管理等方面的素养与能力培养。

2）课程建设改革工作

本课程设置在人才培养方面开展的改革工作主要有：

（1）对行业人才需求进行调研，借助校企合作对人才培养方案进行修订，完善"设计院模式"的联合导师工作室课程体系。

（2）完成"专项建筑设计及其理论Ⅰ"课程大纲的建设工作。

（3）尝试构建灵活多样的教学方法，专注提高教学质量。

（4）开展学生第二课堂活动，包括大学生创新创业训练计划项目以及其他相关的学科竞赛。

（5）通过实践使得设计院建筑师与专职教师共同承担（联合导师工作室）课程的授课。

2. 课程建设应用

凭借本课程建设，平台班办学至今，已有规模、已见成效。2017年至今已培养学生共145人，其中大多数学生还未毕业，即已深得设计企业的认可和欢迎，还有一些学生准备选择出国留学或者考研深造。

3. 人才培养成果

（1）考研：自2017年至今累计培养学生共145人，被录取为国内外重点大学研究生累计34人。

（2）就业：除考研外平台班其余学生全部进入知名设计公司。公司包括华汇设计、深圳市建筑设计总院、天华设计、合立道设计、同济大学建筑设计院、佰地设计等。特别值得一提的是，还有数位毕业生被"校企平台"的企业方合作单位汉嘉设计集团录用。

（3）能力提升：通过一年的本课程学习，学生都能参与到多个实际招标工程项目，逐渐对本专业有了新的认识，对碎片化的课程也有了系统的理解，在思想上对建筑设计有了一定的认同。课程评价及改革成效方面不仅得到了学生的积极评价，同时也得到了社会和学生家长的高度肯定，多名学生家长特意到学校参观。学生在高年级获得"设计院模式"下的真实体验，提高了学生的获得感和成才感。

三、特色创新和改革成效

1. 课程特色

本课程最主要的特色在于：改"专题设计"为"专项设计"。

建立了由建筑学院与建筑设计院携手共同参与的"产教融合"人才培养机制与产学研合作机制，通过直接与社会发展、地方建设、经济生产接轨，探索出一条完全不同于传统教学模式的专业人才培养之路。

2. 课程教学改革的创新点

（1）建设类"设计院工作模式"的专业人才培养基地：本课程教学改革最重要的创新点是，化解两院（建筑学院和建筑设计院）"工作模式""功能属性""运作机制"等一系列深刻矛盾（其中尤以"作息制度"差异为根本难题），建立起兼有两院特点的两栖专业人才培养平台。

（2）直接培养面对市场、符合社会需要的专门人才：本课程注重培养"三创型"人才，符合社会对专门人才的第一需要。人才市场最需要的是设计能力强、表现技法强、团队意识强的"三强"专业人才。创新平台班教学采用"设计院模式"，面对"实际工程设计"场景，保障了这一目标的实现。

（3）教学互动科研，教师得到培养：本课程在培养学生成才的同时，也培养、提高了教师科研能力，增进了其科研成果积累，做到了实实在在的校企合作，培养人才、服务社会，也体现了嘉庚学院的发展思路——"教学与科研并举，以有效教学见长"。

四、案例反思

1. 持续建设计划

（1）借助校企合作进行人才培养方案的修订，进一步完善平台班（联合导师工作室）课程体系。

（2）借助校企合作进行相关课程的开发建设，包括主教材、教学大纲、电子课件、教学视频、案例库等，形成丰富的课程教学资源。

（3）以先进的多媒体技术为工具，构建灵活多样的教学方法。

2. 需要进一步解决的问题

（1）资金问题。扩大创收能力。

（2）空间问题。目前研究中心已经具有了设计及装修水平较高的工作空间，然而相对于人才培养的实际需要，还远远不够。

（3）队伍问题。一方面是提升教师的职称、优化教学团队的机构；另一方面是建立多学科融合、多工种配合的人才机制。

3. 改革方向和改进措施

（1）设置专门岗位，招聘专业实验员，建立独立实验室。

（2）扩大本课程教学模式的适用规模，让更多的学生享受"设计院工作环境"人才培养的成果。

（3）提升教师团队的业务能力和设计水平，促使本科生通过项目制学习，能够参与更多高级职称教师的横向与纵向科研项目，使学校成为企事业单位人才的孵化基地。

（4）进一步开拓组织学生参加学科竞赛的渠道。

（5）校企合作共建教学实习基地，营造开放办学的教学模式。

（6）建成多个学科不同方向专业工作室、实验室，并配套课程实验与设备。

"工效学"课程教学创新与实践

> **专业名称**：工业工程
> **课程名称**：工效学
> **案例完成人**：肖冰（福建理工大学）
> **服务对象**：工业工程专业本科生

一、教学案例背景和重点解决问题

工效学又名人因工程学，是工业工程专业的核心课程。近年来，工效学教学团队始终坚持立德树人的根本任务，结合新工科建设和工程教育认证要求，对传统教学方法进行分析，结合新工科及"中国制造4.0"对专业提出的新要求，创新教学实践，取得了显著成效。课程团队负责人肖冰副教授团队自2009年开始担任中国人类工效学学会管理工效学学会委员至今，于2021年获得校本科课堂教学优秀奖，2022年带领课程团队在福建理工大学（原福建工程学院）第二届高校教师教学创新大赛校内选拔赛中获得了副高组特等奖。

1. 案例背景：学生理论与实践能力不均衡

本课程创新设计之前，教学重点在理论部分，对实验部分完成度不高，增设了实验教学内容以及课程设计环节后发现，学生对识记型知识可以较好掌握，但实践能力未能得到有效的提升。

2. 重点解决的问题

课程团队通过企业调研，结合新工科建设以及"中国制造4.0"对本专业提出的新要求和挑战，发现教学中存在以下几个亟待解决的问题。

（1）课程思政与课程内容融合：高阶性设计不足。

（2）对当代大学生特点考虑不足：传统以教师为主导的教学模式，学生对知识主动参与度较低，不利于创新思维的形成。

（3）理论学习难度大：课程知识点繁杂，学生对简单部分积极性不高，难点部分又很难理解且不易掌握。

（4）缺少挑战度：重视知识传授，但能力、素质提升环节尚有不足。

（5）课程评价需要改革：过程考核不易衡量。

因此，深化课程教学改革，推动教学创新设计，显得尤为重要。

二、研究实践路径和主要举措

为适应新工科以及《中国制造2025》战略纲领的要求，课程教学团队不断丰富课程内容，创新教学方法，进行教学实践改革。

1. 修订完善课程目标

（1）培养人-机-环系统分析和设计的能力：利用所学知识对工程设计、工作安排等提出科学的方案，提高作业者的作业能力、生产率、安全性、舒适性和有效性，提升系统的综合效率，体现应用型本科高校特色。

（2）规划、发掘、整合专业相关领域问题的能力：结合学校"以工为主、区域性、应用型"的办学定位，掌握基本知识和方法，具备执行相关领域实务所需技术、技巧及使用现代工具的能力。

（3）设计和执行实验，以及分析和解释数据的能力：具备运用数学、科学与工程技术于工业与系统工程领域的能力，满足工业工程专业培养核心能力素质要求。

（4）了解专业伦理、社会责任，具备项目管理、团队合作的能力：拓展工效学设计思想在生活、工作和管理中的应用，树立"以人为本"的良好观念，具备有效沟通、领域整合能力。

2. 课程教学创新设计

本课程基于建构主义教学理念，创新理论与实验教学，开展如图1所示的课程创新设计，重视知识、能力、素质的有机融合，培养学生解决现代生产、生活环境下相关人因工程问题的综合能力。

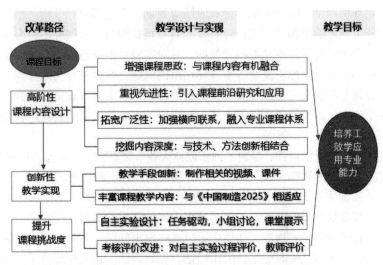

图1 "两性一度"金课标准下工效学课程教学设计

1）课程内容的重构

（1）践行根本性：增强课程思政，与课程内容有机融合。将课程内容与思政元素有机融合，应用案例以及党史学习等内容，形成有血有肉有内涵的故事，形成如表1所示的课程思政设计，引导学生的学习兴趣和价值理念，有传承、有担当，强化高阶认知。

表1 工效学融入人文素养与课程思政设计

课程内容	思政内容	思政亮点	思政目标
课程概述	海军驱逐舰的工效学设计	习近平：军事上的落后一旦形成，对国家安全的影响将是致命的	责任担当
照明环境	无眩车灯设计	习近平：青年是社会上最富活力、最具创造性的群体	专业素养

续表

课程内容	思政内容	思政亮点	思政目标
噪声环境	国庆70周年阅兵礼炮的科技秘密	阅兵装备从"万国部队"到全部国产化	科技创新、责任担当
空气环境	中国科学院院士赵忠尧教授"护镭始末"	张伯苓：爱国三问	勇担时代使命
体力工作负荷	企业生产视频	智能生产的迫切性	以人为本、专业素养
人的信息处理系统	中国空间站界面设计、航天员选拔与训练	文化自信	责任担当
作业空间设计	传统建筑设计	大国工匠精神	职业素养
自拟实验设计	甲骨文：从、比、北、化	文化传承、文化自信	科学思维

（2）提升挑战度：增加学生自主实验设计，鼓励创新，并利用成果参加学科竞赛、发表论文。

比如：在研究环境照度对手机游戏者的视觉疲劳影响时，学生用眼动仪、照度计等实验设备，在实验中分别采集环境照度、眼动指标、游戏成绩等数据，并进行交互分析，给出不同光照条件对游戏者的视觉疲劳的影响及相应建议；针对校园内石板路因为石板间隙不符合人体步态要求而导致的扭伤问题，学生进行了样本抽取测量数据，并对实验数据进行模拟，给出了石板铺设改善建议；针对福州市潮汐车道中标志复杂容易误导司机的问题，学生进行实地考察后，提出了设计建议；针对高速公路上二次交通事故容易导致的重大损伤，学生对车载警示三脚架进行了人因工程学改善，增加了灯光、声音的刺激信号，并为放置警示标志的人新增具有声、光刺激信号的马甲，避免二次交通事故的发生；等等。

学生在实验过程中注重创新性，参加了创新创业大赛、交通科技大赛等，并发表了期刊论文。

（3）加强实践性：持续制作、优化与课程内容相关的图片、教学视频。

比如：在课堂授课中讲述"工作环境中的粉尘"时，引用了2014年江苏昆山粉尘爆炸事故等的视频，让学生有身临其境的感受，加深对课程内容的理解和掌握；在讲述"注意分配"部分时，利用企业调研时录制的生产视频，让学生通过观察发现问题，并讨论提出改善相应工位的建议和策略；把综艺节目中与"瞬时记忆、工作记忆、长时记忆"相关的部分录制成短视频在课堂播放，加深学生对课程相关内容的理解；等等。

（4）保持先进性：近年来，在教学和实验环节，分别增加了眼动仪、驾驶舱、生理数据采集、虚拟现实等设备，并利用这些设备开展了相应的实验项目，鼓励学生开展课程前沿研究和应用。

（5）重视专业性：把见习工业工程师考试引入课堂教学。在教学过程中，持续对见习工业工程师技能考试进行辅导和培训，提升学生的职业技能。

小结：课堂是人才培养的主渠道，也是教育改革的主阵地，因此，深化工效学教学改革，推动教学创新与实践，显得尤为重要。

2）教学方法的创新

（1）课堂授课模式创新

① 情境体验式：制作与教学内容相关的图片、教学短视频，创设教学情境，在情境中感知和体验工效学现象，体现学生在课堂上的主体性。

② 问题驱动式：设计层层递进的问题链，确保教学中学生的主动参与。

比如，课程内容中"人的信息处理"部分是教学中比较难的部分，针对人的信息处理模型，提出"什么是注意?""在人的信息处理过程中有什么作用?"等问题,在观看企业生产视频前,提出"员工需要完成哪些操作?""对这个工位的员工选择需要哪些能力?""作为工业工程师,你对这个工位的改善有哪些建议?"等问题,让学生带着问题去学习和观察,提高主动性,培养工业工程的专业思维。

③ **现场测试式**:对教学中比较难的部分,引入现场测试,通过直接的观察和体验来学习。

比如:在课堂讲述"环境噪声"内容时,播放人耳可以听到的声音测试;在讲述"瞬时记忆"时,在课堂上利用脑年龄测试小程序,让学生加深对瞬时记忆的理解;自制测试反应时小设备测试不同性别、不同年龄的反应时差别;让学生自己计时和计数,进行一分钟俯卧撑测试时间知觉和注意分配;等等。通过现场测试体验,激发学生的学习兴趣,加深其对课程内容的理解和掌握。

(2)运用现代教育教学技术

利用东北大学郭伏教授国家一流课程资源,对教材中自学部分和难点内容通过慕课进行学习,注重线上线下相结合。

3)教学环境的创设

(1)物理环境

① 重新制作教学课件,注重色彩的变化,营造积极的学习环境。

② 对实验室进行合理布局,使其符合小组讨论、交流氛围,如图2所示。

图2 实验室教学示例

(2)信息环境

① 重视教与学之间信息传递的有效性,适时反馈掌握学生学习情况。

② 增加课堂测试等辅助教学手段,提升教学效果。

(3)心理环境

营造良好、轻松的学习环境,有针对性地表扬和纠正,激发学生的学习兴趣。

4)教学评价的改革

(1)**丰富教学试题库**:持续把实际应用、企业调研和新闻媒体中出现的相关问题,如一线员工的肌肉骨骼损伤、视力受损、噪声性耳聋,以及微博上的热点等,纳入学习和考试环节。

(2)**重视知识和能力的考核**:对自主实验设计部分,针对优缺点以及优化方法进行讨论,教师根据实验报告的选题、内容、方法、团队合作、完成情况等进行评分。

(3)**注重过程考核和能力考核**:按平时考核成绩50%和期末考试成绩50%综合评定总评成绩。

三、特色创新和改革成效

1. 课程创新设计特色

(1)思政与课程内容融合的理论教学:对课程思政进行探索和创新,实现"知识传授"和"价值引领"的融合。

（2）课内与课外结合的实验教学：通过自主实验设计，实现知识的自我构建，激发创新思维。

（3）任务驱动式的实践教学：以学生为主体、教师为主导，重视实践能力的培养，达成实践环节目标，实现如图3所示的教学模式的转变。

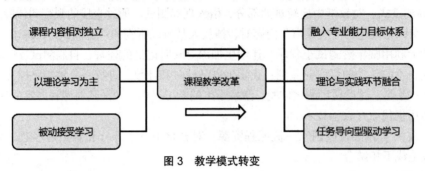

图3　教学模式转变

2. 教学创新取得的成效

（1）在专业教育认证中，本课程课堂教学与实践教学获得专家的高度认可。

（2）课程设计作品参加创新创业大赛、交通科技大赛等比赛并获奖，部分项目如表2所示；发表论文5篇，部分论文题目和发表期刊如表3所示；连续多年多篇毕业论文获得优秀毕业论文奖。

表2　近年来学生参加创新创业大赛部分项目

参赛题目
避免二次交通事故的汽车三脚架警示牌创新设计
行李箱的固定卡扣装置设计
电动吸尘黑板擦设计
工程学院食堂窗口优化改善

表3　近年来本科学生发表的论文

论文题目	期刊名称
基于音乐对不同道路驾驶疲劳的唤醒作用	《人类工效学》
The Impact of Background Music on Driver Visual and Driving Performance	CICTP
幻灯片配色方案认知效率的眼动研究	《福建工程学院学报》
不同配色方案的交通限速标志的视认性研究	《人类工效学》
道路交通信息量对驾驶员眼动行为影响的研究	《福建工程学院学报》

（3）课程负责人获得2019—2020学年本科课堂教学优秀奖、第二届全国高校教师教学创新大赛校内选拔赛特等奖；连续多年学校督导的教学评价为A。

（4）对2014年以来学生的优秀实践作品汇编，部分目录如图4所示。

3. 示范推广

（1）有关职业技能考试获得中国机械工程学会工业工程分会表彰，起到区域带头作用。

（2）在同行院校中起到示范性课程的作用，部分高校对本案例课堂、实验、实践环节进行观摩和学习。

目录

H5 宿舍楼逃生路线设计	1
南区路标系统设计	16
福建工程学院阶梯教室桌椅改良设计	34
华南女子学院公交车站设计与改善	46
基于人因工程的宿舍书桌—座椅分析与改善	65
人因工程在宿舍卫生间设计中的应用	91
基于人因工程学的福建工程学院南区停车场改善与设计	122
基于人因工程学的手抓饼摊位分析与改善	149
教室风扇的分析与改善	161
手机盒的多功能应用改装设计	185
福建工程学院学生自律委员会办公室布局改善	212
宿舍垃圾桶的人因工程学分析与设计	235
福州市东浦路潮汐道路交通标志改善设计	254
收缩二级伞及伞面的创新改造	264
福建工程学院学生宿舍钥匙与餐卡一体化设计	286
南区石板路导致扭伤问题的分析与改善	296
宿舍栏杆外侧晒鞋架设计	328

图 4 学生优秀设计作品汇编

四、案例反思

教学创新设计的最终目的是提升教学效果，需要综合考虑学生特点与课程内容，二者有机结合，教师与学生共同成长，激发学生的创新思维，提升专业能力。教学创新永远在路上，需要持续不断地进行探索。

以学生为中心、面向新工科多方协同全力打造金课建设
——以"运筹学"课程建设为例

> **专业名称**：自动化
> **课程名称**：运筹学
> **案例完成人**：付荣、孔祥松、郑雪钦、彭彦卿（厦门理工学院）
> **服务对象**：自动化专业本科生

一、教学案例背景和重点解决问题

1. 案例背景

1）课程基本信息

"运筹学"是自动化专业（智能控制方向）的一门专业选修课程，理论学时为32，面向大三学生开设。自2018—2019学年春季学期首次开课以来，目前已经完成第五轮授课（最近三轮课程更名为"最优化导论"），近四轮授课均采用线上线下混合式（异步SPOC方式）开展。本课程于2020年先后入选校级精品线上线下混合式课程、校级课程思政教学改革项目、**福建省一流本科课程**（线上线下混合式）；2021年本课程入选校级课程思政优秀案例库；2022年获校级教学创新大赛二等奖。

2）教学团队基本信息

课程教学团队具有丰富的线上线下混合式授课经验，课程负责人付荣讲师及团队成员孔祥松副教授承担了**首届国家一流本科课程**（线上线下混合式）"现代控制理论"的教学任务（孔祥松为负责人/第一主讲教师，付荣为第二主讲教师，如图1所示。此外，课程团队的郑雪钦教授和彭彦卿教授还分别是两门省级一流课程"电力电子技术""自动控制原理"的负责人。梯次合理、学科背景多元的教学团队，为打通课程、学科界限进而多方协同推进本课程的建设创造了有利条件。

图1 国家一流课程"现代控制理论"

3）学情分析

我校为应用型本科院校，自动化专业为省级一流专业，立足于培养新工科背景下应用型、创新型高级专门人才。本专业学生具有较强动手实践兴趣和实践能力，但理论基础薄弱，学习主动性不足，较缺乏目标感和自信心；同时本课程理论性强、内容抽象，涉及多种数学工具，学生容

易产生畏难情绪。传统课程改革未充分从教学主体学生特点出发,因此并不能有效地解决上述问题。此外,传统教学过程中,容易过于强调课程的工具性作用,往往忽视专业课程的价值引领作用,对课程育人着力不足。

2. 重点解决问题

在本课程的总体设计中,团队经多次探讨与交流,尝试在教学实践中贯彻"扩展知识,培育能力,锤炼思维;应用导向,问题驱动,快乐学习"的设计理念。这一设计理念可以划分为两部分,它涉及本门课程学什么和怎么学的关键问题,强化了学生在学习中的主体地位。第一部分针对"学什么"的问题,明确提出课程需要让学生学到的内容;第二部分针对"怎么学"的问题,明确提出如何教与学,在教学过程中引导学生怎么学的方式方法。

上述设计理念简要来说,从本门课程的教学目标上来看,明确强调学生不能仅仅学习一些运筹学理论知识,更重要的是,在教学过程中,要侧重于锤炼他们的思维方式和方法,培养他们发现问题、分析问题及解决问题的能力,并引导他们系统化思考,培养批判性思维。另外,从本门课程的教学方式和手段上来看,本课程面向新工科,多方协同打通理论与实践界限,以工程应用为导向,帮助学生从复杂工程问题出发来应用理论知识。

二、研究实践路径和主要举措

基于前述教学理念,课程团队在教学内容重构、教学组织实施上采取了以下举措。

1. 面向新工科,量身定制教学内容

1)为自动化专业和控制学科量身定制教学内容

运筹学涉及内容相当广泛,而本课程的学时数较少(32 学时),教学内容无法面面俱到,因而必须对教学内容进行裁剪和优化,以适配新工科背景下自动化专业人才培养方案。选取教学内容时,采用了以下原则。

(1)选取与本专业密切相关的内容为主:选取线性规划与单纯形法、对偶理论与灵敏度分析、线性目标规划、整数线性规划、图与网络优化、对策论等方面的相关内容进行课上讲授,其他课上未介绍的内容通过期末的分组汇报环节进行交流(以学生分组汇报为主,介绍课上未讲授的运筹学分支的最新进展和相关应用)。

(2)面向新工科与学科前沿,跨课程协同育人:在平时的教学中,力求面向新工科背景,聚焦自动化领域复杂工程问题,并与本专业前沿进行结合,为此,在课内开设了运筹学与人工智能的专题课(图 2)。同时还打通"运筹学"和控制理论类课程的联系,阐述运筹学蕴含的优化思想/方法在控制科学与工程中的典型应用,使学生明白科技在未来国际竞争中的关键作用,增强科教兴邦的使命感。

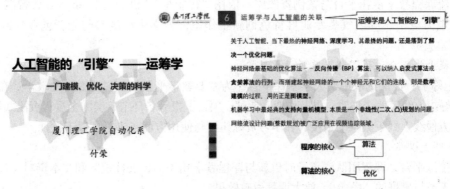

图 2　运筹学与人工智能专题课

(3)课程思政深度融合型运筹学案例资源库：授课过程中，引入和知识点相关的典型案例，并注意融入课程思政，介绍了我国历史上运筹思想的代表性应用，如"田忌赛马""晋国公修皇宫""沈括运粮""李冰父子修建都江堰"等。一方面使得授课生动有趣，另一方面也提升了学生的民族自豪感；同时，鼓励学生以讨论区的方式参与课程建设，对于优质素材/主题给以激励分。

(4)与历史和时事热点相结合，做好课程育人

结合教学内容的授课进程，适时引入相关的课程思政教育（时事案例），并配合课上讨论和课后作业；针对热点时事问题，开设数次专题课（疫情背景下的运筹学视角、控制科学视角看航空安全（图3）、三角决斗中的博弈问题等），进行重点剖析；最后，期末考核阶段，设置1~2个重大时事案例分析题（华为逆境与中美博弈、"港版国安法"与香港长治久安等），综合训练学生对运筹学知识的应用能力。同时，借助于线上运筹学案例资源库，拓展学生思维，深化课程育人效果。

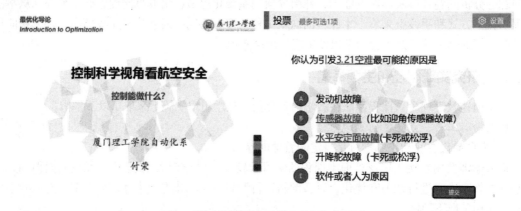

图3 "控制科学视角看航空安全"专题课

2.打通理论与实践界限，多方协同提升教学效果

(1)理论课堂与实践课堂双螺旋协同运行的新型教学模式：在传统混合式理论课堂基础上开辟课外实践课堂，多方协同、深化推进"运筹学"项目驱动式教学，建立教师-小组-全体学生三级架构的项目实践体系，形成了理论课堂与课外实践课堂双螺旋协同教学模式，促进学生有效学习。相关项目成果在期末的分组汇报中呈现。

(2)构造跨专业、跨学科、跨平台、跨界的多方协同育人课程建设体系及工作模式：以跨专业、跨学科、跨平台、跨界（"四元耦合"）多方协同电气类专业群课程教学创新团队为依托，打通"运筹学"与实践课程、学科竞赛、创新创业训练和毕业设计等教学与课外实践环节的联系，构造一流课程教学依托平台与案例资源库；依托"智能车""机器人""嵌入式暨智能互联""微电网与电力电子"等电气类专业群特色创新工作室，为学生深度参与创新创业实践奠定条件（图4）。

3.线上线下全过程课程思政驱动式教学

"运筹学"授课选取中国大学慕课平台作为主要教学平台展开异步SPOC教学。在教学过程中，抓好线上线下两个课堂，以及作业、考试、项目汇报等各环节，实施全过程沉浸式课程思政。

为方便线上线下教学的衔接，在学习资源建设与使用方面，进行了以下设计。

1)线上课堂

在慕课平台，课程团队注意及时更新与课程教学相关的扩展性视频和文本资料（如兰彻斯特方程、人类与瘟疫的斗争等），放大课程思政效果。

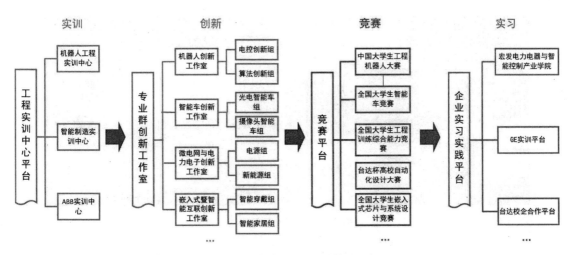

图 4 "四元耦合"创新实践体系平台

2）线下课堂

在知识的传授过程中，注意不失时机地与课程思政进行有机融合，做到了润物无声。以对偶原理与忆阻器为例展现其具体实施模式。

"运筹学"关于对偶原理的讲授过程，适时引入了关于著名科学家蔡少棠和他所预言的"忆阻器"的发现过程的介绍，让学生了解他们所正在学习的理论对科学和技术进步所带来的指导性作用，鼓励学生"大胆假设，小心求证"。通过把对偶原理进行适当的延伸，使学生对科学理论在技术和工程发展中所起的指导性作用，有了深刻的体会，也引发了其对科学探索精神的思考。

3）强化学生主体地位，采用"自评+互评"的作业评价模式

采用了基于爱课程平台的"自评+互评"的作业批改模式，教师提前在线上导入作业答案和评分标准，学生转换角色，以教师的角度评价自己和若干位学生的作业，配合惩罚机制（不参与或少参与互评影响最后得分），有效提高了学生参与课程的积极性和主动性，强化了学生在学习中的主体地位。

4）课程思政融入期末考核

在大作业、期末试题中引导学生对时事问题进行分析，对分组项目的"得与失"进行反思。

三、特色创新和改革成效

1. 特色创新

"运筹学"课程理论性强，涉及多种数学工具，学生容易产生畏难情绪。针对课程特点和学生学情，课程团队以学生为中心，结合新工科发展需求和自动化专业/控制学科特点进行教学内容的有机重构和线上线下全过程课程思政驱动式教学，提供了从"学什么"到"怎么学"的完整解决方案，多方协同促进学生有效学习，重视价值塑造和学生成长，把课程育人落到实处。

2. 改革成效

（1）教学效果提升：本案例首先在本校"运筹学"课程（2020年入选**省级一流课程**）和"现代控制理论"课程（2020年入选**国家级一流课程**）的线上线下混合式教学中应用，反响良好，学生学习的积极性有较大提高，对课程参与程度增加，师生交互频繁（图5）。大量学生通过课程项目实践（图6）参与、投身科研实践或学科竞赛（图7）。

图5　线下分组讨论、汇报

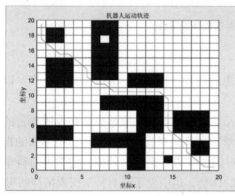
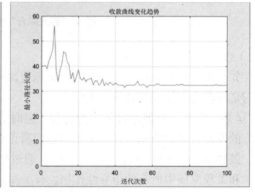

图6　学生汇报主题"蚁群算法机器人最短路径规划"

图7　学生投身学科竞赛获奖

（2）标志性成果

2020年本课程先后入选校级精品线上线下混合式课程和福建省一流本科课程（线上线下混合式），2021年课程还入选校级课程思政优秀案例库。2021年课程团队研究成果"新工科背景下基于项目驱动的双螺旋、双闭环混合式教学模式"获省级慕课与线上线下混合式教学典型案例，相应课程思政教学模式获2021年省级课程思政示范项目立项。2022年课程团队多方协同教学模式获得**福建省高等教育教学成果二等奖**（郑雪钦、孔祥松、付荣分别排名前三）。

（3）示范推广：本课程特色教学模式在校内外产生了良好的示范效果。团队负责人和主要成员曾受**教育部自动化专业教指委**（图8）、福建省应用型本科先进制造专业类教育联盟及校内多个学院（图9）邀请做分享交流，获得专家和同行肯定。相应的教学模式已在学院进行了推广，助力多门校级一流课程建设，已孵化"运动控制系统"等一批新的省级一流课程。

图8 教育部自动化教指委2020年华东协作组工作会汇报

图9 校内教学研讨会交流

构建"e 点"智联课程,培养"三联"智造人才

> **专业名称**:自动化
> **课程名称**:电气控制与 PLC
> **案例完成人**:徐哲壮(福州大学)
> **服务对象**:电气工程与自动化学院相关专业本科生

一、教学案例背景和重点解决问题

"电气控制与 PLC"是福州大学国家级一流本科专业建设点"电气工程"学科与"自动化"学科的相关专业必修课。课程开设于本科三年级上学期,学生已经掌握了数学、电路和计算机编程等专业基础知识,即将面对智能制造、工业互联网等复杂工程问题的挑战。

电气控制和 PLC(可编程逻辑控制)技术是目前广泛应用于工业控制系统的基础技术,既是工业电气化时代和自动化时代的关键技术,又是新一代工业革命的载体。

本课程在"新工科"人才培养指南的指引下,根据电气工程与自动化学院相关专业的培养目标、毕业要求,制定了"联知、联智、联志"的教育目标。

(1)联知:在知识传授方面,让学生能够以控制思维为主轴,串联电气控制线路设计与 PLC 编程等基础知识,进而掌握智能制造前沿控制技术的发展脉络。

(2)联智:在能力培养方面,让学生具备将互联网和智能化技术与 PLC 控制技术有机结合,进而解决复杂控制工程问题的高阶思维与综合能力。

(3)联志:在价值塑造方面,让学生在学习过程中逐步坚定科技报国志向,勇于成为工业软硬件国产化的践行者,实现对社会主义核心价值观全方位认同。

对照"新工科"标准下制定的课程教学目标,结合课程教学过程的实践观察与自我反思,发现传统电气控制与 PLC 课程教学中存在以下三个待重点解决的问题。

(1)传统教学内容难以满足智造需求,学生缺乏自主学习动力

电气控制与 PLC 在智能制造技术体系中扮演了承上启下的重要角色,是新一代工业革命的基石。然而传统教学内容知识结构陈旧,没有展现 PLC 与智能制造的密切关系,难以满足学生们对前沿技术的好奇心,学生普遍缺乏自主学习动力。

(2)教学信息化导致信息超载,学生专注难、教师管理难

互联网技术推动了教学信息化的进程,但也带来了信息超载的问题。一方面,学生在线上学习和使用教学类 App 的过程中,极易被各种信息转移注意力,影响学习效率。另一方面,教师需面对学生、课件、试题、讨论等各类信息的管理和记录工作,需要耗费大量时间和精力,学生的过程性评价也难以获得全面客观的数据支持。

（3）国产化战略与主流市场需求矛盾，学生对自主研发缺乏自信

工业软硬件是我国被"卡脖子"的关键技术领域。现有工业控制系统的控制器以西门子等国际品牌为主流，传统课程教学内容也局限于技术应用，缺乏系统设计原理和技术发展过程的解析，使得多数学生存在"迷信"国外主流品牌技术门槛、对于自主研发的自信不足等问题。

二、研究实践路径和主要举措

针对上述问题，本案例充分发挥主讲教师的科研创新优势，提出了"e点"智联的教学创新模式（图1），**将"智能"和"互联"的技术和理念贯穿于整门课程教学**。通过科研项目进课堂，将智能制造与工业互联网技术融入教学内容与教学环境；通过混合教学与自主研发的"e点课堂"，用智能化与互联网技术推进教学方法创新和教学评价改革；进而在教学过程中培育学生自主研发的志向，最终培养兼具"联知、联智、联志"能力的智造人才。

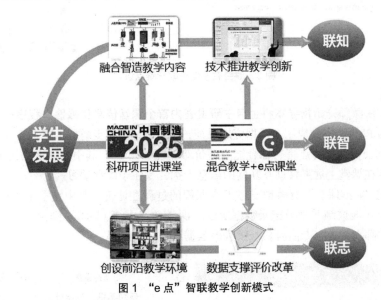

图1 "e点"智联教学创新模式

1. 科研项目进课堂，融合智造教学内容，创设前沿教学环境

针对课程知识体系陈旧的问题，主讲教师将主持的国家自然科学基金面上项目、国家重点研发计划重点专项相关的工业互联网与智能智造等前沿技术融入课程内容体系，提升教学内容的高阶性，激发学生的学习兴趣和动力；同时以智能控制思维为主轴串联基础知识点，掌握智能制造技术的发展脉络。

主讲教师将省高校重点实验室与省工信厅公共服务平台等省级科研平台创设为课堂教学环境（图2），让学生们全景式地感受智能制造系统的复杂性，通过研讨系统设计中各环节的关键点和创新点，塑造学生"新工科"的分析思维与创新思维；同时通过亲身体验国内工业互联网的创新研究成果，提升了学生们的民族自豪感。

图2 科研平台创设课堂环境

2. 混合教学+自研"e点课堂"，以技术推进教学创新，以数据支撑评价改革

在课程内容重构的基础上，本课程采用混合教学的方式：在我校网络课程中心自建慕课，将基础知识点安排至线上教学，同时设置在线小测考察学生的线上学习情况；线下课堂则聚焦于教学重难点的讲解（图3），根据学生在线小测的情况，让提交不同答案的学生展开讨论与分析，引发学生深层次的思考，训练学生的批判性思维。

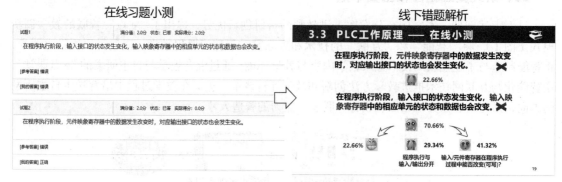

图3　混合教学促进教学难点讲解

2017年，主讲教师开始指导**本科生自主研发省内首个课堂信息化微信小程序——"e点课堂"**，并在电气控制与PLC课程中应用。根据应用反馈，"e点课堂"逐步增加了问答互动、专注度记录、学霸排行、课堂公益、教师点赞、综合能力评价等功能（图4），其中专注度的记录和排名功能，可有效鼓励学生在课堂上远离移动互联网的信息干扰，专注于课堂学习。

混合教学与"e点课堂"有效地支撑了本课程的过程性评价，其中线上学习成绩（10%）由课程中心的线上小测成绩与学习记录数据决定，课堂学习成绩（20%）则由"e点课堂"记录的答题正确率、教师点赞数、专注时长、出勤率数据综合计算获得。

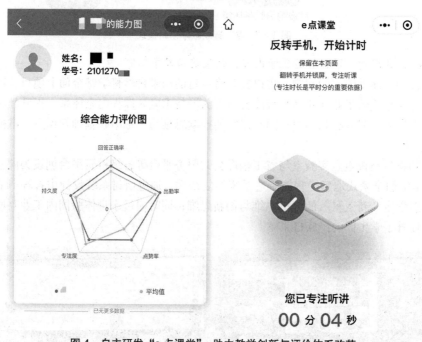

图4　自主研发"e点课堂"，助力教学创新与评价体系改革

三、特色创新和改革成效

自本案例实践以来,电气控制与 PLC 课程的教学创新模式在基础知识学习、智造科研创新、自主工具研发等方面获得了一系列成效。

1. 提升课程知识学习效果

主讲教师所负责班级的卷面成绩及格率与平均分均高于同期进行的传统教学班(图 5),证明了教学创新举措能够促进学生对基础知识的掌握。

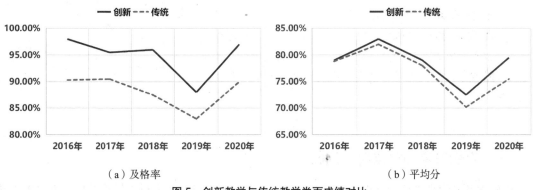

图 5　创新教学与传统教学卷面成绩对比

2. 激发学生科研创新动力

在课程教学的启发下,学生在工业互联网等领域开展了科研创新活动。主讲教师指导本科生主持大学生创新创业训练计划项目 4 项(含国家级项目 2 项),获得包括"互联网+"和"挑战杯"在内的各类创新创业竞赛国家级奖项 6 项、省级奖项 3 项,发表 SCI/EI 论文 4 篇,申请发明专利 9 项(已获授权 5 项)。

其中代表性创新成果是学生**将课程实验中的"混料罐自动控制"与工业物联网、小程序等知识有机串联**,设计了"面向工业现场故障的远程诊断分析系统",并获得了由教育部与中国自动化学会主办的"台达杯"高校自动化设计大赛全国二等奖。该团队成员也树立了投身中国智造事业的志向,分别直博到浙江大学、北京理工大学等高校进行深造。

3. 自主研发"e 点课堂"

"e 点课堂"小程序完全由本科生自主研发完成,获得了教育部产学合作协同育人项目、国家级创新创业训练项目的支持。自 2017 年年底上线至今,由于其实用性和易用性,在没有商业推广的情况下,"e 点课堂"已累计为 17 万用户提供了课堂信息化服务,用户遍及全国 60 多所高校。

4. 教学相长

本课程的教学创新过程陪伴主讲教师从讲师成长为教授,一方面,促进了主讲教师对于工业控制系统的深度理解,进而支撑了国家项目的申报和研究工作。另一方面,主讲教师作为负责人建立的"福建省工业大数据服务型制造公共服务平台"有力支撑了本案例的创新工作,并于 **2021 年入选了福州大学科研平台向本科生开放典型案例**。

四、案例反思

(1)本案例的创新模式如何推广至"新工科"其他课程的创新改革中?

(2)教师在"新工科"改革中扮演重要角色,如何兼顾教师的个性与模式的普适性?

(3)如何保证"新工科"课程教学内容能够紧跟国家社会需求的发展?

电磁学及光学理论课程的案例式可视化教学

> **专业名称：** 电子科学与技术
> **课程名称：** 电磁场与电磁波、工程光学、信息光学
> **案例完成人：** 林志立、任洪亮、李小燕（华侨大学）
> **服务对象：** 电子信息类、光电信息类专业本科生

一、案例背景和重点解决问题

电磁学及光学理论课程是电子信息类、光电信息类等工科专业本科生知识结构的重要组成部分，是使学生了解或掌握电磁学和光学的基本定律、分析方法及其实践应用的培养途径。电磁学及光学理论课程具有理论深奥抽象、公式枯燥繁琐、电磁场时空分布复杂等固有特征，成为了一类典型的"难教、难学"课程。如果我们遵循传统的以课堂理论阐述和公式推导为主的"静态化、碎片化、流水账式"教学方式，学生将无法在头脑中形成直观、形象、完整的物理图像，课程的教学效果较差。同时，部分学校院系因为缺乏开展配套实验教学的条件，往往导致该类课程变为纯理论教学。与传统课堂的理论教学相比，案例式可视化教学是一种可有效融合理论教学与实践教学的现代化综合教学模式，可让静止、枯燥、零散的理论、公式以及电磁场时空分布直观化、具体化和形象化，可提升学生利用现代化工具解决复杂工程问题的实践能力，提高工科专业理论课程的教学质量和教学效果。

开展和实践理论课程的案例式可视化教学，可以解决以下三个方面的教学难题。

（1）解决了电磁学与光学理论课程内容固有的"难教、难学"问题。电磁学及光学理论课程教学内容具有"理论模型抽象、方程公式繁琐、场量分布复杂"的固有特点，导致了该类课程的教学工作具有一定的难度和挑战性。可视化教学借助电磁仿真算法和软件的电磁场模拟能力和专业数学软件的可视化功能，开发案例式可视化教学资源，并融入课程教学过程中，可帮助学生更加直观形象地掌握和理解课程知识点，从而提高学生对该类理论课程的学习兴趣。

（2）解决了课程传统教学过程中存在的"流水账、碎片化"教学问题。由于电磁学和光学理论课程章节众多、知识量大，传统的碎片化、流水账式的课程讲授方式，阻碍了学生对课程知识体系的总体把握，容易迷失学习目标和学习重点。开展案例式可视化教学，可有针对性地遴选关键案例问题进行讲解，从而可以把课程的重要知识点串通起来。这种教学模式不仅减轻了学生的学习负担，也有利于培养学生综合利用所学知识分析和解决工程问题的能力。

（3）解决了理论类课程普遍存在的"重理论、轻实践"问题。部分高等院校因教学场地或实验设备等条件限制，不具备开展线下实验教学的客观条件，导致理论课程教学变成纯理论教学，对解决实际工程问题的教学涉及较少，导致工科专业学生"理科化"，缺乏对所学课程知识应用领域的了解，欠缺应用课程知识解决工程问题的能力。案例式教学可以通过讲解实际工程问题案

例，解决学生工程能力差的问题，以培养"新工科"人才的工程意识。

二、研究实践路径和主要举措

案例式可视化教学主要以有限元法（FEM）、时域有限差分法（FDTD）等电磁场数值计算方法或商业电磁仿真软件为算法支撑，以 Matlab、Mathematica 等专业数学软件为平台支撑，通过遴选具有代表性的实际工程问题和现实生活案例应用作为教学案例进行仿真编程和可视化演示，从而获得包括图形图片、动画视频等媒介在内的优质教学素材，并巧妙融入课件制作和课程教学过程中，使学生对课程所学知识的应用领域和所能解决的工程问题有更加深刻的理解和认识。

为了实现以上教改目标和研究路径，可采取如下路径举措。

（1）深入调研国内外同行在电磁学和光学理论课程中所开展的可视化教学研究现状，学习电磁仿真算法或电磁仿真软件，掌握专业数学软件的科学计算及图形可视化展示功能，全面分析电磁学和光学理论课程的典型工程问题和现实生活应用案例，制定合理可行的可视化教改工作方案和技术路线。

（2）以课程教学大纲为基础，选择具有代表性的电磁学和光学工程问题作为可视化教学改革的设计案例。基于电磁仿真算法和专业数学软件开发所对应的电磁学和光学问题的基础公式、求解过程以及结果可视化的软件代码程序包，从而获取完整的课程可视化教学素材和电子课件。

（3）将案例式可视化教改成果在工科专业理论类课程中实践应用。根据课堂教学效果和师生的反馈意见，对可视化教学素材、电子课件、课程讲义和程序代码不断进行改进和优化。参加教育教学工作会议，与同行交流最新的案例式可视化教改研究成果，扩大教学成果的影响范围和实践价值。

三、特色创新和改革成效

案例式可视化教学是针对电磁学及光学理论课程教学中存在的固有难题所开展的新型教学模式，具有诸多显著的特色和优势。首先，案例式可视化教学实现了电磁学及光学理论类课程内容特点与现代数值仿真技术的有机结合，并巧妙地将数学软件的可视化功能应用到理论课程的教学过程中。这种结合可谓恰到好处、相得益彰。其次，案例式可视化教学可适应任意时间和地点的线上教学，也可通过设计仿真实验教学，弥补实验教学的不足，如适应突发疫情暴发期的远程教学。最后，利用专业数学软件的图形可视化和动画演示编程功能，将电磁学和光学问题求解过程和结果进行可视化图形和动画视频展示，用直观形象的可视化图形代替深奥抽象的空间想象，可以帮助学生更深刻地理解和解决电磁学和光学的典型现象和问题。

案例式可视化教学方式率先在教学团队主讲的"电磁场与电磁波""工程光学""信息光学"等理论课程中实践应用。教改成果应用实施三年以来，选课学生的课程成绩和课程目标达成度均有了较大的提高，反映出这些课程的教学质量有了较大的提高，人才培养目标得到了更好的实现。同时，教学团队在 *Proc. SPIE*、《教育现代化》、《应用光学》等教育教学期刊发表教改研究论文，并在中国光学学会光学与光学工程教育教学研究专题会议和光学与光子学教育及实践国际会议上作口头报告宣讲，从而提高了教改成果的影响力度和推广范围。

四、案例反思

案例式可视化教学是一种有效融合理论教学与实践教学的新型仿真教学方式，可以让理论课程知识的讲授更接近于解决实际问题的真实过程，有助于弥补理论类课程中实践教学环节的缺失，有利于学生全面、直观、形象地理解和掌握课程知识。该项教改成果的推广应用，有利于提高工科学生对理论类课程的学习兴趣，有助于提高学生解决实际工程问题的能力。对于不熟悉电磁仿真算法的教师，可以利用商业电磁仿真软件来实现对案例问题的可视化仿真。同时，该教学方式可实现远程线上教学，并且具有良好的复制性和移植性，可为探索"新工科"人才的新型培养模式提供示范和借鉴。

参考文献

[1] Zhili Lin, Xiaoyan Li, Daqing Zhu, et al. MATLAB-aided teaching and learning in optics and photonics using the methods of computational photonics[J]. Proceedings of SPIE, 2017, 104521W-7.

[2] 林志立, 蔡杰, 赵欣彤, 等. 基于时域有限差分法的电磁波和光学课程可视化案例教学研究[J]. 中国多媒体与网络教学学报, 2021(3): 209-211, 227.

[3] 林志立, 陈子阳, 陈旭东, 等. 基于FDTD和MATLAB的光学理论课程可视化辅助教学研究[J]. 教育现代化, 2019, 6(82): 173-175.

[4] 林志立, 朱大庆, 蒲继雄. 电磁理论类课程可视化教学中的MATLAB动画技术研究[J]. 中国现代教育装备, 2017, 259: 30-32.

[5] 林志立. 基于Mathematica的"电磁场与电磁波"课程辅助教学改革研究[J]. 教育教学论坛, 2016(1): 86-87.

[6] 林志立, 李小燕, 蒲继雄. 电磁理论类课程Mathematica辅助教学研究[J]. 应用光学, 2016, 37(S): 15-19.

新工科背景下基于贯穿式项目实现的"数字电子技术"课程建设

> **专业名称：** 电子信息工程专业
> **课程名称：** 数字电子技术
> **案例完成人：** 刘玉玲（厦门工学院）
> **服务对象：** 电子信息工程专业本科生

一、教学案例背景和重点解决问题

2017年教育部召开了高等工程教育发展战略研讨会，大家普遍认为，新工科是新科技革命、新产业革命、新经济背景下的工程教育改革，建设新工科的关键任务包含学与教、实践与创新创业等内容。2017年《地平线报告》预测了更具互动性、智能化和个性化的教学方式与技术将得到快速发展，以探究式、讨论式、参与式教学和混合式学习等学与教的方式与技术将逐步普及。

数字电子技术是电子信息类相关专业的专业基础课，在本专业人才培养方面起着重要的作用。如何在课程教学中提升学生的实践创新能力，培养学生的创新思维，使之成为更符合新工科时代人才需求标准的合格毕业生，是教学研究的一个重要方向。在近几年的教学实践中，我们团队陆续申请了与课程有关的教研项目，比如省一流课程、校级教改等。通过这些项目的实施，梳理了教学内容，整合了教学策略，进行了很多有益的尝试，积累了相关的研究经验，并形成了目前以项目贯穿式为主的教学方法。

二、研究实践路径和主要举措

为了改善学生学习兴趣低下、提升实践动手能力和创新能力，本次改革主要将平淡无奇的流水线式讲授更替为贯穿式进阶项目教学，增设电子实训，传统的"PPT+板书"的纯线下模式更替为线上线下混合式教学，强化实践能力和团队协作能力。

成果导向教育（OBE）是一种先进的教育理念，其在教学设计与实施中强调如下四个方面：培养目标要以需求为导向；毕业要求要以培养目标为导向；课程体系和课程教学要以毕业要求为导向；资源配置要以支撑毕业要求与培养目标的达成为导向。

具体到数字电子技术课程，以厦门工学院为例，培养目标主要有两个：

（1）掌握数字电子技术的基本概念和基本应用；能够查阅数字电子技术方面的国内外专业资料；可以完成简单数字电路的分析，并选用合适的中小规模数字模块设计数字电路。

（2）能够以小组合作的方式学习数字电子技术的相关知识并进行实践；通过团队合作，合理使用数字电路芯片完成小型数字系统的设计；建立团队协作意识，学会相互包容与优势互补。

根据课程目标,调整教学方案如下。

(1)优化教学内容:对教学内容进行合理优化:与计算机基础课程内容重复的"数制与码制"仅做复习检查;逻辑门电路这一类较简单概念的内容只做了解性介绍;所有逻辑芯片在讲解时,减少了功能器件的内部电路原理分析,增加了对其使用参数及注意事项的表述。

(2)改革教学模式:为了顺应时代发展,改善教学效果,将"被动学习"转换为"主动学习",课程教学调整为线上线下混合式教学。线上学习理论知识,课前进行测试了解学生学习情况,针对未掌握知识点进行强化,同时对教学内容进行拔高并开展相应的翻转课堂。

(3)更替教学方法:为了提高学生的学生兴趣,课程以贯穿式进阶项目进行教学,以2020级电子系学生为例,增设贯穿式项目——抢答器,其关联知识点和项目要求如表1所示。

表1 贯穿式项目相应知识点及项目要求

项目名称	关联知识点	项目要求
抢答器1	组合逻辑电路	实现八路抢答,拨码开关输入,数码管显示
抢答器2	锁存器和触发器	更改输入为轻触式开关,增加主持人控制按钮
抢答器3	脉冲波形的产生与变换	增加抢答倒计时功能

采用贯穿式进阶项目,是为了让学生的每次设计有一定的延续和拓展,不断地总结设计,并添加新的功能,让学生更有成就感。项目在实施过程中,首先讲解项目要求,并根据刚学的知识点,给出项目的结构框图,为了实现框图中的各个功能,学生需自行查阅资料,使用不同的逻辑芯片完成。由于使用的芯片不同,芯片连接过程中的电平匹配、逻辑端口的控制等相关问题需要进行合理地处理。实践表明2020级电子系学生设计能力较强,每个项目都可以设计出10种以上的方案,极大地提升了学生的创作兴趣和创新实践能力。并且每组需派代表上台进行设计讲解,借此提高大家的口头表达和自我展示能力。

为了突破实验教学资源制约,充分利用Multisim仿真软件,让学生可以随时设计、验证自己设计的电路,真正做到任何时间、任何地点都能进行学习活动。项目先虚后实,虚实结合,当电路验证无误时,可进工艺实习车间进行电路板焊接和调试,锻炼实操能力。

(4)增设小组作业:开课之初,把学生以3~4人为单位分成学习小组,共同讨论解决课程问题;并有针对性地在多个教学环节设计多层次的小组作业,锻炼学生的团队能力与培养互助精神。

三、特色创新和改革成效

课程改革的特色创新点如下。

(1)贯穿式项目教学的设计:课程教学围绕基本数字逻辑、组合逻辑电路、触发器和锁存器、时序逻辑电路、波形转换电路展开,设计贯穿式进阶项目,通过项目驱动式教学形式组织贯穿全部教学活动。本设计包含两部分——虚拟仿真和电子实训,学生前期可通过Multisim仿真软件进行电路的分析与设计,后期将电路图焊接成电路板实物,由虚到实,虚实结合。

图1~图5为课堂教学实录图片,其中:图1为教师通过超星学习通发布课堂测试;学生代表被随机抽取,回答问题,如图2所示;教师经过理论部分的讲解,提出项目设计的要求和方法,并引导学生如何利用所学知识进行设计,学生在教师的引导下自行查阅适合设计要求的芯片资料,如图3所示;之后利用仿真软件Multisim进行电路搭建,如图4所示;最后教师请各组代表上台展示自己的设计思路,同组学生可进行补充,如图5所示。

图1 现代化教学工具发布课堂测试

图2 学生代表回答问题

图3 学生查阅芯片资料设计电路

图4 学生利用仿真软件Multisim搭建电路

图5 学生代表上台展示设计思路

（2）混合式教学的更替：疫情时代，我们感受到了线上教学的优势，但此模式同时也缺少了相应的监督。于是线上线下混合式教学模式应运而生，线上使得教学多样化、立体化；线下使得师生面对面，加强监管和交流。课程从2020年春季至今，已连续三年采用混合式教学模式，持续反思改进中，学生反馈良好。同时本课程目前已获得2021年福建省线上线下混合式一流课程立项。

（3）思政元素的增加：在理论教学中增加思政教学，从不同的哲学角度帮助学生形成正确三观、养成科学思维和创新习惯。例如学习常用组合逻辑芯片的应用时，强化在电路中每个逻辑芯片实现一个功能，只有所有功能加在一起，才能构成一套完整的逻辑系统，引导学生正确看待个体与整体的辩证关系，充分发挥个人在创新团队中的作用，在提高团队凝聚力和综合性创新能力的同时实现个人创造力和核心力。

（4）课程教材的自主编写：目前所使用的教材是经典教材《电子技术基础（数字部分）》（康华光教授主编），但考虑到本校应用型高校的办学理念，以及学生的相关层次，教学团队联合校外企业自主编写课程教材。教材的相应内容做了部分调整，全书采用项目式书写，并在章节处增设二维码,学生可以通过扫描二维码查阅章节视频、课后练习讲解、项目分析等资源,教材真正实现信息化、立体化,增强学生学习的自主性与灵活性,为广大师生提供了更为全面且多样化的教材配套服务。

(5)改革成效:通过本课程改革,学生的总评成绩由70分左右,提升至75分左右,及格率也由80%左右,提升至90%左右。此外学生的学习兴趣和积极性也得到了提高,实践创新能力明显增强,创新思维也显著提高,在2021年和2022年全国大学生电子设计竞赛中均获得了较好名次。另外,大学生创新创业大赛、"互联网+"等比赛,学生报名参赛的人数也逐年增加。2021年课程负责人与大创学生一起申请了实用新型专利。

四、案例反思

教学改革是一个长期持续的过程,有意识地开展教学反思和教学改进,才能不断地进步。但目前仍存在以下问题。

(1)贯穿式进阶项目案例个数过少,后期可通过调研或讨论,设计更多的、贴近生活的实例,更大地激发学生兴趣。

(2)电子技术发展日新月异,教师也需利用寒暑假自我学习,参加相关专业培训、企业挂职锻炼等,了解行业发展趋势,以便更好地在课堂上进行多种教学方法的融合。

参考文献

[1] 林健. 面向未来的中国新工科建设[J]. 清华大学教育研究, 2017, 38(2): 26-35.

[2] 顾佩华. 新工科与新范式: 实践探索和思考[J]. 高等工程教育研究, 2020(4): 1-19.

[3] 李志义, 朱泓, 刘志军, 等. 用成果导向教育理念引导高等工程教育教学改革[J]. 高等工程教育研究, 2014(2): 29-34.

[4] 赵玉峰, 王巍, 任冬梅. "新工科"背景下案例分析法在工科专业电类课程课堂教学中的应用探讨[J]. 智库时代, 2019(16): 194, 196.

[5] 王业琴, 张敏, 杨艳, 等. 新工科背景下《电路理论》教学创新与实践[J]. 淮阴工学院学报, 2021, 30(02): 91-94.

基于工程融入的"微波技术与天线"课程教学改革与实践

> **专业名称**：通信工程
> **课程名称**：微波技术与天线
> **案例完成人**：李婷（福州理工学院）
> **服务对象**：通信工程专业本科生

一、教学案例背景和重点解决问题

1. 案例背景

"微波技术与天线"课程是电子信息类专业重要的专业课，是无线通信系统与技术的理论基础，除了支撑后续专业课程的教学，也能够直接用以解决工程实际问题。本课程的先修、后续课程如图1所示。课程内容主要包括微波传输线理论、波导理论、微波网络、微波元器件以及天线等知识，为解决无线通信系统中的问题，提供"路""场"和"网络"三个角度分析方法，是学生深入理解电磁波传播、无线通信系统基本结构和天线辐射机理与应用的重要课程。

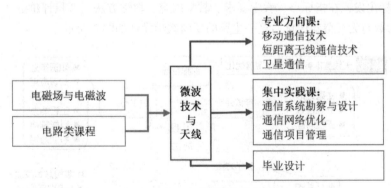

图1 本课程与其他课程的关系

2. 学情分析与重点解决问题

本课程面向以培养"高素质应用型人才"为目标的地方应用型本科高校电子信息类专业本科三年级的学生。学生已具备较全面的学科基础知识，需通过专业课学习分析和解决复杂工程问题所需的理论和方法，教学中存在课程难度大、学习内驱力不足、与工程实践脱节严重等问题。新工科强调以复杂工程问题为导向的、多学科交叉的工程实践与创新训练，因此如何将工程实践融入教学内容、工程训练融入教学过程、工程能力评价融入教学评价、培养学生的创新能力和解决复杂工程问题的能力是新工科课程建设中亟待解决的问题。

二、研究实践路径和主要举措

本课程在新工科建设理念指导下，以 OBE 教学理念为核心、参考 CDIO 工程能力教育标准以及布鲁姆教育目标分类法，对课程内容进行重构，组成"双师"教学团队，结合工程案例开展教学，形成基于"反向设计"的"主题式"教学模式，同时强调工程能力的考核，构建"知识、能力、素养、工程"四维课程考核评价体系。课程改革总体思路如图 2 所示。

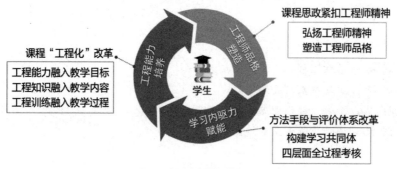

图 2　课程改革总体思路

教学中将价值引领和职业导向贯穿始终，在培养学生专业能力的同时，注重树立其正确的价值观、唯物主义科学观和高尚的职业道德观，将社会主义核心价值观、科学精神、个人与工程师职业修养等有机融入知识传授过程，使课堂成为立德树人的前沿。

1. 课程教学的反向设计

从专业培养目标出发，结合毕业要求制定课程目标，明确每课时的教学目标、指标点、教学要求、教学内容、教学方法、考核评价等；为更好地契合工程实际，邀请企业工程师作为"工程导师"走进课堂，建设企业项目案例库，将工程教育融入教学设计，评价学生工程能力，建设涵盖了天馈设计、馈线检测、无线规划、网络优化等工程项目的课程教学案例库。

从课程目标出发，在指标点、教学要求、教学内容、教学方法、考核评价五个环节进行细化设计。"天线参数与无线覆盖优化"这一主题的反向教学设计如图 3 所示。

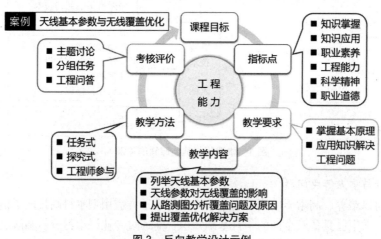

图 3　反向教学设计示例

2. 教学内容重构与主题式教学设计

主题式教学，指不拘泥于教材的排列顺序，采用主题的方式，根据学生水平，从不同的教材里选取合适的内容甚至自编内容进行教学。打破教材固有顺序，对繁杂的计算和晦涩的推导过程进行了筛选与弱化，补充工具软件应用、新技术剖析和工程项目，重构了三大模块共 14 个主题的教学内容（图 4）。图 5 则是基于 BOPPPS 的主题教学过程设计示例。

通过主题式教学，教学内容选取和编排更加灵活、有针对性，学生学习兴味盎然，配合信息化技术，课堂变得热闹而充满活力，学生参与度大幅提高，真正成为课堂的"主人"。

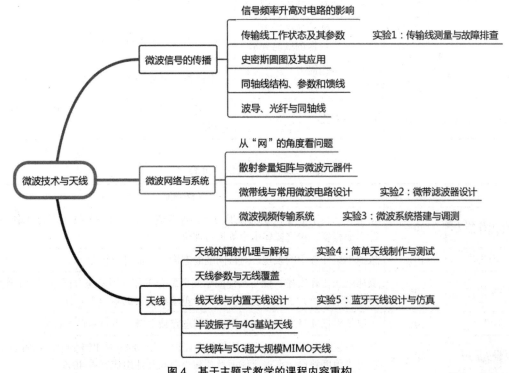

图 4 基于主题式教学的课程内容重构

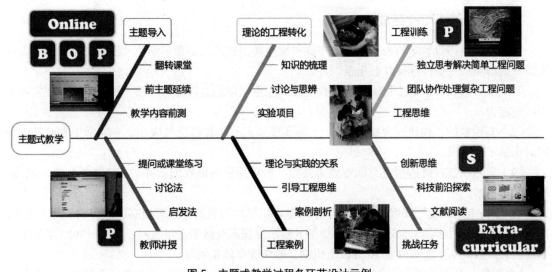

图 5 主题式教学过程各环节设计示例

3. KAQE 四维课程考核改革

为了能够更加突出工程能力训练的重要性，将工程能力作为单独的课程考核项纳入课程考核评价体系，KAQE 四部分的成绩权重、考核重点指标和形式如表 1 所示，其中工程能力训练评分依据如表 2 所示。

表 1　KAQE 四维度考核重点指标与形式

维度	考核重点指标	考核形式
知识（K）40%	基础理论知识 参照示例，分析并解决理论问题	习题、小测、期末试卷
能力（A）25%	计算机辅助设计、辅助计算能力 实验环境的搭建、数据测试与分析	实践表现、实验报告、创新挑战
素养（Q）15%	学习能力、团队协作能力 诚信、钻研、奉献、高效、创新	小组任务、论文/项目报告撰写、创新挑战
工程（E）20%	解决工程问题的能力	工程项目研讨的参与度、活跃度和对小组任务达成的贡献度

表 2　工程能力训练评价表

项目	成绩权重	考核细则
实际工作能力	40%	学生在项目上的工作表现和现场问答等考核，根据分析解决问题的思路、技能掌握程度、独立操作水平等进行评价
学习态度	10%	依据小组任务中的表现、对待问题的态度等方面进行评分
团队协作	20%	服从组长工作安排、能与其他同学同事配合工作，因不配合同组同学工作而造成本组项目无法完成或解决方案严重脱离现实的本项为 0 分
贡献度	10%	小组长根据项目进行过程中组员对问题点或关键节点贡献情况打分
报告/汇报	20%	从合理性、实用性和经济价值等角度评价，占 60%；从 PPT 制作、讲解思路、效果等角度评价，汇报成绩由教师和小组间互评组成，占 40%

三、特色创新和改革成效

立德树人是高校教学的根本任务，本课程聚焦新工科建设活动中学生"工程思维"和"设计思维"的培养，主要特色有以下几点。

（1）工程融入：邀请工程师参与课程建设，注重工程能力训练与考核，提升学生解决复杂工程问题能力。

（2）知识重构：构建三大模块 14 个主题实现知识的工程转化与应用，夯实学生专业基础的同时丰富工程知识。

（3）学习赋能：价值塑造与职业能力共驱，过程评价与形式创新并举，点燃学生学习动力，筑牢学习根基。

"微波技术与天线"课程改革后，学生的学习积极性和成就感显著提高，课程成绩逐年提升，对后续专业课学习起到了有效的支撑，如图 6 所示课程不及格率逐年递减，2021—2022 学年第一学期绝大多数的学生能够取得 70 分以上成绩，教学改革效果明显。

"电磁场与微波技术"于 2019 年被评为省级一流线下本科课程，"微波技术与天线"在此基础上，于 2021 年入选学校校企共建课程典型案例，于 2022 年获省教学创新大赛正高组二等奖。

课程教学改革实施以来，学生在工具软件应用、测量仪器操作和硬件开发等方面的能力获得较大进步，对工程问题分析解决能力有了明显改善，在团队协作、沟通交流、创新实践方面的能

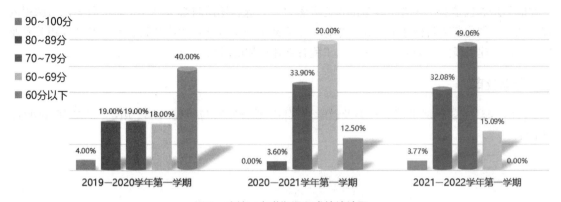

图 6　连续三个学期课程成绩统计图

力提升尤为显著。学生将课程知识应用于飞机控制信号传输和接收系统优化，2020—2022 连续三年获得全国大学生电子设计竞赛（福建赛区）一等奖。学生在"大唐杯"全国大学生移动通信 5G 技术大赛和"经世 IUV 杯"大学生通信网络部署与优化设计大赛等以考核大学生移动通信工程应用为主要目的的赛事中成绩斐然，近两年获得 4 项国家级奖项、8 项省部级奖项。学生"我要做、我要讲、我要教、我会做"各阶段典型成果如图 7 所示。

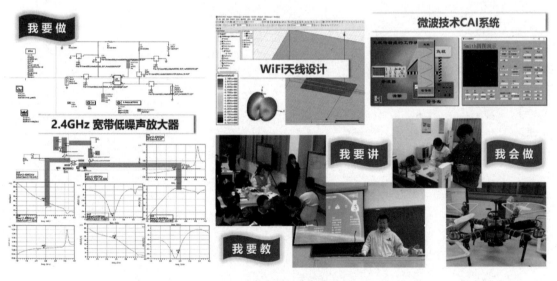

图 7　学生成长进步明显

课程建设成果有效地支撑了专业建设，作为在无线通信领域的专业核心课程，本课程的教学改革为后续课程和教学带来了积极的影响。后续课程纷纷开展形式多样的教学改革与创新："移动通信技术"和"卫星通信"被确认为 2020 年省一流本科社会实践课程和省一流本科虚拟仿真课程；以校企合作共建课程为积淀的通信工程专业"深化校企合作创新应用型人才培养模式"获校级教学成果特等奖。

四、案例反思

本课程从社会需求和培养目标出发，反向设计课程目标、教学目标和教学内容，主题式教学重构课程内容，工程能力训练融入课堂教学，能够较好地提升学生解决复杂工程问题的能力，而工程能力培养也是新工科教学改革的核心要素之一。课程团队将继续夯实工程项目案例与课程内容的融合，细化工程目标达成度评价指标，丰富线上线下教学资源库建设，在同类高校相关专业推广本课程建设模式，推动新工科通信工程各专业课程的融合创新。

参考文献

[1] 王海. 主题式课堂模式分类及教学建议[J]. 教育实践与研究: 幼教版(C), 2020, 000(007): 115-117.

基于可见光通信的室内共享车位及高精度定位系统

专业名称	物联网工程
课程名称	物联网定位技术
案例完成人	徐世武（福建师范大学协和学院）
服务对象	物联网工程专业本科生

一、教学案例背景和重点解决问题

1. 案例背景

"物联网定位技术"是物联网工程专业的专业核心课程，同时也是新工科教育背景下的新兴课程。随着城市化的快速发展，出现越来越多的大型室内停车场，为了能够准确地引导车辆停放，精确的定位技术显得非常重要。卫星导航系统在室外可以取得良好的定位效果，然而其无法提供室内定位服务。目前，国内地方性本科院校，实验条件相对落后，大部分专业性教师偏向理论教学，忽略实践教学的重要性。为了提高学生的团队合作与综合实践能力，激发学生的科学探索精神，本案例以福建师范大学协和学院物联网工程省级一流专业为依托，结合近几年新兴的可见光定位技术，利用室内停车场的 LED 照明基础设施，以"物联网定位技术"课程为基础，设计了一个基于可见光通信的室内共享车位及高精度定位系统案例。因此，结合目前实际停车难的民生问题，本案例的设计无论是针对实际教学，还是针对科学研究都非常重要。

2. 重点解决问题

（1）可见光通信的编码与解码。由于可见光通信与传统的无线通信技术不同，只能传输实数信号，为了区别来自不同 LED 的信号，需要对 LED 发射源进行编码，光电二极管（PD）接收端同时进行解码。而编码、解码的准确性直接决定了定位的精度，因此是本案例重点解决的问题。

（2）定位算法的设计难题。地方性普通本科院校的本科生相对不擅长理论部分的研究，而定位算法直接决定了定位精度。因此，本案例采用师生结合的方式，教师查阅相关文献，学生参与教师的科研，从而实现教研结合，以解决定位算法的设计难题。

（3）共享车位信息的及时、准确发布，用户车牌信息的准确获取，以及如何实现实时物联网共享车位系统的统一管理问题。

二、研究实践路径和主要举措

总体目标：以创新性案例为导向，学生能够从理论与实践开发上掌握物联网的体系结构，培养学生的学习积极性与科学探索精神，培养具有创新精神的人才；采用模块化设计，培养学生的团队合作精神；以大学生创新创业项目、"互联网+"项目为导向，结合教师的科研项目，使创新性案例成果与社会投资对接起来。

1. 案例的硬件设计

本设计案例硬件部分涵盖了单片机与嵌入式系统、通信原理、模拟与数字电路以及传感器技术等基础课程。案例涉及的高精度可见光定位系统的硬件总体框架结构如图1所示，主要包括LED发射端的编码与驱动电路，以及PD接收端电路设计。其中，LED发射的编码格式如图2所示，包括起始位、识别（identification, ID）位、测压位以及停止位。LED发射端的驱动电路如图3所示，主要由两级三极管放大电路构成。PD接收端的硬件结构主要由PD、两级放大电路以及电压比较器构成。由于PD接收到的原始光电信号较微弱，需要经过放大处理后，才能进行模数转换，因此，本案例的PD接收端采用两级OPA657放大器。其中，经过两级放大后的信号一路进行模数转换后产生定位所需要的电压值，另一路则传输给LM393比较器，将信号转换为标准的高低电平信号，作为识别LED的ID码。可见光定位实验场景图如图4所示，主要仪器包括示波器、直流稳压电源、LED发射端以及光电二极管（PD）接收端模块等。

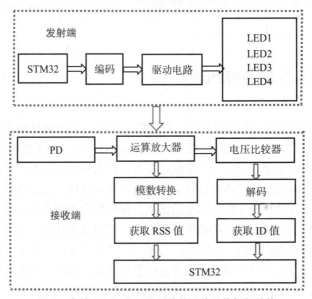

图1　高精度可见光定位系统的硬件总体框架结构

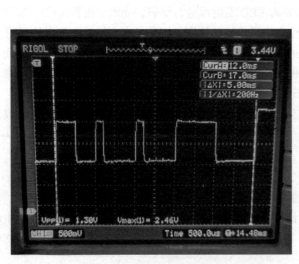

图2　LED发射端的编码格式

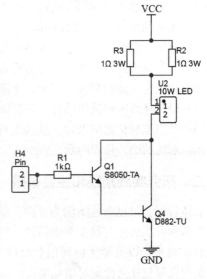

图3　LED发送端的驱动电路图

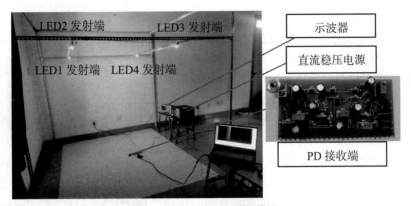

图 4 可见光定位实验场景图

本案例的共享车位锁的硬件系统如图 5 所示,主要包括主控模块、车牌识别模块、无线通信模块、电机驱动模块以及超声波模块。其中,车牌识别模块主要运用 Tensorflow 联合 HyperLPR 进行车牌识别,具有高效的响应速度。

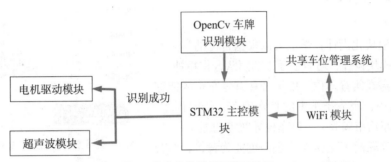

图 5 共享车位锁的硬件系统图

2. 定位性能验证

为了验证所设计系统的定位精度,选取先进的加权 K 最近邻(weighted K-Nearest neighbor, WKNN)算法为定位基准,其中欧式距离(euclidean distance, ED)、平方弦距离(squared-chord distance, SCD)以及平方欧式距离(squared euclidean distance, SED)三种不同距离度量方法的 WKNN 的定位误差累积分布函数(cumulative distribution function, CDF)如图 6 所示。可以看出, ED 可以取得最优的 CDF,其平均定位误差为 2.26 cm,可以实现高精度的定位结果。

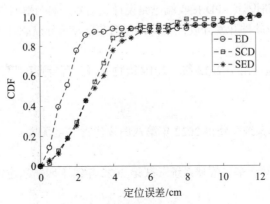

图 6 定位误差的累积分布函数

3. 案例的软件设计

App 和小程序开发采用基于 Vue 的 uni-app 开发，用户可以通过登录移动 App 端查询当前所处位置以及距当前位置最近的可租用车位和路线规划，并进行扫码租用。共享车位的手机 App 界面包括车位信息、付款信息、订单信息等。用户根据平台上面的共享车位信息，结合室内外定位技术，通过精确的导航准确地寻找到共享车位，图 7 为基于室内可见光定位的手机 App 导航界面图。通过共享车位锁及信息控制系统可将车位空闲信息在网络上及时准确地发布，用户可通过手机 App 查找、预约和导航车辆到满意的空闲车位。通过 App 租用端，用户通过账号登录系统，可查看附近空闲状态的车位和自己车位的出租情况。

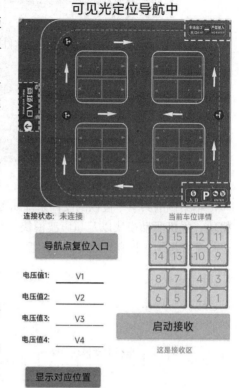

图 7 基于室内可见光定位的手机 App 导航界面图

三、特色创新和改革成效

1. 特色创新

（1）采用模块化设计，学生可以根据自身的学习兴趣选择相应的模块设计，培养了学生的团队合作精神。

（2）盘活潜在闲置车位，使得公私有停车资源能够最大限度被利用，服务于车主的日常停车、错时停车、车位租赁、汽车后市场服务、停车位导航等功能。

（3）以"互联网+"、大学生创新创业为背景，结合教师的科研项目，实现教研结合，培养了学生的创新性思维。

可见光通信与可见光定位为目前新兴的前沿技术，内容从易到难、循序渐进，有效地激发了学生的学习激情与科学探索精神。

2. 改革成效

在师生共同参与下，案例得到不断的完善，目前所取得的主要改革成效如下。

1）实验室建设

（1）建立了高精度室内可见光定位系统实验室，开设了高精度室内可见光定位开放性实验，包括 LED 发射端驱动电路设计、PD 接收端电路设计、信号编码与解码等创新性实验。

（2）开设了共享车位软件开发开放性实验，包括共享车位导航软件设计、共享车位信息平台开发等。

（3）本案例已成功地应用于 2018 级、2019 级物联网工程专业的相关课程实验以及实践性教学中。

2）学生成果

（1）"AIoT 智慧停车系统"获得 2022 年第八届福建省"互联网+"大学生创新创业大赛产业命题赛道银奖。

（2）"基于物联网的共享车位管理系统"获得 2022 年第十四届福建省大学生"合泰杯"单片机应用设计竞赛一等奖。

（3）"基于物联网的共享车位系统"获得 2022 年第十五届全国大学生计算机设计大赛二等奖。

（4）"云上亭——打造智慧停车新模式"获得第九届"创青春"福建青年创新创业大赛一等奖。
（5）一种智能共享车位锁装置，实用新型专利，申请号：2022217073851。

3）主讲教师成果
（1）软件著作权，GPS车辆定位软件V1.0，软著登字第4702491号，2019年。
（2）可见光通信的定位与定向系统设计及性能分析，《激光与光电子学进展》，2023年。
（3）基于粒子群优化压缩感知的可见光定位算法，《中国激光》，2021年。
（4）基于稀疏度自适应和位置指纹的可见光定位算法，《光学学报》，2020年。
（5）Adaptive Residual Weighted K-Nearest Neighbor Fingerprint Positioning Algorithm Based on Visible Light Communication. *Sensors*, 2020年。
（6）Indoor 3-D Visible Light Positioning System Based on Adaptive Parameter Particle Swarm Optimization. *IET communications*, 2020年。

四、案例反思

本案例经过师生三年的共同努力，已取得了一些成效，然而依然存在一些不足有待完善。比如：如何进一步提升学生的项目合作精神，本案例涉及到物联网工程知识的整个体系架构，需要学生高度合作共同完成；如何培养学生的科学探索精神，可见光通信属于前沿的热门领域，也是未来6G的潜在通信技术之一，本案例结合物联网工程专业学生的实际学习情况，内容从易到难、循序渐进，有效地激发学生的学习激情与科学探索精神。

参考文献

[1] 赵学良, 郭迎九, 刘亚军, 等. 物联网机器人核心课程体系探索[J]. 物联网技术, 2022, 12(03): 136-137, 140.

[2] 崔艳荣, 陈勇. 物联网工程专业实验室建设方案研究[J]. 实验技术与管理, 2018, 35(04): 23-26.

[3] ZAFARI F, GKELIAS A, LEUNG K K. A survey of indoor localization systems and technologies[J]. IEEE Communications Surveys & Tutorials, 2019, 21(3):2568-2599.

[4] GUO X, ANSARI N, HU F, et al. A survey on fusion-based indoor positioning[J]. IEEE Communications Surveys & Tutorials, 2020, 22(1):566-594.

[5] CHEN Y, GUAN W, LI J, et al. Indoor real-time 3-D visible light positioning system using fingerprinting and extreme learning machine[J]. IEEE Access, 2020, 8:13875-13886.

[6] BAKAR A H A, GLASS T, TEE H Y, et al. Accurate visible light positioning using multiple-photodiode receiver and machine learning[J]. IEEE Transactions on Instrumentation and Measurement, 2021, 70:1-12.

成果导向、内外联动，面向新工科人才培养的"数据库原理与应用"课程教学

专业名称：大数据管理与应用
课程名称：数据库原理与应用
案例完成人：姚洁（福州外语外贸学院）
服务对象：大数据管理与应用、数据科学与大数据技术、信息管理与信息系统等专业本科生

一、教学案例背景和重点解决问题

1. 案例背景

数据库是信息社会的重要组成部分，为现代化建设中信息化进程的推动提供了强有力的技术支持，在社会各个领域都有着非常广泛的应用。数据库系统作为高校信息类相关专业的必修课程，既是数据结构、程序设计、操作系统等课程的后续课程，又是软件工程、数据挖掘、毕业设计等课程的先修课程，同时还是大数据、物联网、人工智能等新技术的重要基础课，在课程体系中起着承上启下的作用，直接影响到学生未来的工作、科研和事业发展，在人才培养中占有重要地位。

在党中央"双一流"战略决策下，教育部于2017年颁布了《教育部高等教育司关于开展新工科研究与实践的通知》，提出了新工科教育理念。新工科是对工科学科建设的优化再造和内容升级，传统数据库系统课程教学要从新思维、新理念、新方式、新体系、新模式等方面探索新型教育教学方法，以适应新时代提出的新要求。将工程教育融入课程教学体系，通过深化工程教育改革，达到工程教育专业认证对数据库系统课程学生学习成效的要求，实现以学生为中心、以产出为导向的教育目标，培养适应时代发展和未来变化的高素质工程人才。

2. 重点解决问题

目前，本科院校"数据库原理与应用"课程的教学方法主要有两种。其一是传统知识点讲授模式，该模式以教师为主体，教师主导教学全过程，其优势在于知识点的分解合理，内容能够做到循序渐进，但是忽视了学生动手能力的培养，工程实践能力不足。其二是项目任务驱动模式，该模式的核心是将企业完整的案例分解成与课程知识点对应的小任务，教学过程中驱使学生完成若干小任务，达到学习知识点的目的；其优点是重点强化了学生针对实际项目的开发技能，但是弱化了知识点的全面性和细致性，最终导致知识点学习的广度和深度均不足。

二、研究实践路径和主要举措

随着新一代信息技术的发展，数据库技术已成为信息社会中对数据进行组织与管理的重要技术手段及软件技术。"数据库原理与应用"是数据结构、操作系统、程序设计等许多软件知识的综合应用，是信息类专业的主干课程，在信息技术领域方面起到基石作用。通过本课程能达到：

培养学生项目合作、团队精神以及与外界交流的能力；培养学生逻辑思维能力和分析解决问题的能力；培养学生运用数据库管理系统解决实际问题的能力。

1. OBE 设计，学生为轴

基于 OBE 理念，从具体工作岗位到对应的岗位职责和技能要求，结合专业毕业要求，反推课程目标和章节知识点，建立它们之间的映射表。反向设计完成之后，将 OBE 理念融入课堂教学，进行正向实施。采用任务驱动和项目导向的方法将项目划分成若干子任务，优化原有知识点按章节讲解的顺序，通过任务的完成实现知识点的学习。

2. 多元协同，工学交替

根据"能力本位"的教学特点，强调"理论够用为度，突出实践，动手优先"，强调"实践能力培养为主，理论教学为辅"的教学理念。课程的整体构成为：理论—实验—课程设计—企业实训。配合相应的教学管理手段和严谨的考核制度，使学生很快掌握数据库设计方法、管理、维护等，从而实现课程目标。

3. 线上线下，能力导向

整个一轮的教学过程分为"课前—课中—课后"3 个环节。在课堂教学中设置"引内容—探新知—做任务—优代码—展项目—汇课堂"6 个教学步骤，每个步骤都可以根据学生的具体情况灵活设计，向不同的学生提供不同的项目案例进行案例实操练习，对不同的学生设置相同或不同的项目任务达成目标。学生通过定制个性化的学习路径，完成各自专属的项目任务，达到最终的学习成果目标，操作流程如图 1 所示。一切都是"以学生为本"，主要关注学生能够学到什么，学到的知识是否能够与学习成果直接对接、与实际岗位技能相匹配。

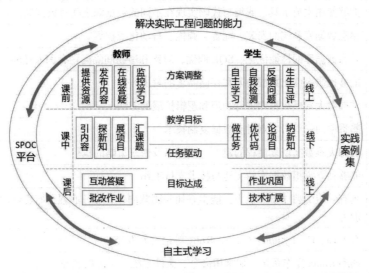

图 1 混合式教学设计

4. 主要举措

1）教学团队建设

课程组与福州市传一乐程信息科技有限公司等企业密切合作、深度融合，搭建校企合作平台，探索"四双"模式（课程校企双负责人、课程建设校企双骨干教师、校企人员双向兼职双重身份、校企双方提供双向保障）的"双师"结构教学团队，全面带动了课程改革、实习实训项目等方面的建设。

2）优化课程内容

课程团队采用 OBE 式教学理念即成果导向教育，强调在教学过程中，以成果为目标导向，以学生为中心，采用逆向思维的方式，进行反向设计，课程设计与教学要清楚地聚焦在完成学习过程后能达到的最终学习成果，全面提升人才培养质量。

通过对福建省内70余家企业进行调研，首先梳理出数据应用开发、数据建模专家、商业智能专家等8类数据库相关岗位。其次，对8类岗位的岗位职责和要求进行整理统计，筛选出岗位职责6类，岗位要求17类，见表1所示。结合专业毕业要求，构建岗位要求-毕业要求矩阵。反推课程目标和章节知识点，见表2所示。建立它们之间的映射表，构建课程目标-章节知识点矩阵，为下一步正向教学实施提供实践指导。最后，结合教材，完成课程目标-章节具体知识点矩阵。

表1 数据库岗位要求

岗位要求编号	岗位技能要求
YQ1	本科及以上学历
YQ2	通信、电子工程、自动化、计算机相关专业
YQ3	掌握数据库基本概念、原理、方法和技术
YQ4	具备基本编程能力，掌握基本的SQL语言，能够使用SQL语言实现数据库操作
YQ5	精通至少一种数据库体系结构。如：MySQL、SqlServer、Oracal等关系数据库，MongoDB、Redis等非关系型数据库特性
YQ6	了解数据库应用系统的生命周期及其设计，熟悉主流数据库应用产品开发流程，精通开发工具及开发框架的使用
YQ7	能够使用主流工具，或编写代码实现在不同的数据源之间对数据进行导入、导出和转换
YQ8	熟悉数据库系统的安装、配置、调优、自动化维护等
YQ9	熟悉数据库的性能优化、SQL调优，对锁和事物间隔问题有深入理解
YQ10	能够提出个性化数据访问和存储需求的解决方案
YQ11	掌握对大规模数据库进行物理和逻辑扩展的方法
YQ12	熟悉单向、双向、点对点数据复制技术
YQ13	熟悉灾难数据恢复过程的建立、测试以及恢复策略的执行
YQ14	能够独立承担数据库的实施与技术支持工作
YQ15	具有一定的独立学习能力，能很好地与团队协作，责任心强，有良好的沟通能力和写作能力
YQ16	有Java、C、Python、C++、Ruby等语言开发经验
YQ17	熟悉Linux操作系统，如常用命令、文件系统、系统配置等

表2 课程目标

类别	编号	课程目标
知识	MB1	掌握数据库基础知识。了解MySQL软件、不同的数据类型、数据库设计方法、E-R图
	MB2	掌握表约束、外键、函数、事务的概念和应用方法。理解存储过程、索引、触发器、视图的概念和本质
	MB3	了解数据库安全知识，理解数据的备份与还原、数据库中不同用户的不同权限的原理和方法

续表

类别	编号	课程目标
能力	MB4	具备数据库操作基本能力。一是能够创建数据库、查看数据库、删除数据库；二是具备数据表的相关操作能力，能够创建数据表、查看数据表、修改数据表的结构、删除数据表；三是具备数据的相关操作能力，能够为数据表插入数据、修改数据、删除数据，能够掌握单表的数据查询和多表的数据查询
	MB5	具备数据库基本编程能力。能够创建、查看、修改和删除存储过程、视图、索引以及触发器
	MB6	具备数据库管理能力。能够对数据库的数据进行备份与还原，能够在数据库中创建及管理用户，能够对数据库中的权限进行授予、查看和回收
素养	MB7	具备工程意识
	MB8	有自主、开放的积极学习态度
	MB9	有良好沟通能力和团队合作精神

3）细化案例库

课程围绕一个实际的项目开发任务作为引导，进行示范性教学，让学生在实践中模仿提高，然后再回到具体的课程实践中，即走"示范—模仿—实践"的波浪式前进方式。将项目划分成若干子任务，打乱了原有知识点按章节讲解的顺序，通过任务的完成实现知识点的学习。同时，引进软件企业的项目开发模式，在实训过程中对项目进行分解，根据学生的个性分配不同的角色，充分利用网络环境的平台资源，教师先指定一个数据库系统，将学生划分为项目经理、数据库管理员、网站规划人员、项目调度人员、代码编写程序员、文档编写人员和软件测试人员。具体案例如表3所示。

表3 课程案例库

层次	案例库
基础	电子商务平台
	销售管理系统
	图书馆管理系统
新技术	直播网
	基于XML技术的在线论坛
	OA企业办公自动化
	智慧校园平台
高级	都市网络新闻中心
	在线考试网
	网络考试系统
	新闻发布系统
	物流信息发布平台
	供求信息网

三、特色创新和改革成效

1. 特色创新

1）遵循 OBE 理念，强化以学生为中心的课程改革

自 2014 年信息管理与信息系统本科专业成立，课程组就围绕 OBE 理念开展以学生为中心的课程设计，重构课程目标和内容，给出学生预期的学习成果。2018 年，以工程认证标准重构人才培养方案，完善"培养目标 - 毕业要求""毕业要求 - 课程设置""课程设置 - 课程目标"的三达成度矩阵。依据毕业要求组织教学，结合目标达成度分析给出具体的考核方法，同时融合线下和线上混合式教学方法，开展 OBE 课堂实施过程和课程评价。

2）坚持产出导向，深挖课程资源

课程团队从课程教学现状分析入手，以培养学生解决实际问题的能力为突破口，对福建省 70 余家企业中数据库相关岗位进行调研，反向设计，整理出 8 类数据库岗位、6 类岗位职责、13 类岗位要求，结合 11 类毕业要求及其支撑指标点，完成从岗位到课程知识点的 6 张映射表。接着在映射表的指导下，开展正向实施，给出具体教学案例的教学设计和教学实施过程，构建完善的理论体系和实践方案。

3）借助校企融通，共育课程平台

课程团队与阿里巴巴集团、华为、京东等省内外 13 家互联网企业合作，开设实验和实践课程，加大课时比例，借助校企云平台，以真实项目、产品、案例等，引导学生深度参与企业行业数据库规划、建设、管理与服务，有效增强学生工作实操能力。

2. 改革成效

本课程在资源建设、师资队伍建设、学生学习效果等方面取得了良好的成绩，具体表现在以下几方面。

（1）学生对课程满意度高，近两年学生对教师团队评教总评分均在 90 分以上。

（2）同行评教成绩突出，近两年教师听课、督导听课均为优秀。

（3）2018 年本课程获外语外贸学院首届特色示范课。每个学年开一场示范课堂。

（4）2020 年本课程获省级线上线下混合金课。

（5）课程组不定期地与企业行业人员深度交流，并且安排教师赴企业从事相关岗位进行挂职锻炼，教师相关实践能力得到了明显的提高，所有教师均通过了双师双能型教师资格的认定。

（6）通过校企合作、混合式教学的应用，学生学习积极性得到了很大的提高，学习效果较突出，所有的学生均能独立完成数据库的设计、实施和维护，得到企业、行业的认可。

四、案例反思

对数据库原理与应用课程的教学改革取得了较好的效果，体现出能力为本、学生为主的学习目标。但是数据库技术的发展非常迅速，新的信息技术还在不断更新，这对教师提出了更高的要求，教师不仅需要掌握理论知识，强化自身研究工作，还必须紧跟信息技术的前沿发展，才能更好地激发学生的学习兴趣。我们在教师培养上要持续地外引内培。同时根据数据库的发展，结合专业特点，持续对课程进行改革和完善，适应培养应用型人才的需要。

参考文献

[1] 张力. 新工科背景下未来技术人才培养目标调整与育人新范式[J]. 江苏高教, 2022(10): 74-79.

[2] 徐浩, 解春艳, 王子豪, 等. 新工科背景下信息管理与信息系统专业学生能力提升策略研

究——基于扎根理论的探索[J]. 图书与情报, 2020(06): 35-45.

[3] 吴仁华, 张积林. 地方应用型大学新工科教育体系建设与实践[J]. 中国大学教学, 2020(12): 11-16.

[4] 肖福流, 宋贝. OBE教育理念下应用型高校专本衔接人才培养优化路径研究[J]. 教育与职业, 2020(23): 64-67.

[5] 卢桂荣, 王浩学. 基于岗位能力的数据库实训课程教学改革实践——以计算机信息管理专业(网络商务)为例[J]. 职业技术教育, 2013, 34(29): 25-29.

[6] 李志刚, 朱东芹, 刘艳. 信息系统分析与设计系列课程改革的研究与实践[J]. 西南师范大学学报(自然科学版), 2012, 37(03): 166-168.

互联网 +AI 智慧感知新工科实训体系与平台建设

> 专 业 名 称：网络空间安全
> 课 程 名 称：Python 程序设计实训
> 案例完成人：陈志德（福建师范大学）
> 服 务 对 象：网络空间安全专业本科生

一、教学案例背景和重点解决问题

新工科意味着教学更多地倾向于实训、课程资源多样化、实训环境复杂化，信息学特征则决定着线上判题的自动化，因此，本案例的目标是构建并实现一个互联网 +AI 智慧感知新工科的在线教育平台，该平台有如下要求。

（1）系统架构的灵活及扩展性：应对潜在的大用户和多课程的挑战。
（2）课程资源的集中存储与管理：应对课程资源的多样性。
（3）教学与实验的无缝连接性：信息学课程对教与练的要求。
（4）教学全链条的监控性：采集教学全链条数据，实时统计并反馈教学情况。
（5）充分挖掘和利用课程、用户和操作数据来协助学员的学与练。
（6）多开放接口：提供智能分析接口，利用规则引擎建立实验规则。

二、研究实践路径和主要举措

案例建设包括如下几个方面：搭建底层智慧感知平台；提供智慧感知实训平台；实现学生全链条教学监控。

1. 搭建底层智慧感知平台

利用区块链、人工智能和大数据技术等搭建底层智慧感知平台，该平台主要有两大功能。

1）使用平台进行智慧感知实训

该平台为相关专业学生提供智慧感知实训教学平台，完成相关设计及论文写作。学生可以合理使用平台中的数据及相关技术支持。

2）使用平台服务进行教与学的教师和学生

智慧感知平台能够利用 AI 技术分析学生活动数据，推荐合理的题目或者相关实践。教师可以利用平台进行线上教学，平台可作为辅助，减少教师压力。开展线上实验，教师可以实时监控学生学习情况，及时解决学生的问题。

该平台集成了多样化的感知数据分析工具，帮助学生处理、可视化和分析感知数据，数据分析流程。包括数据采集、数据整理、数据存储、数据分析等，相关技术的关系如图 1 所示。

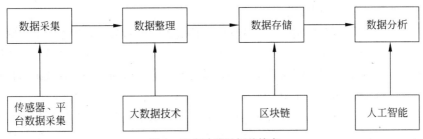

图 1 平台功能及相关技术

2. 提供智慧感知实训平台

智慧感知平台基于区块链技术、人工智能技术和大数据技术等，提供各类数据采集硬件，如摄像头、传感器等。平台上有学生各种实验的实验数据、学习数据等。学生可以合理利用平台的相关技术、所提供的数据采集硬件及各类数据开展各种项目实训。

1）数据采集

在数据采集层面，我们主要有三个渠道：一是搜集网上已有的数据集，该类数据集获取方便，但类型有限；二是提供各类传感器、摄像头等硬件设备，学生根据自己研究方向，使用硬件设备进行相关数据采集，搜集较困难，但更灵活；三是利用平台记录学生的数据，只针对学生分析，对教师进行反馈。

2）数据整理与存储

我们获取到数据时，先做各类数据处理，然后再存储。在处理大量数据的过程中，需要用到大数据技术进行数据处理。当处理好数据后，会将数据存储到区块链中。将数据存储到区块链中的目的包括如下几个方面。

（1）数据不会被篡改。用于后续数据分析时更加可信，而且不会造成数据丢失、数据错误等问题，更有利于我们做数据分析。

（2）数据更安全。利用区块链技术保障数据匿名性及不可伪造性，保证用户数据隐私，同时保证数据是安全可信的。

（3）可以用于认证。在我们平台进行学习，可以有效记录学生学习情况，对学生的学习情况认证有帮助，认证时是真实可信的。

3）数据分析

我们会在平台开展智慧感知实训，应用人工智能技术和规则引擎对已有的数据开展相关项目实训。智慧感知利用传感器接受信号，然后进行感知，对感知到的数据做出相关反应。当然做出反应的机制是利用人工智能技术：先利用已有的数据进行训练，得到相关模型，再利用模型去计算感知数据得到感知结果。

平台使用规则引擎和人工智能结合进行数据分析应用于各种实验。规则引擎可以用于那些已知的实验规则，能够更加快速地得到实验结果，实验结果比较精准。使用人工智能可以解决那些没有得到实验规则及实验结论的实验，利用大量实验数据进行模拟，并通过人工智能技术算出实验模型、预测实验结果，实验结果可能会有较大的误差，但是能够模拟更多实验，预测实验结论，减少真实实验，降低实验用品浪费。

3. 学生全链条教学监控

我们要开展全链条教学监控，全链条教学包括课程体系、师资及教学模式、课后服务、学生学习情况分析等。

1）制定合理课程资源管理体系

我们要应对新工科学生群体制定合理的在线课程资源管理体系，为此提出如下举措。

（1）专业课精细化。理论课设置不同阶段的课程，总体包括基础课、提升课、进阶课。基础课帮助学生打好理论基础；提升课帮助学生利用基础知识做一些简单应用；进阶课让学生能够更加深入了解课程，能深入拓展研究相关领域。

（2）实验课在线化。利用人工智能技术和规则引擎，让学生在线仿真模拟相关实验，平台根据用户输入数据和人工智能技术分析得到输出数据，学生能够切实感受到实验的具体效果。在具体的研究中，我们的平台也可以做一些实验预测，让学生在真实实验中减少一些试验及失误，降低实验器材的损耗，避免或减少实验事故的发生。

2）智能配置合理课后作业，提供课后问题解答平台

我们会根据学生课堂反馈情况进行智能分析，针对学生课堂反馈智能配置课后作业，并提供课后问题解答平台。所以我们的平台要求学生听讲并跟教师进行互动，完成课堂任务。根据学生互动情况及任务完成情况对学生进行智能分析，根据智能分析结果，有针对性地生成题目，可以让学生更好地复习巩固课堂知识，对知识掌握得更深。

3）学生情况智能分析

学生在平台上所有的学习数据都会存储在区块链中，持续跟踪学生的学习表现，平台会根据学生学习记录数据对学生做智能分析，识别学生的学习模式、发现关键弱点和发展方向，根据分析结果给教学老师进行反馈，为每个学生创建个性化的学习路径。

三、特色创新和改革成效

1. 完善的在线实验实训教学模式

根据我们的目标，我们搭建了学生在线学习及实训平台。学生可以在线学习、做实验，教师可以在线授课，平台能够分析学生数据给教师反馈，实现教师及学生"教、学、练、评"一体化，减轻教师及学生压力，促进教师因材施教，提升学生的能力。

2. 基于人工智能和规则引擎的在线实验体系

我们利用人工智能和规则引擎建立实验室规则，将线下实验转移到线上，教师能够进行在线实验讲解，学生能够进行在线实验练习，并且能够利用该实验体系进行实验处理及实验数据分析，还可以用于实验模拟及实验数据预测，减少线下真实实验，减少实验器材及实验用品的损耗，同时也能解决实验室资源紧缺的问题。

3. 基于区块链+AI+大数据的智慧感知实训体系

我们获取到数据，利用大数据技术将数据整理好后存储到区块链中，然后就可以使用AI结合已有数据训练各种模型，进行各种实训。实训主要包括三方面。

（1）针对学生学习数据的智能分析。该实训可服务于在线课程平台，我们利用AI智能分析学生课堂听课效果，得到学生知识薄弱点，智能推荐薄弱知识点习题，并将分析结果发送给教师，便于教师课后有针对性地准备复习课程。

（2）针对学生在线实验，结合规则引擎搭建更为完善的实验规则。对于已知结论的实验，我们可以直接利用规则引擎建立实验规则，但对于未知结论的实验，我们就需要利用人工智能技术训练大量实验数据，计算实验结果。相对于基于规则引擎的实验规则，虽然基于人工智能技术的实验规则不确定性较高，误差可能较大，但是其覆盖实验范围更广，可模拟实验更多，可用于实验结果预测和分析，减少真实实验的试验，降低实验用品的消耗。

（3）针对智慧感知类实训。除了上述实训，我们可以利用现有的实验环境和硬件设备开展智慧感知类实训。人工智能技术应用已经是目前世界发展中很重要的一环，在我们利用人工智能开展实训的过程中，我们可以结合企业实际项目、结合专业相关比赛，组织学生开展各种智慧感知类实训，以提升学生的实践能力，让学生更好地与社会接轨。

新工科背景下基于课程目标实现的混合式"GNSS 原理及其应用"课程建设

专业名称：测绘工程
课程名称：GNSS 原理及其应用
案例完成人：刘友文（闽江学院）
服务对象：测绘工程专业本科生

一、教学案例背景和重点解决问题

1. 案例背景

为适应区域经济社会发展需求，闽江学院测绘工程专业致力于培养德智体美劳全面发展，掌握测绘科学基础理论知识和基本技能，具备良好职业素养和空间信息数据采集、处理与分析能力，具有一定创新精神和实践能力的应用型技术人才。在专业人才培养知识体系中，卫星导航技术是重要的支撑。GNSS（全球导航卫星系统）原理及其应用课程是测绘工程专业的核心课程，对达成测绘专业培养目标具有重要地位。本课程教学目标包括以下几点。

（1）思政育人目标：课程教学以立德树人为目标，以爱国主义教育为核心，以老一辈测绘、导航领域科学家艰苦奋斗、潜心科研、无私奉献的事迹感染学生，以我国北斗卫星导航系统建设在艰难中自主创新、砥砺前行的奋斗历程激励学生，培养学生爱国情怀和学习报国的理想担当，引导学生理解和感悟卫星导航技术对于国家国防和民生的重要性，从而在学习动机、学习兴趣上得到较深的思政教育。

（2）知识目标：通过课程教学，使学生明白"什么是 GNSS""GNSS 是怎样实现定位的"这两个关键问题。具体知识点包括 GNSS 的组成、采用的坐标系统和时间系统、信号的结构、定位的误差源、距离测量和定位方法等。

（3）技能目标：通过课程教学，使学生学会 GNSS 接收机的操作和使用，能独立进行野外数据采集、数据传输；能使用 GNSS 数据处理软件，对所采集的数据进行处理分析，得到正确的结果。

随着 2020 年 7 月我国北斗三号全球卫星导航系统的正式开通，卫星导航技术的发展和应用进入了新阶段。作为测绘工程专业的核心课程，GNSS 原理及其应用课程从教学理念、教学内容、教学方法和教学设计等各方面也要与时俱进，课程教学目标要与测绘工程专业培养目标相匹配。为了更好地达成教学目标，提升课堂教学质量，课程组以新工科建设理念为指导，以生为本，以课程目标实现为目的，采取混合式教学模式，对课程建设进行改革，现将取得的相关效果，归纳总结成本教学案例。

2. 重点解决问题

为实现课程目标，需要重点解决两个问题：一是如何激发学生兴趣，把学生的专注力吸引到课堂上来，让他们能愿意去学，主动去学；二是如何让学生更好掌握 GNSS 专业知识和专业技能，实现实践能力和解决问题能力提升，让学生学有所得。

二、研究实践路径和主要举措

GNSS 原理及其应用课程特点一是理论多、方法多、模型多，同时技术更新快，二是应用强，突出仪器和软件操作，仪器和软件也在不断更新。因此要保证教学效果，要考虑多方面问题。首先打好理论基础，在理论教学方面，要考虑方法和模型多的教学问题；其次要关注学科发展和技术发展动态；最后要重视动手能力培养，让学生会规范地操作仪器，熟练掌握软件，能把 GNSS 技术应用到工程中。基于此，本案例的研究实践路径和主要举措如下。

1. 建设一支甘于奉献、教学能力突出的团队

团队教师树立新工科理念，即以立德树人为引领，以应对变化、塑造未来为建设理念，以生为本，以提升所有学生专业技能为导向。在教学能力方面，教师除个人自主学习外，定期开展教研活动，交流教学经验。另外，团队教师要在已有专业能力上，坚持专业知识和实践技能的更新，教师自己对教学内容要做到深刻理解，对实践技能要能全面掌握。

2. 重视集体教研活动，教学资源更新和细化

重视教研活动，围绕课程目标，积极开展教研改革。以团队为力量，共同关注和学习本学科领域的最新成果，及时更新，以保证本课程的教学内容和案例与时俱进，并不断完善已有的资料库和试题库，对教学大纲、教学设计、教学评价等进一步细化和量化。

把教学目标里的知识能力和专业技能作为重点，同时加入卫星导航技术最新进展，并加大 GNSS 在测绘工程中应用案例的解析，教学内容将实用性和前瞻性相结合，使学生在学习知识点和技能的同时，又了解学科前沿，提高学生专注力。在实验项目设计时，设计和工程应用紧密联系的实验项目，如利用 GNSS-RTK 测量地形图，让学生接受挑战。

3. 坚持混合式教学模式，将创新创业教育融合到实践教学中

理论教学时（图1），以问题为导向，每节课制定详细的教学目标，突出重点和难点，引导学生思考，并适当提出思考题让学生开展讨论，课后布置适量的作业，以巩固课堂内容。

在实验教学方面（图2），突出 GNSS 仪器和软件操作，增加学生的有效练习时间，要求自己动手去做，而不是只看教师演示，同时结合实验项目进行实验考核，让学生重视实验过程，提高实践能力。

以本课程为基础，积极指导优秀的学生参加相关的学科竞赛和创新实验项目，如北斗杯大赛、测绘技能大赛以及省级创新创业实验项目等，通过学科竞赛和创新实验项目，带动学生学习热情，提升综合素质。

图1 课堂教学互动环节

图2 GNSS 静态数据采集实验教学

4.落实课程评价、反馈、改进的制度

课程成绩考核采用课程形成性评价，过程和期末试卷相结合，并突出过程考核。学生平时课堂表现、学习态度、实验操作和成果、作业情况等占总评成绩的40%，期末试题以教学重点为主，考查基础知识和应用知识，试卷成绩占总评成绩的60%。在课程评价方面，学生匿名评课、同行评课和督导评课等相结合。另外每学期课程考试和成绩评定结束，会计算课程目标达成度，作为教学效果评价的一个参考数据，并建立评价、反馈、改进的教学机制，形成一个闭环，扬长避短，逐步提升教学质量。

三、特色创新和改革成效

1.特色创新

（1）重视过程思政教育：在理论教学时，重点介绍卫星导航技术在国防军事的用途，将北斗系统和GPS（全球定位系统）进行对比，激发学生爱国情怀；引入北斗导航系统建设的"三步走"过程，以陈芳允、孙家栋等老一辈卫星领域科学家艰苦奋斗、潜心科研、无私奉献的事迹感染学生；通过短视频等资料，讲解北斗系统建设自主创新、砥砺前行的奋斗历程，从而培养学生爱国情怀和学习报国的理想担当。在实践教学时，注重培养学生的团队精神和责任意识，让学生明白先做人后做事的道理。

（2）理论教学以问题为导向：教学过程中，增加北斗的发展和应用案例等，并在教学设计时，结合课程重点，设置一些问题，以问题为导向，分组讨论，把学生的注意力吸引到课堂上来。强调理论与实践并重，实验教学以提升每个学生专业技能为目的，按小组进行实验，有效地增加学生实践时间，并按项目分别进行考核。

（3）重视课程考核和评价：课程考核采取过程形成性评价，学习态度、课堂表现、实验、作业等都和期末评价相挂钩；每学期计算课程目标达成度，建立评价、反馈、改进的教学机制，形成一个闭环，每学期对课程进行总结，为下一次教学质量提升提供经验。

2.改革成效

经过几年的积累，本教学案例改革取得了较好的成效。教学队伍稳定，教学内容与时俱进，并能较好地提升学生技能，学生整体满意度高。通过走访用人单位，了解到部分毕业生工作表现突出，在用人单位能很快上手，表明课堂教学与实际需求没有脱节。另外，在校生积极参加学科竞赛和创新实验项目，成绩良好，比如2022年，与本课程有关的项目获得北斗杯大赛省级一等奖1项（图3）和三等奖1项。

图3　学生竞赛获奖证书

四、案例反思

本课程教学案例的成效也反映了GNSS原理及其应用课程良好的教学效果。在案例实施过程中，教学理念是重中之重。任课教师应当深入领会和贯彻新工科教学理念，新工科建设需要秉承着立德树人的宗旨，培养能够适应未来科技快速变化、具有卓越创新能力和实践能力的实用工程人才。教学理念要求教师要把立德树人摆在首要位置，重视实践能力培养，并将其融入每一节课堂的教学。

参考文献

[1] 吴岩. 勇立潮头，赋能未来：以新工科建设领跑高等教育变革[J]. 高等工程教育，2020(2)：1-5.

[2] 李征航，黄劲松. GPS测量与数据处理(第三版)[M]. 武汉：武汉大学出版社，2019.

[3] 蒋廷臣，王秀萍，焦明连，等. 测绘专业认证背景下的"GNSS测量原理与应用"课程教学研究[J]. 测绘通报，2017(1)：154-160.

[4] 高井祥，陈国良，王潜心，等. 面向新工科的行业特色测绘工程专业转型升级实践[J]. 测绘通报，2022(5)：166-169.

上下协同、理实融合，面向新工科人才培养的"测量学"教学探索与实践

> 专 业 名 称：工程管理、交通工程
> 课 程 名 称：测量学
> 案例完成人：林雨平（福建农林大学金山学院）
> 服 务 对 象：交通工程、工程管理等专业本科生

一、教学案例背景和重点解决问题

1. 案例背景

"测量学"是非测绘专业测量基本素养和实践能力培养的一门必修课，肩负着培养测绘基本理论、基本技能和工程思维的重要使命，肩负着为学生学习后续专业课程及从事专业工作打下坚实测绘基础的培养任务，承担着新时代大学生测绘应用能力的培养任务。

"测量学"具有覆盖专业多、学生多元化、课程学时少、课外学时有限、实验室有限等诸多特点。传统的教学模式以教师讲授为主，显然已不能满足新工科的要求。课程团队基于全新OBE教育理念，以培养新工科人才为目标，以问题为导向，链接行业发展需求，结合测量实践应用领域，思考并探讨了"测量学"课程建设的发展方向。

2. 重点解决问题

（1）解决传统教学过程固化与教师中心化的问题：传统教学方式是"课堂讲授+实验教学"，缺乏有机结合，教学过程中存在教师中心化现象，因此"以学生为中心"是本课程改革的首要问题。

（2）解决传统实践环节学生"摸鱼"行为的问题：测量外业工作需团队合作完成，教师分身乏术难以兼顾到每位学生，而部分学生由于职业规划使然，对课程实践环节消极对待，秉持"躺平"的想法，表现为"不动手、懒动手"的"摸鱼"行为。因此，如何激发学生兴趣、强调团队协作是本课程改革关注的重点。

（3）解决传统考核"重结果、轻过程"的问题：传统考核方式"即逝性"较强，无法全面评价学生在整个学习过程中的表现，形成了"重结果、轻过程"的现象。因此，如何体现学生过程表现、突出个体在团队中的贡献值亦是本课程改革的重要问题。

二、研究实践路径和主要举措

本课程贯彻OBE工程教育理念，结合新工科应用型人才培养目标，基于学情，立足行业，在立德树人的原则上明确教学目标。以学生为中心，以问题为导向，坚持"教学内容模块化，组织教学乐趣化，能力训练项目化，评价方式多元化"的教育教学改革，重构课程教学内容，巧用

教学资源，活用教学方法，实行上下协同、理实融合混合式教学模式（图1），促进"动起来，笑起来，活起来"生态课堂的形成。

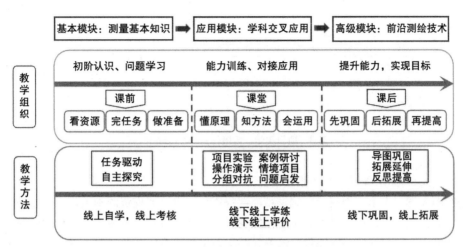

图1 上下协同、理实融合混合式教学模式

1. 教学措施

1）接轨现代行业发展需求，重构教学内容

通过对企事业单位的调研把握工程人才需求导向，对应教学目标，模块化重构教学内容（图2），简化陈旧测绘技术，适当引用测绘科学技术新知识。在了解学生能力现状及基本需求的基础上，根据各模块内容特点，针对性设计各模块各章节教学内容。其中，应用模块体现学科交叉性，根据不同专业人才培养目标差异化设计教学内容，同样的教学内容，不同专业选用不同测量案例及工程测量内容，给学生VIP学习体验。

以上三个模块相辅相成、环环相扣、层层递进，帮助学生实现初阶学习测量知识、中阶掌握测绘技能、高阶解决实际问题"三位一体"的产出。

从学生视角设计实验项目任务和情境项目（图3），不同专业创设不同的情境任务，如交通工程专业，要求学生根据道路中线设计图，完成道路中线放线方案设计。采用理实融合教学完成知识的传授和技能的训练，同时，设置精彩纷呈的思政映射案例，在各个教学环节实现专业教育与思政教育的结合，在教学过程中边设计边教学，促进学生测量技能达成与职业素养形成。

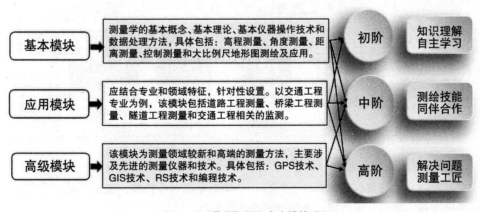

图2 "测量学"课程内容模块重组

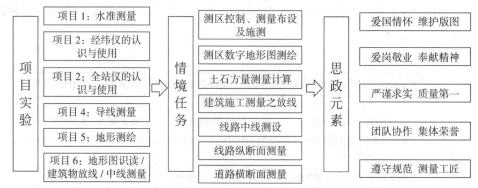

图3 项目实验、情境任务与思政映射

2）依托国家精品课程资源，巧用教学资源

引进东南大学"土木工程测量"国家精品课程资源，将该课程资源本地化。注重理论引导与学科前沿，除常规资源，补充重难点讲解微课视频、操作与仿真示范视频等电子化资源发布于中国大学慕课平台、学习通或QQ课程交流群，并常态化更新迭代以上资源，满足学生低阶性与高阶性学习需求。

3）以学生为中心创新教学，优化教学设计

秉承"以学生为中心"的教与学，改变传统教学模式，通过"在线教学+实践教学+翻转课堂"三个阶段，将线上和线下教学内容、自主学习与团队合作学习方式、教师主导与学生主体的教学结构、"学中做、做中学、学做合一"的多元化教学方式、线上线下协同、理论与实验一体化进行有机融合（图4）。

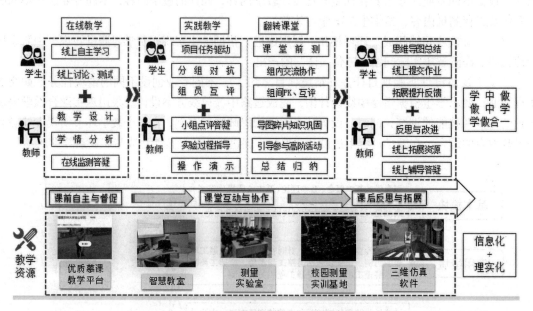

图4 混合式教学设计

（1）课前重在自主与督促：教师导学与督学；学生完成对标任务，记录笔记，为完成中、高阶目标任务做准备；教师监测数据，为精准靶向指导做指引。

（2）课堂重在互动与协作：以强化知识认知和应用思考为导向，开展"以学生为中心，教师为主导"的教与学，理实有机融合。

① 实践教学：小班实验，知行合一，建立生生学习共同体。学生相互驱动，分组对抗；传帮接带，团体与个体共考核，提升个体学生参与度和获得感，从中体会动手操作成就感（图5）。

图5　实践教学

② 翻转课堂：课堂前测，导图碎片化知识点梳理，联系职业岗位开展多样化教学活动，如测量案例研讨、情境项目讨论、数据处理游戏PK等（图6），实现小组协作、师生互动、生生互动的乐趣课堂。

图6　翻转课堂

（3）课后重在拓展与反思：学生再绘导图，完成作业，与教师交流，关注测量公众号，了解前沿测绘知识，突破传统课堂时空限制。学生利用假期去生产现场参观与实习，提高认识与兴趣并为未来发展方向作参考。教师针对反馈问题及教学效果分析适时反思与改进，实时修改教学设计，实现因时而进、因势而新的教学闭环。

4）充分利用现代信息技术，健全综合评价

设置定量与定性、团体与个体、理论与实践、过程与结果四结合的多维度全过程化评价方式（图7），设置生练师评、生讲师评、生生互评、组间互评，突出个体在团队中的贡献值，促进团队全员参与，互促互进，增进学习体验感与获得感。教师以学习目标为导向反向设计全过程评价体系，通过反馈持续改进教学设计。

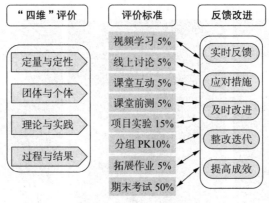

图 7 "四维"考核评价

三、特色创新和改革成效

1.特色创新

（1）需求导向、分类培养，创新多样性的课堂教学内容：本课程案例对接行业发展需求、不同专业人才培养目标及学生发展差异性，确定因材施教、分类培养的课堂教学目标、内容和环节，贴合工程应用领域设计项目任务，层层递进、环环相扣，侧重培养学生对理论知识和技能运用的能力，培养学生处理实际工程问题的能力。

（2）上下协同、理实融合，探索多样性的课堂教学活动：通过与OBE教育理念结合，充分考虑"以学生为中心"，采用线上线下协同、理论实验融合形式，探索沉浸式、探究式、翻转式的混合教学活动，培养学生学习测量学的知识兴趣，提高应用测绘技术和解决实际问题的能力，实现新工科应用型人才培养学科交叉融合的探索。

（3）过程考查、闭环控制，实施多元考核的成绩评定机制：注重过程的多元考核。考核方式包括拓展作业、读书笔记、课堂测试、分组对抗等。根据不同培养目标，设定相应的分值比例，突出学生个体能力体现，科学、合理地评价学生学习效果，实现理论、实践与价值引领的综合素质提高。

2.改革成效

1）学习效果

学生在课堂上的精神面貌整体向好，求知欲、探索欲得到激发。学生上课的抬头率接近100%，线上交流互动频繁，课堂活跃度大大增强；学生解决实际问题的能力和创新能力显著增强。

以工程管理专业和交通工程专业为例，2019级实行混合式教学模式后，与2018级实行传统教学相比成绩有较为明显提升（图8），可见学习效果提高，说明本教学实践帮助学生完成了知识的内化，促进学生向"测量工匠"养成靠拢。

2）教学评价

2020—2021学年，学生对本门课程的评价结果平均为93.992分，评教成绩稳居学院前列。对2020级学生进行问卷调查，学生认可本课程教学模式，对未来就业促进作用、线上线下融合、课堂参与互动情况、教学资源等方面的满意度均达到80%以上。校内督导、同行听课反馈，在教学的深度与广度、前沿性、互动性，以及学生能力和素质提高的成就感等方面效果显著。

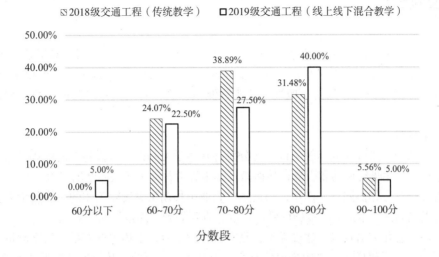

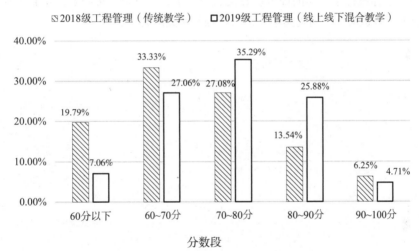

图 8　混合教学与传统教学学生成绩分布比较

3）教学相长

以赛代练、以练促学、赛练融合，依托本课程，课程团队组织了校园测绘竞赛（图9），学生参与相关学科竞赛积极性明显提高，教师团队教学能力方面也取得了一定成长和荣誉。课程团队主持院级以上教学改革项目10余项，以第一作者发表教改论文8篇，指导学生主持省级以上大学生创新训练计划项目10余项，获得院级青年教师教学技能竞赛一等奖1项、二等奖1项、三等奖2项。

图 9　以赛代练、以练促学、赛练融合

四、案例反思

1. 不足之处

一是由于本课程实践性强、课时少,线下只有 16 个课时,授课时间紧,对于某些教学活动,绝大多数学生都意犹未尽。二是生产企业急需技术交底一点就通的一线人员,但由于课时受限,工程测量这一章的教学中,只是一般性介绍工程测量方法,而较少介绍工程中的实测数据如何处理。

2. 下一步举措

一是思考如何通过优化混合教学设计充分发挥在线学习和课堂教授各自的优势,通过活动设计及过程考核对学生进行调动和引导,从而激发学生思考并动手解决问题的能力。

二是发挥产学合作协同育人作用,聘请生产企业中长期从事测绘工作的一线测量人员为学生传授经验,以提高学生掌握各项技能的熟练程度,真正做到"测量工匠"养成。

三是运用信息化前沿技术,建设虚拟仿真实验教学平台,聚集水准测量、角度测量、导线测量、数字测图及坐标放样于一体的虚拟仿真实验教学平台,可弥补传统实体实验中存在的不足,为学生提供更多实践机会,全面提高学生创新精神和实践能力。

新工科背景下"交通事故处理与预防"课程改革

专 业 名 称：交通管理工程
课 程 名 称：交通事故处理与预防
案例完成人：刘韵（福建警察学院）
服 务 对 象：交通管理工程专业本科生

一、教学案例背景和重点解决问题

交通事故的不可预知性和现场形态多样性对事故现场勘查手段的综合运用、成因调查工作的全息组织提出了更高的要求。"交通事故处理与预防"课程传统教学存在"**教学模式单一，无法有效激发学生主动思辨**""**实践环境单一，无法模拟多样化的事故场景**""**课程评价单一，无法形成梯链式评价与反馈**"三大困境。

为了更好地适应新时代人才培养和专业发展需要，本课程案例结合人才培养目标，以实战化理念为指导，通过构建立体化课程资源库，促进学生独立思考与朋辈式互助，构建校局实战化协同育人机制，培育双师型的教师队伍。在教学过程中，教师侧重强化学生对"**事实成因清楚、证据确实充分、适用法律正确、责任认定公正、程序合法有效**"的交通事故处理原则的认知，重点围绕"细致调查与综合分析"的能力训练目标，进一步提升事故调查和成因分析的技能水平，并注重学生问题发现能力、综合分析能力和科技创新意识培养。

二、研究实践路径和主要举措

1. 课程教学内容

"交通事故处理与预防"课程共涉及九个章节，如图1所示，内容涵盖交通事故处理的接处警、现场处置、现场勘查、事故调查与分析、事故认定、违法处罚以及损害赔偿等环节，课程还设置了五个实训项目，以提高学生的实战应用技能水平。

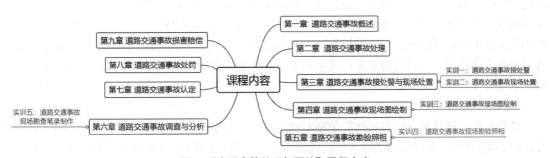

图1 "交通事故处理与预防"课程内容

2. 课程资源建设及应用情况

1）搭建贴近实战化的训练平台

为实现复杂交通事故的场景体验，教师依托福建省道路交通管理虚拟仿真实验教学中心，开发了三维场景的"**道路交通事故现场勘查虚拟仿真系统**"。系统以经典案例为原型，围绕交通事故处理中的接处警、现场防护、现场绘图、现场拍摄、现场勘查笔录制作、询问调查、物证提取等环节，通过线上模拟训练和综合考核的方式，有效地解决了现实场景不可复用的问题。

2）建设立体化的课程资源库

教师不断积累建设教材、大纲、教案、课件、电子书、案例库、试题库、实训指导书、示范视频等课程资源，应用于学生课前预习、课中学习、课后复习全过程。

3）加强校局联络互助，丰富教学案例

教师与福建省交警总队交通管理处和高速公路管理处、福州市交警支队案件调查大队以及各区县交警大队案件调查中队、漳州市交警支队交通事故处理科密切协作，主动联系或应邀参与案件发生地交通安全隐患整改工作，深入收集案件材料，保证教学案例的典型性、完整性和动态性。

3. 课程教学组织实施情况

"交通事故处理与预防"课程的教学组织分为理论教学与实践教学两个部分，教师根据不同的教学目标，有组织地开展课堂教学，如图2所示。

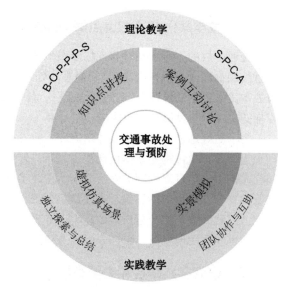

图2 "交通事故处理与预防"课程教学组织实施

1）理论教学过程

理论教学遵从"以教学目标为导向、以学生为中心"原则，针对知识点讲授和案例讨论开展教学组织和设计。

业务技能知识点的教学设计和组织主要采用BOPPPS模式进行。学生围绕教学目标开展学习，教师通过前测和后测环节进一步了解学生的知识掌握情况。

案例综合分析的教学设计和组织主要采用SPCA模式进行课堂教学翻转，教师通过采用"**激疑吸引式**"案例教学法引导学生开展辩论，进一步提升"**朋辈式互助**"的学习效果。

2）实践教学过程

实践教学主要采用实虚结合的方式，开展"**任务式目标制定与驱动**"的沉浸式学习。教师利用已建成的综合模拟实训场馆和道具设备，在现实道路环境中设计并搭建尽可能贴合实际的交通事故场景，如图3所示，学生结合事故现场勘查实训的具体任务要求，开展团队互助协作。但因校内缺乏真实事故碰撞场景布设的操作性，案件经典性和复用性受限，课程依托"道路交通事故现场勘查虚拟仿真系统"的五大经典案例场景，让学生进行自主探索和沉浸式体验，进一步巩固现场勘查操作技能，如图4所示。

4. 课程成绩评定方式

课程采取"**梯链式评价与反馈**"策略对期末总评进行细化，在原期末总评方案基础上，将日常作业、课堂表现、阶段性测试纳入平时成绩，采用"平时成绩（占20%）+实践训练及考核（占30%）+期末考试成绩（占50%）"的综合考核方案，强化了教师对课程教学的质量控制，也保

图 3　现场照相实景实训　　　　图 4　现场照相虚拟仿真场景实训

证了对学生学习过程评价的科学性。

三、特色创新和改革成效

1. 特色创新

"交通事故处理与预防"课程采用"**七式融合**"教学模式实现"**专业理论知识学习**"与"**实践创新能力提升**"并重。"**任务式目标制定与驱动**"和"**梯链式评价与反馈**"有效实现了教师对学生学习的过程控制与质量控制,学生通过"**自主式分析与判断**"和"**朋辈式辩论与纠错**",进一步梳理和巩固重难点,如图 5 所示。

（1）创新理论教学组织形式:根据 **BOPPPS 与 SPCA 教学模式**的特点,结合业务技能教学与案例分析教学的任务目标,开展多样化的课堂教学组织形式,进一步激发学生主动思辨的求知欲。

（2）构建实虚结合的实践教学体系:以实战化理念为指导,依托实景模拟与虚拟仿真系统,保证**实践场景的多样化与经典性**。课程采用"**任务式教学驱动**"与"**团队式执行协作**"的方式,提升学生事故现场勘查技能。

图 5　"七式融合"教学模式

（3）引入双导师协作机制:为强化学生的实训与实战交互式体验,在实践教学环节,课程引入主讲教师与双千教官"**双导师协作**"机制,针对同一实践内容从不同角度进行讲解,既加深了教师与教官对交通事故现场勘查技术的相互沟通,也让学生能全方位领会掌握理论与实战的联系,如图 6 所示。

（4）实行"梯链式"过程评价:课程摒弃单一化考评方式,制定"**阶段性测试＋实践训练及考核＋期末考试**"的"**梯链式评价与反馈**"策略,教师根据学生学习过程中的参与度、主动性、知识迁移与建构水平,形成客观的过程性评价机制。

（5）智慧赋能课程知识拓展:为深化新工科教育改革,智慧赋能延伸课程边界,课程将**警用无人驾驶航空器在交通事故处理中的应用**作为知识拓展,强化学生科技强警意识和创新意识,如图 7 所示。

图 6　双千教官实训点评　　　　图 7　无人驾驶航空器在交通事故处理中的应用讲解

2. 改革成效

本案例以学生发展为中心，聚焦新时代高校课程建设的新要求、新任务、新内涵、新特色，以新理念、新形态、新方法引领课程建设。利用现代教育技术手段，积极推行"朋辈式互助学习"模式，以提高教学效果。课程**将思政元素与专业知识相结合、信息技术与教学手段相融合，打造实虚结合的实践教学体系**。通过改革有效地解决了学生主体地位欠缺、自主性学习不足、重理论轻实践、重课内轻课外、重结果轻过程、重个体轻合作等突出问题。

近年来，"交通事故处理与预防"课程建设取得了一定成果。主讲教师获得第二届全国公安院校教学技能大赛二等奖（图8），并参编了普通高等教育"十三五"规划教材《道路交通事故处理实训教程》（图9）。课程获批2021年福建省一流线下课程（图10），并获得由虚拟仿真实验教学创新联盟评选的2021年度首批实验教学优质创新课程培育项目（图11）。

图 8　获省部级教学竞赛奖　　　　图 9　参编实训教程

四、案例反思

1. 课程仍需解决的问题

（1）交通事故现场存在信息多元化特征，需加快提升师资队伍业务水平和实战经验，做到教学内容与教学人员的知识储备相匹配。

（2）课程应用性极强，除需强化交通事故处理基本业务能力训练外，还需加强对道路交通安全隐患排查的能力训练，提高学生发现问题、分析问题、解决问题的能力，进而转变"重事故处理、轻事故预防"的办案思路。

2. 持续改进措施

（1）**建设课程资源**。进一步将新工科理念、思政育人元素融入课程。

福建省教育厅文件

闽教高〔2021〕52号

福建省教育厅关于公布2021年省级一流本科课程名单的通知

各本科高校：

根据《教育部关于一流本科课程建设的实施意见》（教高〔2019〕8号）精神和2021年省级一流本科课程申报的有关通知要求，经高校推荐、专家评审，认定2021年省级一流本科课程563门，其中线上课程32门、线上线下混合式课程155门、线下课程191门、虚拟仿真实验教学课程100门、社会实践课程80门、国情教育专项课程5门，现予公布。

序号	申报学校	课程名称	课程负责人
352	福建师范大学协和学院	高级英语阅读	张昌宋
353	福建江夏学院	中国古钱币文化	陈振文
354	福建中医药大学	有机化学	余幸鑫
355	福州大学	电力系统暂态分析	刘百军
356	福建中医药大学	中医护理学基础	杨梅
357	厦门理工学院	英语国家社会与文化	王朝晖
358	福建医科大学	麻醉生理学	张阳
359	厦门大学嘉庚学院	项目管理(A)	张菊香
360	福建农林大学	食品安全学	郭泽镔
361	福州理工学院	散器交换技术	邱劲松
362	福建农林大学	食品生物化学	黄鹭
363	福建警察学院	信息安全评估	陈振珍
364	泉州师范学院	无机化学实验(I)	黄妙龄
365	福建江夏学院	大学体育2——健身气功	江晓敏
366	厦门大学嘉庚学院	财务管理(T)	饶玉妹
367	厦门华厦学院	供应链成本管理	郭文凤
368	福建警察学院	道路交通管理	欧阳云
369	福建商学院	统计学	陈增明
370	福建警察学院	交通事故处理与预防	刘韵
371	莆田学院	概率统计	陈美娟
372	龙岩学院	国际贸易实务	陈良
373	集美大学	船舶结构与制图	袁红利
374	闽南师范大学	食品试验设计与统计分析	李桦

图10 入选2021年度省级一流本科课程

关于公布联盟2021年度首批实验教学优质创新课程培育项目的通知

各有关单位、课程负责人：

根据联盟《关于遴选培育首批百门实验教学优质创新课程的通知》相关要求，经课程团队申报、联盟相关专家评审，遴选出68门课程为联盟2021年度首批实验教学优质创新课程培育项目，现将名单予以公布（名单附后）。

联盟将按分类建设的原则，有针对性地组织开展实验教学优质创新课程的建设指导与专题培训，有序推进课程建设培育工作。请各课程负责人做好课程建设的规划与规范，实现课程建设模式和技术应用的融合创新。

虚拟仿真实验教学创新联盟（清华大学代章）
2021年9月14日

4	过程装备与控制工程专业实验	姚剑飞	北京化工大学
5	啤酒发酵虚拟仿真与生产实践	陈毅明	北京化工大学
6	环境微生物实验课	李阳	北京师范大学
7	中学化学实验及教学研究	孙振琳	北京师范大学
8	交通事故处理与预防	刘韵	福建警察学院
9	妇科手术实践课	张丽漟	广西医科大学
10	能源化工专业综合实验	李春香	哈尔滨工业大学
11	大学物理实验B	李俊庆	哈尔滨工业大学
12	职业卫生与职业医学	宋波	河北医科大学
13	《心理咨询与治疗技能实训》	曾祥炎	华南师范大学
14	城市景观更新设计实验教学	熊瑶	南京林业大学
15	土壤侵蚀原理实验	姜姜	南京林业大学

图11 虚拟仿真实验教学创新联盟2021年度首批实验教学优质创新课程培育项目

（2）**加强团队建设**。做好课程团队的人员优化，通过校局合作，整合基层业务骨干资源，提升师资队伍的理论水平和实战经验，使教学团队向双师型转化。

（3）**重构课程内容**。优化信息化教学方案，丰富线上课程资源与微课视频案例制作，推动线上线下混合式教学。

（4）**优化教学方法**。优化课程评价规则，推动"七式融合"教学方法的进一步完善。

筑梧育凤、久久为功
——新工科教育视域下"家具结构设计"课程创新实践

专业名称：木材科学与工程
课程名称：家具结构设计
案例完成人：刘学莘、关鑫、林金国（福建农林大学）
服务对象：木材科学与工程专业本科生

一、教学案例背景和重点解决问题

"家具结构设计"是面向我校国家级"新工科"改革试点木材科学与工程专业开设的一门重要专业核心课程，共40学时，2.5学分。课程主要探讨如何科学、高效利用木质资源材料，创新设计出既牢固又美观、满足人们功能需求的家具产品。

1. 案例背景

近年来，我国家居建材行业日新月异，"个性化、定制化、智能化"已经成为行业潮流，"中国风"设计越来越受到市场的青睐。如何与时代同频共振，面向未来培养一流的家具行业人才是本课程"新工科"教学改革的出发点。教学团队经过多轮研讨，确立了培养适应时代新需求的"复合型"家具设计工程师的课程愿景，期望学生在课程学习后"既能深入研究又会动手实践；既具备工程技术又具人文素养；既夯实理论基础又具创新思维；既能把握学科前沿又能传承传统技艺；既熟知中国设计又具国际视野"等，满足其未来从事研究、设计、生产、鉴定、管理、销售等不同岗位需求。

2. 重点解决问题

1）学情分析

2016年起，课程所在专业被列入"农村专项招生计划"专业，一本和二本院校兼招，2/3的学生来自农村、西部和民族地区。

【知识储备】已具备工程制图、木材学、工程力学等先修课程知识，但对先修知识的联结性、统整性不佳。

【能力素质】已具备一定的信息技术与合作探究意识，但创意、审美、文化、沟通表达等素养不足，学习主动性不强。

2）问题与挑战

【核心挑战】如何将工科出身的家具设计"门外汉"培养成引领未来的"家具设计师"，需解决2个问题。

（1）如何使教学内容与时俱进，引领未来行业发展。行业龙头企业和学科专家一致认为，未来的中国家具必将走向"个性定制化""智能化"以及风格"本土化"。因此，如何深层次地创新课程教学内容供给，以面向未来、更加先进的知识体系引领学生未来职业发展是课程"新工科"改革的重要议题。

（2）如何使混合式教学适合于不同基础层次的学生。以往教学实践发现，混合式教学对于基础好的"高起点"学生更加有效。伴随生源结构变化，如何创新混合式教学组织模式，使其同样适用于基础偏弱的学生，并更好地帮助他们补足短板，全面提升其创新设计能力，是本课程"新工科"改革的又一重点。

二、研究实践路径和主要举措

1. 内容创新：打造"三融合"内容体系

1）更新经典知识

2016年以前，课程内容以讲授贴牌生产的解单、准则等理论知识为主；2016年以后，课程在国家级"十二五"规划教材《家具结构设计》的基础上，形成了适应产业转型升级、理论知识与实践能力并重的包括设计内容、设计方法、设计程序、椅类家具结构设计、桌类家具结构设计、柜类家具结构设计"六大模块"的经典知识体系。

2）融合行业前沿

【学科前沿】增补智能响应材料、家具环保胶黏剂、木材焊接、智能五金、3D打印技术、大数据技术、木质材料力学与流变学、轻质化设计、低碳设计、家具结构有限元分析等内容。

【行业进展】增补世界家具设计趋势、国际设计标准、智能家具、新中式设计案例、大规模订制、人工智能设计、数控排孔技术、区域特色家具设计、区域特色企业技术服务案例等内容。

3）融合"课程思政"

【素材来源】紧紧围绕课程内容，结合团队教师的科学研究、产业服务、古籍探索、古建科考、访学经历等，搜集整理彰显学科特色、贴近生活的200个课程思政案例。包括区域特色家具榫卯结构技艺、故宫家具的古代哲学观、古田会议旧址大条案、丹佛尔博物馆的中国家具、神舟号飞船坐具设计、《营造法式》等古籍关于家具构造形制的记录、可持续设计案例、学科专家和企业家成长经历等。

【特色亮点】

（1）以培养"文化自信"和"创新精神"为核心，紧扣课程目标，形成包括家国情怀、地方特色、科技引领、创新求变等8个篇章的课程思政案例类别。

（2）将两类案例录制成600分钟先导性课程，形成"中国古典家具"（文化自信）和"家具行业创新创业"（创新精神）两门在线课程，供学生拓展学习。

以上内容形成了如图1所示的教学内容体系。

2. 方法创新：创设"四阶式"教学活动

1）宏观层面：打造"四年一贯"的阶梯式持续学习模式

基于"有意义学习"的观点，结合学情实际，在课程正式学习前，组织学生开展一系列先导性学习，通过建立新型师生关系，在课程学习结束后组织学生担任助教助研等课程服务工作，促进其投入持续且更加深入的学习，如图2所示。

【课程见习】在大一阶段，有序组织学生加入基于课程建成的木艺协会，定期组织木工实操体验营、手绘训练营等社团活动，以此唤起新生对未来课程的学习兴趣（图3）。协会还成立了功能性团支部和党支部，授课教师担任指导教师和支部书记，高年级学生担任协会带领员，通过党建引领，确保社团活动持续开展。

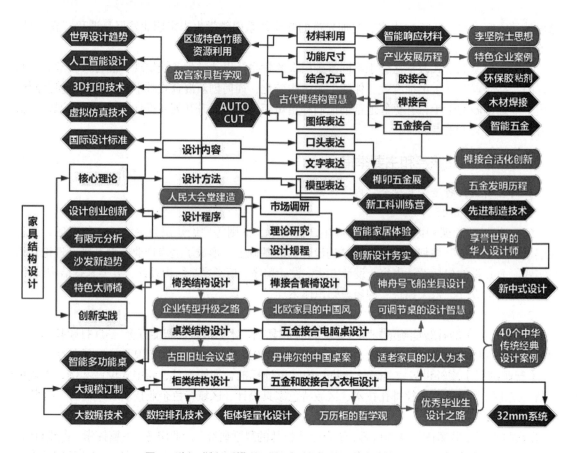

图1 融入"新工科"和"思政引领"的课程内容体系重构

图2 "四年一贯"的课程学习模式

图3 针对大一新生开展的"课程见习"社团活动

【课程先习】在大二阶段，有序组织学生先习基于本课程案例资源建成的两门线上通识课"中国古典家具"和"家具行业创新创业"（图4），弥补学生审美文化和创意思维不足，激发好奇心和求知欲，为课程正式学习建立实质性联系并提供先导性支持。

图4　大二学生学习两门"先导性"在线课程

【课程研习】在大三阶段，组织学生正式研习本课程，将整门课程分为循序渐进的四个阶段，通过混合式的方式开展教学，组织学生深度参与、探究合作。

（1）线上（16学时）：与北京林业大学、东北林业大学、南京林业大学3所"双一流"高校共同建成"家具结构设计"慕课，含653分钟72段视频资源、50篇学术前沿资料、100幅体现产业最新技术的设计图例以及丰富多样的400余个习题库，主要讲授家具结构设计的基本理论和基本方法。

（2）线下（24学时）：课程团队自主研发制作活拆活装中式家具教具10套、结构模型100余件，家具新材料、新结构标本300余个，传统和现代家具虚拟仿真装配软件1套，利用家具设计专用教室和智慧教室结合超星"学习通"开展翻转课堂教学，深度探究家具结构设计的原理与创新途径。

【课程见习】在大四阶段，遴选15名大四学生担任课程助教，参与2个慕课平台4个版本课程（专业版、社会版、英文版、手语版）的日常管理；15名学生担任协会带领员，参与学生作业、作品指导和评价（图5）。尤其是大四学生通过校外实习，还将企业的最新动态补充到课程教学内容中，推动课程持续更新。

图5　大四学生参与助教、助学获得增值的学习

2）中观层面：打造"四阶循序"的学习过程

基于学生认知规律，将40学时的整门课程按照"学理—策展—探例—创造"的顺序组织实施，使其由接受学习到自主学习。

【一阶学理】线上学习家具结构设计全部基础理论知识，线下深度探究榫、五金、胶3种家具接合方式的经典工艺、最新技术和发展趋势，为后续实践应用打牢基础。

【二阶策展】自主策划"传统家具榫卯结构艺术展""现代家具新材料新结构展"等多个展会，将第一阶段习得理论知识分享给低年级学生，增进知识内化。

【三阶探例】线上深入学习40款经典家具的内部构造，线下翻转课堂，利用图纸、口头汇报、模型制作等新技术表征、分析、评价、预测其内部结构并进行方案创新设计。

【四阶创造】自主选择参与创新设计训练营、实训工作坊、家具创新比赛、新工科体验营等课外拓展活动，由高年级学生参与打分评价，进一步提高创新设计能力。

3）微观层面：打造"四阶联动"的参与式课堂

将45分钟课堂教学按照"回顾—阐述—探讨—归纳"四阶式组织实施。在课堂教学中，综合运用问题导向PBL（Problem-Based Learning）、案例教学CBL、团队协作TBL、研究驱动RBL等教学方法，强化课堂的深度参与，引导激励学生课后持续思考与探究，以榫接合一节为例，课堂教学组织流程如图6所示。

图6 "四阶联动"课堂教学组织安排

三、特色创新和改革成效

1. 创新特色

课程在多轮教学创新改革过程中形成了"三融合"的教学内容体系，以及"四年一贯、四阶循序、四步联动"的课程和课堂教学组织模式，将新工科的要求全方位融入教学。

2. 改革成效

1）夯实了学生的设计理论基础

学生的期末考试成绩呈逐步递升趋势，我校相关专业学生线上统考成绩与双一流高校学生期末考试成绩无明显差距（$p=0.086>0.05$），且高分数段人数更加突出（表1，校名用简称）。

表 1　本校学生与"双一流"高校学生统考成绩比较（基于慕课平台的线上统考）

学校	人数/人	均值/分	标准差	标准误差	95% 置信区间		极小值/分	极大值/分
					下限	上限		
北林班	30	88.673	5.2001	0.9494	86.732	90.615	70.7	96.1
东林班	31	78.487	9.9958	1.7953	74.821	82.154	62	94.5
南林班	28	80.964	6.9624	1.3158	78.265	83.664	67.7	92.5
本校班	30	84.417	7.2785	1.3289	81.699	87.135	71.1	98

2）提升了学生的原创设计能力

课程新工科教学改革以来，本专业学生在省级以上家具设计比赛中获奖 100 余项，获得"挑战杯"全国大学生课外学术作品比赛二等奖，摘得全省大学生创业大赛金奖、银奖；基于学生课后作业，直接产出家具设计相关的专利 50 余项，"几方木作工坊"等两个项目获得国家级大学生创新创业训练计划项目立项。

3）提高了课程思政教学满意度

学生课后对课程思政教学所映射的"思想态度取向"均有较高的满意度。其中学生对文化自信、创新观念、国际化视野的满意度达到了 90% 以上。

4）课程荣誉

课程组教师获得第二届福建省高校教师教学创新大赛一等奖、全国高校教师教学创新大赛一等奖，本课程入选第二批国家级线上线下混合式一流本科课程、福建省课程思政示范课程等荣誉。

四、案例反思

案例在教学过程中能融入学科前沿，将团队教师长期从事木竹产品创新研究与实践的最新成果融入教学。开展"三层次、四阶段"的混合式教学模式，通过在课堂上层层设问，提高学生的课堂参与度，培养学生的创新思维和思辨能力。在课程思政教学方面，通过引用来自企业、教学、古籍和教师自身科研经历的真实案例，尤其是通过第二课堂建设，促进学生对中国传统木文化的自信和创造性发展的责任担当，提高学生对专业领域的求知欲和好奇心，起到内化于心、外化于行的效果。

数字媒体新工科背景下"三维造型与动画技术"项目驱动式赛教融合案例

专业名称：数字媒体技术
课程名称：三维造型与动画技术
案例完成人：吴伟信（泉州师范学院）
服务对象：数字媒体技术专业本科生

一、案例背景和重点解决问题

1. 案例背景

数字媒体技术专业是信息技术和媒体艺术相结合的一门新兴交叉学科，是以计算机技术为主、艺术为辅、技术与艺术相结合的新兴工科专业，以产业需求为导向，在数字内容产业新兴领域展开技术研发、应用及内容制作，培养具备综合知识、实践、创新、创业的新工科人才。数字媒体技术专业具有明显的跨学科特性，其实践教学环节与传统理工科教学实践模式有所区别，在教学中不但强调理论基础，而且还对学生实践能力的培养提出了更高的要求。

以工科学生工程实践能力、创新创业能力培养为核心的教育改革，受到高校和教育工作者的普遍重视；作为学生实践创新能力培养重要抓手的大学生学科竞赛在"新工科"背景下也得到了前所未有的迅猛发展。数字媒体技术专业在人才培养过程中，将学科竞赛融入学生的教学体系，把学科竞赛内容合理渗透到教学环节中，丰富教学方式和教学内容，形成教学、实践、竞赛一体化教学模式，能够有效地激发学生对专业课程的兴趣，强化学科竞赛对学生专业实践创新能力的提升。

2. 重点解决问题

一方面，改变以教师为中心的传授式教学模式，形成以学生为中心、基于项目成果导向的人才培养模式；另一方面，将学科竞赛融入常规教学环节，深度推进课程建设与学生创新实践能力培养。

二、研究实践路径和主要举措

1. 研究实践路径

1）构建教学、实践、竞赛一体化教学模式

新工科强调专业的实用性、交叉性与融合性，要求培养跨专业的创新型、复合型人才，"三维造型与动画技术"把竞赛内容融入课程中，把竞赛理念渗透到综合实践项目，构建教学、实践、竞赛一体化教学模式（图1）。在该模式的运行中，以学生为中心，以"赛教融合"项目产出为导向，推动课程教学方案持续改进，实现课程与社会需求同步。

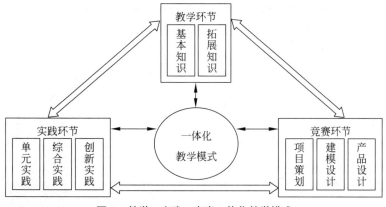

图1 教学、实践、竞赛一体化教学模式

2）优化教学环节

"三维造型与动画技术"教学内容中涉及建模、设计材质与贴图、布置灯光、架设摄像机和动画制作等单元知识,其中每个模块都包含很多知识要点,均可以划分为基本知识和拓展知识。在一体化教学模式中,这些知识单元的讲授不再像以往只侧重基本知识介绍,而是结合学科竞赛、行业前沿应用,提炼模块中核心的理论和技术,向学生展示各种应用场景的可能性,使学生深刻了解当前这些知识与产业融合、跨界融合的应用现状,引发学生思考更多可能的应用场景以及技术对人类社会带来的变革,培养学生创新意识和实践能力。

3）拓展实践环节

"三维造型与动画技术"实践环节可分为单元实践、综合实践和创新实践。单元实践主要是随堂实践,围绕课内知识设计成模块化的单元案例,加深学生对课内知识点的理解,巩固基本知识;综合实践是学生自主选题,选取适应主流应用方向的综合实践案例,以应用为导向,培养学生的综合实践动手能力;在综合实践基础上增加创新实践,把主流技术与应用实践结合,转化为实践案例进行创新实践,培养学生的专业创新和综合能力。

4）强化竞赛环节

结合每年中国大学生计算机设计大赛中数媒静态设计和数媒动漫与短片大类要求,以实用性、创新性问题结合兴趣为切入点,结合行业应用的新技术、新方法,引导学生用组合、优化创新等方式自主设计并实现参赛作品,在竞赛中全面提升学生的创新思维和工程实践能力。

2. 基于项目驱动的"赛教融合"课程创新实践教学改革

"三维造型与动画技术"相关联的竞赛类别涉及三维建模技术、动画技术等主流技术领域,课程创新实践案例主要围绕这些领域技术,针对复杂工程问题的解决方案,设计满足特定需求的数字内容,下面以三维场景设计和产品设计两类项目案例来阐述课程综合案例环节创新实践教学改革路径。

1）三维场景设计项目实践

此类别项目教学不再单纯停留在效果模仿实践,而是从启发式教学开始,引导学生结合竞赛主题挖掘、探究行业应用中的需求点,分析项目设计的切入点、关键技术,经过讨论形成设计方案,并通过团队分工协作实现方案。在方案的设计与实现过程中,激发学生利用学到的知识解决复杂工程问题的好奇心,培养自主学习能力、工程实践能力和创新思维能力。

以"共享机器人"三维场景设计项目(图2~图3)为例,学生受身边普及的共享单车等一系列共享产品的启发,畅想未来机器人在生活中的广泛应用服务场景设计。专业教师引导学生根据共享机器人拟解决的生活问题进行方案的概要设计和详细设计,包括拟采用的技术路线等,对项目的可行性进行评估并指正,直到学生设计出新颖且实用的竞赛作品。

图2 "共享机器人"项目场景设计图一

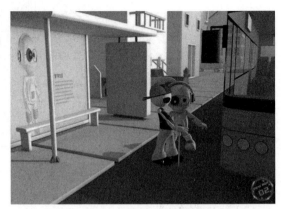
图3 "共享机器人"项目场景设计图二

2)产品设计项目实践

此类别项目教学不再单纯停留在主观集中性设计,而是从产品价值、产品外观和用户体验出发,引导学生发散性思考。引导学生围绕创新性、时代性、环保性等方向结合计算机设计大赛主题进行产品功能的讨论交流,确定产品模型的详细设计方案。使学生能够针对产品模型制作涉及的复杂工程问题,选择恰当的技术、工具实现,并在设计中体现创新意识。

以"永动冰雪,燃情冬奥"产品设计项目(图4~图6)为例,学生以牛顿力学理论为基础,融合冬奥会的热点元素,应用三维创作工具进行花样滑冰、高山滑雪、短道速滑三个艺术品摆件模型设计。指导老师引导学生将产品设计目标融合科学性、趣味性、教育性于一体进行方案的详细设计,对项目技术路线进行指导,直到学生设计出符合预期的竞赛作品。

图4 "永动冰雪,燃情冬奥"项目产品设计图一

图5 "永动冰雪,燃情冬奥"项目产品设计图二

图6 "永动冰雪,燃情冬奥"项目产品设计图三

2. 主要举措

1）以赛促教

学科竞赛具有主题逐年动态更新、涉及领域多、知识面宽的特点,对教师所掌握理论知识的广度、深度和经验都提出了较高的要求。实施"赛教融合"模式,将推进教师教学水平与业务能力建设,促使任课教师研究主题赛事的背后逻辑,分析竞赛内容要求、评价标准,在分析竞赛作品要求与课程之间寻找契合点,最终实现育人、育才的同步发展。

2）以赛促创

结合"大众创新,万众创业"的国家政策,激发学生的创新意识,以学科竞赛为导向,将竞赛与课程实践相结合,充分发挥学科竞赛在实践教学中的激励作用,推动专业实践教学改革,突出实践教学的职业性与创新性特征,从而实现学生的知识创新促创业、创业带就业的人才培养模式。

3）改进课程评价方式

传统课程评价方式主要是参考学生的平时作业成绩和期末作品成绩,这并不能完全反映学生的学习能力和成果。项目驱动式"赛教融合"将评价目标、方法与竞赛评价标准紧密地联系在一起,引导学生把精力集中在项目,突出"新工科"强调学科的实用性、交叉性与融合性,将所学的知识举一反三,合理地将学科与学科、专业与专业相融合。

三、特色创新和改革成效

1. 特色创新

组建"虚拟工作室",实行"学长传帮带"机制。"虚拟工作室"采用项目驱动模式,学生带项目进"虚拟工作室",促进传统封闭式教学模式向开放式教学模式转变。在项目转化为竞赛作品阶段,组织学生团队线上展示、答辩,对项目展示过程进行指导,模拟大赛现场提问,系统地训练学生的项目答辩能力,为后续进入国赛答辩做好准备。同时实行"传帮带"机制,让高年级学长传帮带低年级学生,使其尽早、全面地接触、融入项目,从而更好地培养学生专业创新实践能力。

2. 改革成效

将竞赛融入到课程教学、实践环节,构建项目驱动式"赛教融合"模式,形成教学、实践、竞赛一体化教学模式。在这一模式下设计的项目能实现教学、实践、应用、创新的统一,最大程度调动学生的积极性,潜移默化地培养学生创新思维和应用实践能力。"永动冰雪,燃情冬奥"

等项目分别获得中国大学生计算机设计大赛省级以上等级奖项 16 项，其中国赛一等奖 1 项、二等奖 1 项、三等奖 5 项，省级赛一等奖 1 项、二等奖 6 项、三等奖 2 项。

四、案例反思

将"赛教融合"模式深度融合专业相关产业，探索"产赛教结合"模式。

2016 年 3 月，第十二届全国人民代表大会第四次会议审议通过了《中华人民共和国国民经济和社会发展第十三个五年规划纲要》，在第二十三章"支持战略新兴产业发展"中首次将数字创意产业列入五大新支柱之一，而高校数字媒体专业作为数字创意人才诞生基地，在人才培养过程中高度重视产教融合，有助于培养能快速适应时代变化发展的产业需求人才；专业竞赛是教育教学的补充，加强产学协同合作是优质竞赛必不可少的要素，高水平的学科竞赛不仅能刺激产业发展，还能助推教学纵深发展、横向拓宽。因此，探索"产赛教结合"模式，做到产业、竞赛、教学的三维平衡值得思考。

"影视导演"课程思政教学设计案例

> **专业名称**：数字媒体技术
> **课程名称**：影视导演
> **案例完成人**：陈烁（福州大学）
> **服务对象**：数字媒体技术等相关专业本科生

一、教学案例背景和重点解决问题

"影视导演"是一门社会实践类课程，课程教学是以培养学生影视创作综合能力为目标，通过前期调研、中期拍摄、后期包装与互联网宣发等影视制作各环节的有机设计，将国家乡村振兴战略实施、最美乡村建设、生态文明建设、中华优秀文化遗产保护等主题内容嵌入到学生的影视摄制实践活动中。通过课程学习，一方面提升学生影视创作综合能力，另一方面树立学生正确的三观，培养他们扎根祖国大地、以服务社会为己任的社会责任感。本案例适用于影视艺术学、动画学、广告学、传播学、数字媒体艺术、数字媒体技术等专业的通识课与课程实践环节。

本案例重点解决了以下问题：一是解决了影视人才培养与社会现实、职业教育脱节的问题，本课程使学生深入乡村、社区，让学生在实践中扎根社会深层，在实践中受教育、做奉献；二是解决了学生综合应用能力不精、协调和主动学习能力弱的问题，通过实践活动设计，引导学生在现实场景中主动思考，在组员合作过程中全面调动专业知识解决实际问题；三是解决了教育资源不足的问题，以往的实践局限于校内，无法满足学生想拍摄多样化题材的诉求，通过与优质校外实践基地共建等形式，有效地解决了该问题，实现了校地资源共享双赢的协同育人目的。

二、研究实践路径和主要举措

1. 研究实践路径

本案例主要采用案例分析与实践活动相结合的教学方式，引导学生由纸面走向路面，在实践中激发学生们的问题意识和主体意识，增长学生的智慧才干，同时能够在关注社会治理、关心基层社会、关怀民生保障的过程中培养学生的家国情怀，强化其使命担当的意识。案例教学的素材来源于现实生活，因此，在教学过程中，学生可以运用基本概念和原理来分析和解决实际问题，从而将理论知识与案例有机地结合起来，教师也可以从中积累教学经验，精进教学方式，有意识、有目的地训练学生分析问题、解决问题的能力。

2. 主要举措

一是结合课程核心知识点，通过视频案例渗透思政元素（表1）；二是通过"抛锚式教学"，帮助学生在乡村、社区等具体情境中挖掘主题，围绕乡村振兴、社区服务工作、党建活动、生态文明建设、中华优秀文化传承等系列实践活动，以实际行动服务社会。

表 1　案例"人物纪录片创作"单元的思政融合点设计

核心知识点	人物纪录片创作
思政主题切入点	人生价值和生命意义的挖掘
实施手段	视频案例:"逆袭教练"(来源于二更视频,讲述主人公通过刻苦学习和训练成为健身教练培训师,并在此过程中收获奋斗喜悦、找到人生价值的故事)
思政元素	(1) 对人生价值及其实现过程的正确认知:个人价值的实现不是一蹴而就,而是一个长期积累、不断奋斗的过程,只有在坚持不懈的奋进中,个体才能够进一步明确自我价值的方向以及实现自我价值的路径; (2) 深入理解爱岗敬业、诚信友善的社会主义核心价值观:主人公爱岗敬业、自律坚毅并积极、无私地与网友分享健身知识的画面,既能促使学生培养自我的处事原则,树立努力上进、认真负责的职业观,同时也能从中汲取到"分享也是一种幸福"的快乐,做一个乐于将知识与他人分享的人

以案例"乡村振兴"摄制实践为例(图1)。① 与乡镇干部座谈,了解侯官村乡村振兴的建设历史与现状,通过与当地村民充分交流确定拍摄对象,从人文关怀出发,以点代面,以情动人,挖掘其中思政元素;② 学生分组研讨,实地调研,深度了解本村人生活的改变和期待;③ 拍摄方案定稿,请团队思政教师、村委工作人员参与创作指导;④ 作业成片提供给侯官村村委会,在其党群活动中心放映,作为侯官村美丽乡村建设工作成就的名片。

图 1　课程摄制实践现场

三、特色创新和改革成效

1. 特色创新

本案例将影视艺术的创作实践活动与人民群众的现实生活紧密融合,通过校地合作,让美育工作走出象牙塔、深入田间地头。本课程利用产出导向重塑课程,通过对在具体情境下社会实践活动的有机设计,引导学生深入生活、扎根人民,创作出展现时代风貌的高质量、有正能量、有感染力的影视作品,由此实现在提升学生专业知识能力的同时,全面提高其服务社会、深耕祖国大地的精神品质。

本案例的创新点如下。

(1) 课程教育理念的创新。本课程强调以学生为中心、以产出为导向的理念,结合新媒体时代影视传播多元发展的现状,充分展现本专业主题多、手段多、展现形式多的特色,以多元化、开放式的教学模式提升学生的实际应用能力。

(2) 实践研学方式的创新。本课程以"项目式学习"的研学策略,在学生充分调研的基础上,自由选题并组队,在发现问题、解决问题的过程中驱动项目发展,同时通过过程评价和成果汇报总结经验，由此锻炼学生主动学习和解决实际问题的能力。

（3）课程思政融入模式的创新。本课程的教学从城市走向乡村，使学生在真情实景中体悟时代发展和社会基层工作的不易。课程中的思政元素与时俱进，具备持续改进的可行条件，使学生在社会实践中明确使命，提升政治觉悟。

2. 改革成效

社会实践活动激发起学生浓郁的学习兴趣，通过小组协作、相互帮助，创作出的一系列作品均以展现时代风貌、传播正能量为主题。共建基地侯官村村委会评价学生们在当地拍摄的作品为侯官村当地的对外宣传和社会服务工作提供了"有力的智力支持和宣传推介"，许多学生因课程增进了对社会和家乡的认知和理解，表达出未来希望更好地服务社会、回报家乡的意愿。上述这些均反映出本课程思政建设很好地增强了学生的社会责任感，提升了学生的思想觉悟，同时，学生也通过自己的课程作品真真切切地为乡村建设贡献了自己的一份力量。

本课程于2021年成为福州大学城区域的共享课程，同年建设完成"福州大学影视创作课程思政实践基地"，作为福州大学优秀"课程思政"案例于新华网"新华思政"频道展播，并于年底获批省级一流本科课程；2022年入选福州大学课程思政示范项目。

四、案例反思

教育要根据专业课程特点融入思想政治教育，把思想价值引领贯穿教育教学全过程和各环节，实现与思政教育协同共舞的效应。本课程的思政教学不同于传统教学方式中灌输式地传授知识，而是从如何激发学生的主体性、主动性、自主性出发，精心梳理适用于本课程教学的思政元素并在此基础上与课程核心知识点结合，厘清思路，经由设计，使思政元素从内容到形式，从主旨到产出，基因式地将课程思政元素嵌入课堂教学的各个部分，潜移默化地塑造学生正确的世界观、价值观、人生观。

课程思政教学工作的实践需根据课程自身特点展开，哪些是课程核心知识点，其中蕴含的思政元素有什么，有哪些手段可以将思政元素与课程知识加以融合，如何激发学生主动参与探索的积极性，如何评估思政教学的效果等，这些都需要教师团队精心研讨、合理设计，把握好课程思政落实的每一环节，由此才能实现课程思政最佳教学效果的实质性实现。

参考文献

[1] 曹淑敏. 把思想政治工作贯穿教育教学全过程[EB/OL]. (2021-11-19)[2023-08-30] https://baijiahao.baidu.com/s?id=1716803959295632790&wfr=spider&for=pc.

"口腔 CAD/CAM 技术"之修复体智造

> 专业名称：口腔医学技术专业
> 课程名称：口腔 CAD/CAM 技术
> 案例完成人：魏剑龙（厦门医学院）
> 服务对象：口腔医学技术专业本科生

1. 人才培养目标

培养德智体美劳全面发展的社会主义建设者和接班人，具备良好思想道德和职业素质，具有医学基本理论和知识，掌握义齿设计加工、临床服务、材料研发、营销管理等各种专业技能，能够服务于义齿加工企业、齿科材料行业、医疗卫生机构和大专院校教育等，具有创新创业能力的高素质应用型口腔医学技术专业人才。

2. 教学目标

课程教学目标包括知识目标、技能目标和素质目标。

1) 知识目标

（1）阐述口腔 CAD/CAM 技术的定义、任务、工作内容和意义。

（2）理解口腔扫描仪操作的基础理论。

（3）理解冠、桥、贴面、嵌体等修复体数字化设计的基础理论。

2) 技能目标

（1）会操作口内扫描仪、模型扫描仪完成数字化印模扫描、咬合关系扫描和模型扫描的流程及操作。

（2）会使用主流义齿 CAD 软件完成冠修复体数字化设计流程及操作。

（3）知道技工室数控加工设备的工艺规划和加工流程并能操作。

3) 素质目标

（1）具有精益求精的工匠精神和敬业风气。

（2）具有继续学习的能力和适应职业变化的能力。

（3）具有创新精神、实践能力和立业能力。

（4）具备独立思考、分析问题、解决问题的能力，并树立团队精神。

（5）德技并修，养成节约材料、爱惜设备的工匠情怀。

本章教学目的包括以下几点。

（1）能分析数字化技术制造义齿产生不良修复体的原因。

（2）能预防设计数字化修复体中出现的问题。

（3）具备专业自信，具备医技患沟通意识。

3. 教学内容

"口腔 CAD/CAM 技术"是口腔医学技术专业的一门重要课程。本课程的内容主要包括绪论、口腔数字化印模、计算机辅助设计、计算机辅助制作。实验教学开设"全冠数字化设计 - 综合性与设计性实验",采用项目教学法,运用数字化手段,在计算机上设计个性化修复体,完成 NC 技术的前端工序制作,培养学生独立思考、分析问题、解决问题的能力,养成精益求精的工作态度,培养其工匠精神又兼顾树立团队精神,引导学生德技并修。

4. 教学理念

"以学生为中心",持续改进教学方法,以医技沟通合作为核心,通过"角色体验",尝试理解医生操作困难。通过 PBL(项目式学习)导入临床病例,分析不良修复体出现的原因,完成义齿制作。通过课程教学既能达到掌握义齿修复等专业能力的目的,又兼顾非技术能力的培养,有机地融入人文理念,关注工匠精神、团队精神的树立和沟通意识、创新意识的形成。

5. 教学设计及教学思考

1)理论层面

(1)课前

首先让学生预习牙体预备的相关知识,然后让学生在课前进行虚拟仿真牙体制备训练,从技师角色转为医师,以医师的视角进行牙体制备来了解口内进行备牙的重点、难点以及要求。

(2)课中

针对学生中存在的"上课听得懂,下课不会用"的情况,计算机辅助设计部分内容采用了 PBL 教学模式,目的是让学生从"要我学"变成"我要学",转变其学习态度,与此同时也能让学生知道修复体设计不合理会影响到患者的口腔情况,前车之鉴,后事之师,培养学生规避不合理设计的意识以及解决修复体设计时遇到问题的能力。

PBL 教学模式首先为学生进行小组划分,确定主持人、记录员、计时员兼讨论者。主持人先让小组成员通读临床不良修复体的案例,然后带领着小组成员对案例逐句解读并进行讨论分析,分析不良修复体产生的原因有哪些,是临床医师备牙体制备的问题,还是技师修复体制作的问题等。当遇到瓶颈时,计时员辅助主持人,在讨论过程中担任着穿针引线的作用。讨论过程中每个成员提出的问题不少于 3 个,记录员对每个学生提出的问题进行记录,提问的学生也要注意记录员记录的是否与自己提出的问题吻合。当问题结束后,继续小组讨论并将前面所提的问题进行归纳划分类别,类别划分完后,小组成员对其讨论归类的问题进行分配。课后制作 PPT 并发给所在组别带教老师批阅,带教老师对 PPT 提出问题及整改意见,小组成员针对带教老师提出的指导意见进行 PPT 的修改、完善、美化,主持人将小组每位成员汇报的时间进行收集汇总报给带教老师。在下次课上由小组成员进行 PPT 汇报,台下的学生需思考汇报内容,并在汇报完后进行 3 分钟讨论与提问,汇报人对台下学生提出的问题进行解答,计时员记录每位学生汇报的时间。在每一位小组成员汇报完毕后,带教老师针对学生的汇报情况进行点评、总结、提高,并提出一些可行性建议。PBL 教学模式体现了以学生为中心,以问题为基础,培养了学生的自主学习能力和创新能力。

(3)课后

让学生通过本章节所学的知识制作思维导图,并在超星平台上发布作业检验学生学习成效。

2)操作层面

针对学生存在的对计算机辅助设计操作步骤、环节以及专业名词无法理解的问题,采用了"三通式"教学法,即"大致初通、细致精通、融会贯通"。

第一,"大致初通"。在课前,先发实验指导书让学生提前预习,学生先了解设计修复体每一

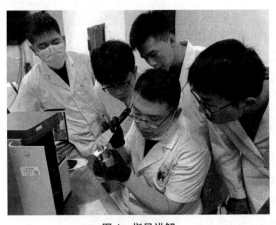

图 1 指导讲解

环节与步骤,并让学生用流程图、框图以及表格自行记录其重点、难点、注意事项,让学生对设计修复体的整体轮廓有初步的了解,做到心中有数,听课有针对性。

第二,"细致精通"。突出操作重点,破解难点。采用案例式教学,学生自行按照课前预习的内容进行修复体设计,当学生有困难的时候教师在旁边进行指导,最后再针对学生提出的操作疑点、难点讲清、讲透(图1)。

第三,"融会贯通"。学生针对自己设计的解剖全冠修复体进行归纳、总结,并总结设计不同修复体类型操作的异同点、注意事项等。使学生弄清楚知识点之间的联系,搞清楚理论在实际中的应用,注重理论联系实际,再通过项目式教学让知识得以升华,起到举一反三、触类旁通的效果。

6. 考核评价

(1) PBL考核方式采用PPT个人汇报的形式,评分标准见表1。

表1 评分标准

分项目	具体评分标准	分数	备注
案例提问	积极提问	7	3个问题满分,少1个问题扣2分,表述不清扣1分,不提问不得分
	问题质量(方向正确,表述清楚)	8	1个问题离题扣2分,3个问题离题不得分(没有提问等同于提问离题),表述不清扣2分
PPT制作水平	字体清晰	2	看不清扣1分
	大小可视	2	字体太小扣1分
	图文并茂	3	主题相关图片少于5张扣1分,主题相关图片少于3张扣2分,无主题相关的图片不得分
	整体效果美观	3	若有1张PPT当中出现大段文字(字数>200中文文字)扣1分,直到扣完为止
讲授水平	层次清楚、逻辑性强	5	没有目录分级讲授扣2分,主次不分逻辑差扣2分
	口齿清楚、英文发音准确	5	声音太小扣2分,英文发音不准扣2分(没有英文单词等同于发音不准),口齿不清扣1分
	语言简练清楚	5	副词太多扣1分,讲授语言繁琐扣2分,念PPT扣2分
	内容熟练、讲述流利	5	念PPT扣2分,内容不熟练扣1分,卡顿太多扣2分
专业内容	完整回答提问	5	回答2个问题满分,少回答1个问题扣2分,回答不完整扣1分
	基本概念、理论正确	10	基本概念不正确每处扣1分
	体现研究进展	3	引用1篇5年内文献加1分
	英文书写正确无误	4	4个英文专用词组满分,少1个扣1分

续表

分项目	具体评分标准	分数	备注
专业内容	多种途径获取信息	4	引用中英文文献满分,不引用中文或英文各扣2分
	列出参考文献	4	列出4篇以上参考文献满分(应包含作者、题名、期刊名、年卷期页码),每少1篇扣1分
提问答问	积极主动提问	5	提问2个问题满分,少1个扣2分,不主动扣1分
	问题合理、有的放矢	5	1个问题离题扣2分,不主动扣1分
	正确回答专业问题	5	回答2个问题满分,少回答1个问题扣2分,回答不完整扣1分
团队合作	胜任角色(包括讨论者、主持人、记录员)	2	
	讲授专业内容与团队成员无雷同重复	4	讲授内容每与1名团队成员重复扣1分
	汇报在规定时间内完成	4	汇报时间少于或多于要求时间1分钟及以上扣4分
合计		100	

(2)解剖全冠修复体设计评分见表2。

表2 解剖全冠修复体设计评分

创建订单(10分)		模型处理(20分)			修复体设计(60分)			保存数据结果(10分)	总分(100分)
新建订单(5分)	导入扫描数据(5分)	确认就位道方向(5分)	边缘绘制(5分)	参数设置(10分)	修复体形态设计(20分)	修复体合接触设计(20分)	邻接区位置设计(20分)	保存数据到指定文件夹(10分)	